Marie-Theres
Arnbom

»Ihre Dienste werden nicht mehr benötigt«

Marie-Theres
Arnbom

»Ihre Dienste werden nicht mehr benötigt«

Aus der Volksoper vertrieben –
Künstlerschicksale 1938

Mit 93 Abbildungen

Für Arnbom
Okt. 2018

Amalthea
Verlag

VOLKS
OPERwien

Besuchen Sie uns im Internet unter:
amalthea.at
volksoper.at

Umschlaggestaltung: Elisabeth Pirker/OFFBEAT
Umschlagfotos: Cover: Bildarchiv Österreichische Nationalbibliothek (oben), Imagno/Austrian Archives (unten); Rückseite: Greta Brunner-Staudt (links), Mikael Holewa (Mitte), Peter Paul Fuchs Papers, University of North Carolina, Greensboro (rechts)
Lektorat: Helene Sommer
Herstellung und Satz: VerlagsService Dietmar Schmitz GmbH, Heimstetten
Gesetzt aus der 11,5/15 pt Minion Pro Caption
Designed in Austria, printed in the EU
ISBN 978-3-99050-142-9

Inhalt

Eine Spurensuche 9

Wie alles begann ...
Der Weg der Volksoper 1898 bis 1938 17

Die Abschiedsstunde 20

***Gruß und Kuß aus der Wachau* 20**

Jara Beneš und die Jazz-Operette, das Schreckgespenst der Nazis 22

Die Librettisten. Fritz Löhner-Beda, Kurt Breuer und Hugo Wiener 25

Das gemeinsame Ende beginnt in Bad Ischl 28

Vamos a Colombia 31

Lohengrin, der fliegende Freischütz vom Wolfgangsee 34

»Geschmackvoller Regisseur und reichbegabter Darsteller«. Eugen Strehn 34

Ein origineller Choreograph. Harry Neufeld 41

Verschwunden in Brasilien. Kurt Hesky 43

Von der Vision zur Wirklichkeit. Der Bühnenbildner Karl Josefovics 46

Die Direktoren 54

»Emigrantis jedenfalls ist eine Krankheit«. Karl Lustig-Prean 54

Jean Ernest und der rumänische König 62

»Die Verlassenschaft wurde armutshalber abgetan«. Alexander Kowalewski 65

»Eiserner Bestandteil der Volksoper«. Langjährige Mitarbeiter 69

**»Wir hatten völlig ›österreichisch‹ gelebt ...«
Leo Kraus und Kurt Pahlen – von Wien nach Argentinien 69**

**»Vienna was frozen«.
Heinrich Krips in Australien 77**

**Ein berühmter Name und plötzlich amerikanischer Dirigent.
Fritz Fall 82**

**Eine stadtbekannte Persönlichkeit.
Theaterarzt Friedrich Schreiber 88**

Ein Sänger und eine Sängerin 93

**»Komm, laß uns die Welt vergessen«.
Der Wunsch Victor Flemmings 93**

**»Unser Leben sind ja Eure Briefe«.
Das Schicksal der Sopranistin Ada Hecht 98**

»Wir bedauern sehr oft, dass wir so weit auseinander sind«. Freundschaften zwischen Orchestermusikern 111

**»Die allermeisten sterben hier an Herzschlag«.
Marco Frank – von der Zeit überrollt 111**

Eine Wiener Mischung. Franz Ippisch 118

**Der Konzertmeister und die Sopranistin.
Fritz Brunner und Paula Bäck 124**

Botschafter der Moderne 131

Kompromisslos und streitbar. Hans Holewa 131

**»Ein Empfinden tiefster allumfassender Sympathie ...«
Heinrich Jalowetz 136**

Erfolgreich in der Neuen Welt 143

»Der Dirigent verschwindet, nur die Musik bleibt«. Fritz Stiedry 143

Der Zar der Oper. Kurt Herbert Adler 151

Das Phantom der Oper. Walter Taussig an der Met 159

Die New York City Opera und László Halász 165

»Black is beautiful«. Der unermüdliche Operngründer Walter Herbert 172

»We met at the Met«. Peter Paul Fuchs 178

Lebensdaten der Künstler 189

Anmerkungen 190

Quellen und Literatur 197

Bildnachweis 200

Namenregister 201

Eine Spurensuche

Aus Nachbarn werden Diebe, aus Freunden Feinde, aus Menschen Bestien. Demütigungen, Vertreibung, Folter und Mord bilden ein Ventil für den plötzlich ausbrechenden Hass. Wo bleiben Respekt und Anstand? Erinnerungen einer Juristin, die, statt an der Universität zu studieren, Spargelstechen muss und wie Vieh behandelt wird. Erinnerungen einer Opernsängerin, die entrechtet und entwürdigt ihr Dasein in einer Sammelwohnung zubringen muss und ihr Ende in den Gaskammern von Auschwitz findet. Ein Librettist, der in Auschwitz zu Tode geprügelt wird. Dirigenten, Sänger, Ärzte, Librettisten, die sich in fremden Ländern mühsam und ohne Anerkennung ihrer bisherigen Karrieren eine neue Existenz schaffen müssen – zumeist mit großem Erfolg. Zugleich wurden europäische Kultur und Musik in der Welt bekannt gemacht – die als »entartete Musik« eingestuften Werke haben ihre Botschafter gefunden, die unermüdlich für die Moderne kämpfen. Doch nicht nur diese Werke, sondern die gesamte mitteleuropäische Musiktradition verbreitet sich mithilfe dieser »Botschafter wider Willen« in der ganzen Welt.

Was für ein enormes Potenzial ist Österreich verloren gegangen. Direktoren bedeutender Opernhäuser, Coaches der Stars, Dirigenten von Weltrang, Musiker in führenden Orchestern, Komponisten von Zwölftonmusik wie Filmmusik, bedeutende Lehrer, Veranstalter und Volksbildner sind Österreich und Mitteleuropa abhandengekommen – und bis dato haben sich viel zu wenige Menschen für sie interessiert. Publikationen über die Schicksale in den diversen Zufluchtsländern gibt es vereinzelt. Aber: Die hinterlassenen Dokumente, Briefe und Texte sind meist auf Deutsch und oft handschriftlich – das kann in den Zufluchtsländern niemand lesen. Österreichische Forscher und Forscherinnen sind gefordert: Die Quellen liegen auf der Straße, sie müssen nur aufgehoben werden. In Wien, in New York, in San Francisco, Los Angeles oder San Diego, ganz zu schweigen von England und Australien. Auch die Forschung in Südamerika liegt brach, gerade dort erweist es sich als besonders schwierig, einzelnen Lebensgeschichten nachzuspüren – Zufälle, Bekanntschaften und neu gewonnene Kontakte geben die Möglichkeit, ein etwas umfassenderes Bild zu schaffen. Dieses bleibt trotz aller Bemühungen fragmentarisch.

Wer steht im Mittelpunkt dieses Buches? Es sind Menschen, die eine Verbindung zur Volksoper haben, als Direktoren, Dirigenten und Korrepetitoren, Sänger und Sängerinnen, Musiker und der Theaterarzt, stellvertretend für viele andere. Mit dem knappen Statement »Ihre Dienste werden nicht mehr benötigt« enden ihre Karrieren in Österreich.

Trotz der schwierigen Quellenlage hat das Material unglaubliche Ausmaße angenommen. 4000 Seiten Primärquellen, ergänzt durch Bücher, Autobiographien, kleine Hinweise und Interviews ergeben eine Ausgangssituation, die einzigartig ist. So vieles ist verzahnt ineinander, so viele Kontakte helfen weiter – allein das Netzwerk der Metropolitan Opera bringt eine Fülle an Details zutage, die für mehrere Bücher ausreicht.

Das Archiv der Metropolitan Opera ist eine eigene Welt: Ein alter, gebeugter Mann führt mich in einen Raum voller Artefakte, Statuen, Fotos und unzähliger Dokumente. Verträge, Fotos und Presseausschnitte der Dirigenten Walter Taussig und Fritz Stiedry kommen zum Vorschein – eine großartige Quelle, die tiefe Einblicke bietet, vor allem auch in die unterschiedlichen Verdienste. Ich darf aus dem Orchestergraben einen Blick in den Zuschauerraum werfen, auf den Pulten liegen die Noten zu Richard Strauss' Ballett *Schlagobers* – ein Gruß aus Wien.

Man muss aber gar nicht so weit gehen: In der Wienbibliothek befinden sich Briefe von Marco und Bertha Frank in New York an Franz und Mitzi Ippisch in Guatemala – keine Zensurbehörde beeinflusst die Korrespondenz. Bertha nimmt sich kein Blatt vor den Mund – warum auch! Ihre Wortwahl entspricht der Realität, es gibt wenige Zeitdokumente in dieser Intensität. Ein Bestand, der der Aufarbeitung harrt.

Bertha Frank konstatiert: »Die allermeisten sterben hier an Herzschlag.« Was soll man dem hinzufügen. Sie schreibt über einen Musiker, der wieder nach Wien zurückgekehrt ist: »In Wien ist er wieder ein Kulturmensch, hier war er ein Proletarier. So ist es in der Wirklichkeit.«[1]

Diese Fülle an Material zeigt auch meine Grenzen: Ich kann nur hineinstechen, Bruchstücke herausholen, Details thematisieren. Es gibt unendlich viel zu tun. Das Buch kann nur einen Anstoß geben, sich mit den Schicksalen und Karrieren dieser unterschiedlichen Künstler weiter auseinanderzusetzen. Und meine Hoffnung ist es, dass die Universitäten zukünftige Diplomanden und Dissertanten unterstützen werden, ungehobene Schätze aufzuarbeiten, um den Menschen ihre Geschichte zurückzugeben.

Die Recherche bringt auch einen ganz neuen Aspekt mit sich: die Erinnerungen der Familien. Der Kontakt mit Witwen, Kindern und Enkelkindern bietet Einblicke jenseits der Fakten und erweitert so die Wahrnehmung um sehr persönliche Aspekte, die oftmals nur innerhalb der Familien tradiert wurden. Welche Sprache wurde gesprochen? Hat sich der österreichische Akzent bewahrt? Wie war die Beziehung zu Wien? Gab es Besuche in Österreich? Was wurde erzählt und – fast noch wichtiger – was wurde nicht erzählt?

Die Kontakte mit den Familien gestalten sich völlig unterschiedlich. Da gibt es die unvergleichliche Elissa Fuchs, 99 Jahre alt, voller Geschichten und Erinnerungen, die sie viele Stunden lang in Greensboro, North Carolina, mit mir teilt. Ein aktuelles Foto zeigt eine unglaublich elegante, zurechtgemachte Erscheinung – eine in Würde gealterte Primaballerina mit Stock an der Ballettstange. Wir treffen uns in ihrem Appartement, umgeben von Fotos und Erinnerungen – und von ihrem Hochzeitskleid, das ihre Schwiegermutter 1949 aus goldenem Garn gestrickt hat.

Oder Henry Krips, der Österreichisch lernte, ohne Deutsch zu können. »I was born in Vienna«, sagt der in Australien geborene Henry Krips. Ich verstehe, was er meint. Eine Wiener Blase, erhalten in einer australischen Wohnung, erfüllt von Büchern, Bildern und Musik. Und von der Wiener Sprachmelodie, die die deutsche Sprache gar nicht benötigt hat. Auch auf Englisch vermittelt sich die Melodie – was für ein wunderbares Detail eines musikalischen Emigrantenlebens. Auf die Melodie kommt es an, nicht auf die Sprache per se. »Vienna was frozen.« In diesem Satz liegt die ganze Tragik des Emigrantenlebens.

Ronald Adler wiederum weiß so gut wie nichts – sein Vater hat niemals über seine Erfahrungen in Österreich gesprochen, sondern blickte nur nach vorne. Ronalds Tochter Katharina Adler setzt sich auf ihre Weise mit der Familie auseinander: *Ida* heißt ihr Roman über ihre Urgroßmutter, die für Sigmund Freud zum *Fall Dora* mutierte – bis heute ist diese kurze Begegnung mit den Anfängen der Psychoanalyse ein Thema in der Familie.

Lore Taussig, Walters Witwe, teilt ihre Erinnerungen ebenfalls mit mir, ihre Tochter Lynn ist die Verbindung. George Halász hat just in dem Augenblick, als ich ihn kontaktiere, begonnen, die Schachteln mit dem Nachlass seines Vaters durchzuschauen – und ist überfordert ob der Menge. Hans Holewas Sohn weiß nichts über die sieben Geschwister seines Vaters – als ob sie nicht existiert hätten. Christine Ippisch sucht in einem Kasten ihres Vaters in Guatemala nach Fotos ihres Urgroßvaters. Von der Existenz der Autobiographie ihres Großvaters, die zu einem Teil in Wien erhalten ist, hat sie noch nie gehört.

Die Liste ließe sich fortsetzen und ist ein Beweis für den unterschiedlichen Umgang mit der Vergangenheit – über die wenig gesprochen wurde.

Ein weiterer Aspekt betrifft das Alter zum Zeitpunkt der Vertreibung: Die jungen Musiker am Beginn ihrer Karriere hatten wesentlich bessere Chancen, sich in der Emigration neue Existenzen aufzubauen. Die älteren taten sich wesentlich schwerer, vor allem im so jugendlich-dynamischen Amerika, wie Fritz Stiedry deutlich an Arnold Schönberg schreibt. Es erfordert viel Energie, die Konkurrenz ist enorm. Die Ausdehnung Amerikas wird im Laufe der Recherche einmal mehr bewusst. In unzähligen Städten existieren Orchester, Opera Companies, Universitäten. Die österreichischen Musiker konzentrieren sich nicht nur auf die großen Ballungszentren, sondern bringen europäische Kultur und Musik in Bundesstaaten, die nicht so fashionable sind. Baton Rouge – wer hat in Europa von der Hauptstadt des Bundesstaates Louisiana schon viel gehört? Peter Paul Fuchs prägt dort 25 Jahre lang das Musikleben und spielt erstmals Bruckner und Werke der Zweiten Wiener Schule. Walter Herbert gründet die Opern in San Diego und Houston und gestaltet als musikalischer Leiter der ersten All Black Opera Company in Jackson, Mississippi, die Förderung des Nachwuchses in dieser Region entscheidend mit.

Auch in die großen Städte bringen die Emigranten Innovation: In New York ist die Met erste Anlaufstation, viele der geflüchteten Musiker finden hier einen Job, jedenfalls für den Anfang, als Sprungbrett – daraus ergeben sich lebenslange Verbindungen. Kurt Herbert Adler, Walter Herbert, Walter Taussig, László Halász, Fritz Stiedry und eben auch Peter Paul Fuchs kennen einander von der Volksoper und treffen sich nun wieder an der Met, um von hier aus ihre unterschiedlichen, höchst erfolgreichen Karrieren zu starten. Man ist versucht zu sagen, dass sie das Land kulturell kolonialisieren.

László Halász begründet die New York City Opera, Walter Taussig zählt zu den bedeutendsten Coaches für Starsänger an der Met. Der legendäre

Kurt Herbert Adler leitet 30 Jahre die Oper San Francisco und bringt alle europäischen Stars an die Westküste. Ein Gigant der Opernwelt. Doch wer hat die 1800 Seiten transkribierter Interviews mit ihm gelesen, die es in keiner einzigen österreichischen Bibliothek gibt? Gerade einmal 50 Seiten des großen Konvoluts handeln von seiner Jugend in Wien.

Nicht nur in Amerika zeigt sich dieser »Kulturtransfer wider Willen«, so macht Heinrich Krips das australische Publikum in verschiedenen Städten mit europäischer Musik bekannt, Hans Holewa spielt als erster Musiker Schönbergs Werke in Schweden. Eugen Strehn führt die *Fledermaus* in Bogotá auf, Franz Ippisch beeinflusst als Militärkapellmeister in Guatemala den Musikgeschmack – Kulturvermittlung auf allen Ebenen. Leo Kraus macht eine beachtliche Karriere bis 1938 – über seine Zeit in Buenos Aires finden sich keine Spuren. Südamerika bleibt ein schwierig zu erforschendes Pflaster, was sich auch bei Kurt Hesky und Harry Neufeld zeigt. Beide finden Zuflucht in Brasilien – und verschwinden dort.

Das grauenhafte Schicksal der Sängerin Ada Hecht ist dokumentiert durch ihre Briefe an den Sohn Manfred, der rechtzeitig nach Amerika flüchten kann. Das Leo-Baeck-Institut hat die Briefe digitalisiert – 600 Seiten Verzweiflung, Panik, Todesangst und unendliche Liebe für den Sohn. Manfred Hecht hat eine Autobiographie geschrieben – der Jugend in Wien kommt ein wesentlicher Anteil zu.

Ihnen allen sei dieses Buch gewidmet.

Mein besonderer Dank gilt den Familien der hier porträtierten Künstler. Da die meisten heute nicht mehr Deutsch sprechen, sei es mir gestattet, meinen Dank auf Englisch auszudrücken:

Dear Katharina Adler, Ronald Adler, Marc Aronson, Greta Brunner-Staudt, Elissa Fuchs, George Halász, Mikael Holewa, Christine Ippisch, Henry Krips, Lore Taussig and Lynn Taussig!

It was a gift meeting you all during my research for this book. I would like to thank you for sharing your memories, stories, documents and photos with me. Thank you so much for your effort and time you put in, for the many phone calls we had, the long conversations held, the numerous emails written. Altogether I would like to thank you for your sympathy and your support. This made it possible for me to delve deeper into the life stories of your parents and grandparents. In Austria, their former home country, they are all completely forgotten. However, by writing this book I was able to pay tribute to your ancestors and to give them back the place in history they deserve. It was indeed a great honour for me to carry out my research on these powerful personalities and their corresponding life stories. I hope that I managed to describe them in all their artistic facets and to tell their stories as vividly as possible.

Weiters danke ich meiner geduldigen Familie, die mir den Rücken freigehalten und eine Sommerfrische der anderen Art erlebt hat – es gab wenige Kuchen, dafür viele Texte und jeden Tag neue Geschichten. Danke vor allem meiner Mutter Christl Arnbom, deren Sommer darin bestanden hat, Korrektur zu lesen – nicht nur einmal, sondern mehrmals. Mein Mann Georg Gaugusch hat mir wie immer viel Archivarbeit abgenommen und auf diesem Wege viele »Hard Facts« zum Vorschein gebracht, die mir die weitere Recherche erst ermöglichten.

Der Volksoper, namentlich Robert Meyer, Christoph Ladstätter und Eva Koschuh, danke ich für das Vertrauen, mir dieses Buch zu überantworten – genauso empfinde ich es: Dies zu schreiben und festzuhalten, bringt eine große Verantwortung mit sich. Der Zukunftsfonds der Republik Österreich, namentlich Kurt Scholz, hat dieses Vorhaben großzügig und voller Interesse und Wohlwollen unterstützt.

Ich sage immer: Mit mir befreundet zu sein, ist anstrengend und bedeutet Arbeit – umso dankbarer bin ich für all meine wunderbaren Freunde, die Korrektur gelesen haben, mir Ideen und Anstöße für neue Aspekte gegeben haben, allen voran Christoph Wagner-Trenkwitz, der das Buch mit Sprachgewandtheit, Wissen und Empathie geschärft hat. Auch Michael Schwanda und Susanne Müller-Hartburg haben den Sommer in St. Gilgen damit verbracht, zu lesen und vieles zu hinterfragen.

Die vielen Diskussionen mit meiner Freundin Monika Kiegler-Griensteidl möchte ich niemals missen – ihr Zuhören und ihre Ideen haben bei unserem wöchentlichen Frühstück viel bewegt.

Und viele wunderbare Menschen haben mich mit Ideen und Informationen versorgt: Felix Brachetka, der als langjähriger Archivar der Volksoper unglaubliche Basisrecherche geleistet hat. Hans-Dieter Roser, der so viel Insiderwissen mit mir geteilt und Kontakte vermittelt hat. Barbara Sauer, die mir Einblick in das Leben Friedrich Schreibers ermöglichte. Gertrud Fischer, die mit Begeisterung die Bestände des Österreichischen Theatermuseums durchforstete, um die großartigen Bühnenbilder von Karl Josefovics zu entdecken. Carlos Krafka, der den Kontakt zur Familie Ippisch in Guatemala herstellte. Theresa Stourzh, die ein Tor nach Südamerika öffnete und spanische Websites für mich durchforstete. Michael Haas, der mir den Kontakt zu Silvia Glocer in Buenos Aires herstellte.

Mein besonderer Dank gilt Cindy Rayburn, der besten und wunderbarsten Gastgeberin, die mir meine Zeit in Greensboro, North Carolina, unvergesslich gemacht hat und die mit ihrer so großen Liebe und Zuneigung zu Elissa Fuchs das Ihre dazu beiträgt, dass Peter Paul Fuchs nicht vergessen wird. Ebenso danke ich der so hilfsbereiten Archivarin Stacey Krim, die die Dokumente von Peter Paul Fuchs mit großer Wertschätzung verwaltet. Peter Clark, der Archivar der Metropolitan Opera, hat geduldig immer mehr Akten für mich herausgesucht und mir so Einblick in diese Welt ermöglicht.

Danke auch an Helene Sommer, die, der Volksoper verbunden, als penible und wissende Lektorin großartige Unterstützung gegeben hat. Am Ende bleibt mir nur mehr, dem Team des Amalthea Verlags für das Vertrauen und die Zusammenarbeit zu danken.

Marie-Theres Arnbom
September 2018

Kaiser Jubiläums-Stadttheater u. Volksoper,
eröffnet 1898. Fassungsraum 1837 Personen.
Wien IX., Währingerstrasse 78.

Wie alles begann …
Der Weg der Volksoper 1898 bis 1938

Anlässlich des 50. Thronjubiläums Kaiser Franz Josephs im Jahr 1898 wird das Kaiserjubiläums-Stadttheater von einer Gruppierung engagierter Bürger an der Schnittstelle zwischen der Vorstadt Alsergrund und dem Vorort Währing gegründet – hier befindet sich auch das Zielpublikum: Gewerbetreibende und kleine Angestellte, die endlich an der Kultur partizipieren wollen.[2] An einer Kultur, die nicht von »den Juden« bestimmt ist – also mit deutlicher antisemitischer Ausrichtung, wie auch die *Reichspost* am 16. Dezember 1898 fast schon euphorisch deutlich macht:

»Und nun ein Blick auf das Publicum! Das christliche Wien hat gezeigt und zeigen wollen, daß es auch noch da ist und bereit, sein Theater zu füllen. Auch die Berichterstatter der meisten nicht-christlichen Blätter fehlten nicht, trotz der Aufforderung des Herrn Scharf, das Jubiläumstheater ›zu meiden wie die Pest‹. Alles in Allem eröffnete die Eröffnungsvorstellung des Jubiläumstheaters dem Wiener christlichen Volke eine freudige Perspective. Möge dem glückverheißenden Anfang ein gleich glücklicher Fortgang sich anschließen und möge das Jubiläumstheater sich wirklich vollendet gestalten zu einer echt christlichen und echt deutschen Volksbühne!«

Dies bleibt auch vorerst das Motto, Lustspiele und Schwänke stehen auf dem Programm der ersten Direktion von Adolf Müller-Guttenbrunn, der 1903, nach fünf Jahren, von Rainer Simons abgelöst wird. Dessen Einstellung entspricht der ursprünglichen Ausrichtung des Hauses, doch ändert er nach einer Saison die Programmierung: Musik hält Einzug in das Haus, das nun Volksoper heißt – dies bringt den erwünschten Erfolg. Der erste Musikdirektor der antisemitisch ausgerichteten Volksoper heißt Alexander von Zemlinsky – und ist Jude. Simons erlebt den Ausbruch des Ersten Weltkrieges und bleibt bis 1917 Direktor. 1919 übernimmt Felix Weingartner, fünf Jahre lang gelingt es auch ihm, das Haus erfolgreich zu führen. Nun beginnt eine lange Phase rasch wechselnder Direktionen, die die politischen Veränderungen und wirtschaftlichen Krisen widerspiegeln. Statt der christlich-sozialen ist nun in Wien eine sozialdemokratische Regierung an der Macht, die auf die Bestellung der Direktoren Einfluss nimmt. Diese müssen Geldgeber im Hintergrund haben, da die Volksoper als privater Verein keine finanzielle Unterstützung durch die Gemeinde Wien erhält. Oft entscheidet die Politik zugunsten der Ideologie und nicht der finanziellen Sicherheit, eine Richtung, die die Volksoper nicht selten an den Rand des Ruins bringt. Immer wieder muss das Haus für einige Monate geschlossen werden, die Verträge der Direktoren laufen meist nur für ein Jahr, jeder versucht, irgendwie durchzukommen. Den größten Erfolg der Zwischenkriegszeit kann das 1927 uraufgeführte Singspiel *Ich hab mein Herz in Heidelberg verloren* für sich beanspruchen.

Erst ab 1935 setzt Direktor Jean Ernest auf die richtige Karte: Er arbeitet mit der Gastspieldirektion von Alexander Kowalewski zusammen, der mit en suite gespielten neuen Erfolgsoperetten das Publikum wieder ins Haus holt. Am Ende dieser Phase steht *Gruß und Kuß aus der Wachau.*

Das Ensemble der Volksoper vor dem Aufbruch zu einer Tournee nach Rumänien, Oktober 1928. Mit dabei sind: Käthe Rantzau, Ada Hecht, Paula Bäck, Magda Schwelle, Hansy Weiner, Hilde Salinger, Albin Rittersheim, Heinrich Pecher, Franz Zwonik, Otto Beer, Geza Brandt, Gustav Fußperg, Lorenz Corvinus und Georg Puntschart. Dazu noch Kapellmeister Dr. Ludwig Kaiser, Chormeister Alfred Lieger und Konzertmeister Fritz Brunner.
Paula Bäck (6. von links) und Fritz Brunner (2. Reihe, 4. von rechts) wurden von ihrer Tochter Greta identifiziert, Ada Hecht (6. von rechts) aufgrund von Fotos in der Autobiographie ihres Sohnes. Alle anderen sind – noch – im Dunkel der Vergangenheit.

Die Abschiedsstunde

Gruß und Kuß aus der Wachau

Gruß und Kuß aus der Wachau steht an einer Zeitenwende nicht nur der Volksoper, sondern der Geschichte Österreichs und Europas. Die Idylle der Operette weicht der brutalen Realität und macht den großen Gegensatz umso stärker spürbar. Hier drei fröhliche Mädel auf der Suche nach geeigneten Ehemännern im Heile-Welt-Setting der Wachau, dort unzählige Künstler auf der Flucht vor Verfolgung und Ermordung.

Diese Revueoperette feiert am 16. Februar 1938 ihre Uraufführung – in demselben Genre hatte der Komponist Jara Beneš bereits zuvor Publikumsschlager geschrieben: 1935 *Der gütige Antonius* und *Auf der grünen Wiese* im folgenden Jahr. Nun also eine neue Produktion, mit großer Ausstattung und vielen Girls. Man sieht Bilder, »die Karl Josefowics anheimelnd und heiter gemalt hat und die Kurt Heßkys Regie temperamentvoll belebt«. Vier Wochen später müssen diese beiden Künstler um ihr Leben bangen und fliehen. Josefovics kann in England, Hesky in Brasilien Zuflucht finden.

»Man sieht wieder eine Menge hübscher Girls – Harry Neufeld erfand für sie mannigfache originelle Tänze.« Harry Neufeld und Kurt Hesky werden in Brasilien wieder zusammenkommen. »Man hört wieder zu Beda-Versen Jara Beneš-Musik, sympathisch unprätentiöse, schmissige, fesche Musik zwischen Jazz und Walzer.« Fritz Löhner-Beda findet ein grauenhaftes Ende im Konzentrationslager, Jara Beneš' Werke werden nicht mehr gespielt, er überlebt den Krieg in Wien, wird ausgebombt und verliert all sein Hab und Gut. Das Textbuch Hugo Wieners und Kurt Breuers gefällt – die beiden Autoren fliehen nach Kolumbien bzw. New York, wo sie sich in Exilkabaretts über Wasser halten. Die Rezension im *Neuen Wiener Tagblatt* stellt die Paare vor: »Die aparte und elegante Hulda Gerin heiratet den haltungsvollen Herrn Flemming.« Hinter dem Künstlernamen Hulda Gerin verbirgt sich Hilde Güden, die bis 1942, protegiert von Clemens Krauss, in Wien und München singen kann. Dann wird es auch für sie zu gefährlich und sie flieht

8 Groschen

Postbezug für Oesterreich . . . S 2·55

Das kleine Volksblatt

Nr. 48 Redaktion und Verwaltung: VII., Bandg. 28. Fernruf: B 32-5-40 Wien, Freitag, 18. Februar Anzeigenannahme: Wien, I., Schulerstraße 1 und I., Wollzeile 16. – Tel. R 28-5-50 Serie. 1938

Das Bekenntnis der Gewerkschafter zu Oesterreich.

Bei einer großen Konferenz der Gewerkschaftsführer, der auch Minister Rott beiwohnte, wurde durch eine Entschließung der Wille der Arbeiterschaft betont, alle Kraft für die Unabhängigkeit Oesterreichs und den Frieden einzusetzen.

Minister Seyß-Inquart bei Reichskanzler Hitler.

Wachauzauber in der Volksoper. (Zur Premiere von „Gruß und Kuß aus der Wachau".)

Links oben: Finale von „Gruß und Kuß aus der Wachau". – Rechts oben: Polly Frank und Erich Rolf Arnold. – Links unten: „Adoptivvater" Fritz Imhoff und das Wachauer „Dreimäderlhaus". – Rechts unten: Historisches Fest auf Burg Kürenberg.

nach Italien, wo sie den Krieg übersteht. Ihr Kollege Victor Flemming flüchtet nach Luxemburg, wo er von den Nationalsozialisten verhaftet und nach Theresienstadt deportiert wird. Mit dem letzten Transport am 28. Oktober 1944 findet er sein Ende in Auschwitz. Dasselbe Schicksal erleidet ein anderer Star der Volksoper: Ada Hecht.

Diese Zitate aus der Rezension von Alfons Wallis[3] im *Neuen Wiener Tagblatt* vom 19. Februar 1938 machen exemplarisch den Kahlschlag deutlich, dem die Volksoper genau wie das gesamte österreichische Kulturleben ausgesetzt war. Künstlerinnen und Künstler jüdischer Herkunft, Jazz-Operette und pointiert-humorvolle Texte voller Witz und Verve – dies alles widerspricht der Nazi-Ideologie komplett und wird mit großer Vehemenz und Nachhaltigkeit ausgemerzt.

Jara Beneš und die Jazz-Operette, das Schreckgespenst der Nazis

Komponisten wie Paul Abraham, Oscar Straus, Jara Beneš, Bruno Granichstaedten sorgen dafür, dass die Operette am Puls der Zeit bleibt, moderne Tanzmusik aus Übersee wird sofort verarbeitet und integriert, die Orchester um neue Instrumente wie Saxophon, Banjo oder umfangreiches Schlagwerk erweitert. 1930 präsentiert Bruno Granichstaedten seine Operette *Reklame* am Theater an der Wien – erstmals ist eine Jazz-Band in die Partitur integriert. Im Programmheft folgt die Erklärung: »Man mag über die Jazzmusik denken wie man will. In einem Punkt sind sich ihre Feinde und Freunde einig: sie hat der Musik ganz gewaltige Anregungen gegeben, neue Klangfarben, neue Rhythmen und eine Renaissance der bereits als abgetan verschrienen Melodie. Den symphonischen Jazz führt der Komponist zu noch nie dagewesenen Höhen, bringt er zu eigenartigster musikalischer Wirkung. Man kann mit Recht sagen, daß hier das modernste Werk der Operette geschaffen wurde, und dennoch nur im Rahmen der guten alten Wiener Schule.«

Diesem Prinzip folgt auch Jara Beneš: Mit *Der gütige Antonius* erlebt er am 23. Dezember 1935 seinen Durchbruch an der Volksoper, bis April 1936 begeistert das neue Werk Publikum und Presse. Bis zu diesem Zeitpunkt

Der Komponist Jara Beneš

sind Beneš' Werke nur auf tschechischen Bühnen gespielt worden, er ist also für das Wiener Publikum eine willkommene Neuentdeckung. Den Text der drei Beneš-Operetten bearbeiten Fritz Löhner-Beda und Hugo Wiener – ein gutes und erfolgversprechendes Team. »Es muß also nicht mehr unbedingt ein Lehár, ein Kálmán oder ein Abraham sein. Herr Jara Beneš hat gezeigt, daß er es auch kann«, schreibt die *Wiener Sonn- und Montags-Zeitung* am 20. Jänner 1936. Beneš ist mit einem Satz in die erste Liga aufgerückt – sein Erfolg, der so vielversprechend in Wien begonnen hat, wird nur zwei Jahre anhalten. Danach finden sich seine Stücke noch ganz selten auf tschechischen Bühnen, in Österreich und Deutschland wird er totgeschwiegen. Zwar ist der Komponist selbst nicht jüdisch, die beiden jüdischen Librettisten reichen für einen Boykott der Revuen.

»Selbstverständlich hat das Dritte Reich die typisch jüdische und stark verjazzte Operette allmählich ausschalten müssen mit dem sehr erfreulichen Ergebnis, daß die Operettentheater aller großen und kleineren Städte, wo der arische Operettenkomponist gepflegt wird, nach wie vor volle Häuser zeigen.« Mit diesem Geleitwort zu *Reclams Operettenführer* zieht Hans Severus Ziegler im Jahr 1939 einen Schlussstrich unter eines der erfolgreichsten Kapitel der Operettengeschichte. Er ist es auch, der in der Wanderausstellung *Entartete Musik* den Jazz ebenso verteufelt wie die Werke der Zweiten Wiener Schule, aus der viele der an der Volksoper tätige Künstler hervorgehen.

In Deutschland werden all diese Werke ab der Machtergreifung der Nationalsozialisten am 30. Jänner 1933 ohnehin nicht mehr gespielt – weder auf der Bühne noch im Radio. Bereits im April 1933 verbannt Radio Berlin den Jazz aus all seinen Programmen, zwei Jahre später wird dieses Verbot für das gesamte Reichsgebiet übernommen. »Nichts Atonales, keine Fremdeinflüsse, keinen Swing, keine lateinamerikanischen Tänze, keine Hottentottenrhythmen der Nigger«, verkündet Eugen Hadamovsky entschlossen in seinem 1934 erschienenen Buch *Dein Rundfunk. Das Rundfunkbuch für alle Volksgenossen*. Damit bricht der größte Absatzmarkt für Werke, die den Vorstellungen der Nazis nicht entsprechen, weg, was Künstler, Verleger und Theaterdirektoren in große Bedrängnis stürzt.

Die Volksoper setzt in diesen schwierigen Jahren mit Recht auf den Erfolg von Revuen und Operetten: Jara Beneš' Werke stehen in einer Reihe mit *Sie, Johann …!* – einer Operette aus der Feder Fritz Grünbaums und Ernst Behrends mit Musik von Paul Weiß –, mit Ralph Benatzkys *Herzen im Schnee* und Robert Stolz' *Die Reise um die Erde*. Das Genre bringt dem Haus Publikum und gute Presse und macht es zum letzten Hort der Operette in Wien.

Bis zum 12. März 1938, dem Tag des »Anschlusses«, steht *Gruß und Kuß aus der Wachau* auf dem Spielplan, am Sonntag, dem 13. März, gibt es keine Vorstellung. Ab 14. März ist das Werk wieder zu sehen – als wäre nichts geschehen. Bereits am 15. März verkünden die Zeitungen in großen Lettern »Direktionswechsel in der Volksoper« und die Zeitung *Arbeitersturm* überschlägt sich förmlich. In einem Artikel mit dem Titel *Kampf dem Judentum* wird von ersten Verhaftungen berichtet: »Jede von diesen dunklen Gestalten muß aus seinem behaglichen Leben herausgerissen werden. Menschen, die ihr Leben lang von der Ausbeutung des Gastvolkes gelebt haben, gehören in das Sammellager. Sie sollen einmal in ihrem Leben arbeiten müssen, ohne irgend einen ›Rebbach‹ zu haben. Nationalsozialisten, seid auf der Wacht! Wer gegen Deutschland ist, dem werden wir das Handwerk legen.« Dagegen klingt der folgende Satz unter der Überschrift *Die jüdischen Komödianten müssen verschwinden* fast harmlos: »Aus der Volksoper werden die Juden Ernest, ein Rumäne, und Kowalevsky auszuscheiden haben.« Jean

Ernest kann nach New York flüchten, aber nicht an seine Erfolge als Bariton und Direktor anschließen. Alexander Kowalewski überlebt den Krieg in Frankreich – nähere Umstände bleiben im Dunkeln.

Neuer Direktor der Volksoper wird der langjährige Vizedirektor Fritz Köchl gemeinsam mit dem Obmann der Betriebszellenorganisation, dem Geiger Hans Frauendienst. »*Gruß und Kuß aus der Wachau* bleibt im Repertoire«, steht am 16. März lakonisch in der Zeitung. Bis zum 17. Mai steht die Operette auf dem Programm, dann wird sie durch *Der ewige Walzer* des regimekonformen Heinrich Strecker ersetzt.

Um Jara Beneš wird es bald still. Wenige Aufführungen finden sich nach 1938, er verschwindet aus den Zeitungen. 1939 spielt das Centraltheater Dresden *Auf der grünen Wiese*, als Librettist ist V. Tolarsky angegeben, der die ursprüngliche tschechische Fassung geschrieben hat. Die deutschsprachige Fassung von Löhner-Beda und Wiener bleibt natürlich unerwähnt, stattdessen stehen Bruno Hardt-Warden und Rudolf Köller als Bearbeiter in der Ankündigung – die beiden haben auch das Libretto zu *Der ewige Walzer* verfasst. Noch bei der Verfilmung der Operette im Jahr 1953 werden die Namen der Librettisten Löhner-Beda und Wiener unterschlagen. Die schmissigen, flotten Jara-Beneš-Klänge haben keinen Platz mehr in den Nazispielplänen, er muss das Ende des Krieges abwarten, um wieder aufgeführt zu werden. Am 30. April 1947 kommt es zu einer kleinen Renaissance, im Theater am Schönbrunnertor wird *Auf der grünen Wiese* gespielt, am 1. August 1947 dirigiert der Komponist eine weitere Aufführung an den Kammerspielen. Zwei Jahre später stirbt Jara Beneš nur 52-jährig in Wien – und mit ihm auch seine Werke, die völlig in Vergessenheit geraten sind.

Die Librettisten. Fritz Löhner-Beda, Kurt Breuer und Hugo Wiener

Zehn Jahre lang, von 1928 bis 1938, schreibt Hugo Wiener Revuen für die Kabarettbühne »Femina«, von 1930 bis 1933 entstehen 25 dieser Werke gemeinsam mit Kurt Breuer. Heute ist in diversen Artikeln über die »Femina« zu lesen, dass nur Hugo Wiener Hausautor war. Warum ist Kurt Breuer verschwunden? Wie Hugo Wiener musste auch Breuer aus Öster-

Kurt Breuer, Zweiter von links, als Autor des Volksstückes *Die Zuwag*, bei dem nicht nur »eine Schar bekannter Schauspieler, sondern auch eine Registrierkasse und ein Hackstock« mitwirken. Von links nach rechts: Aurel Nowotny (Spielleiter), Kurt Breuer und Armin Friedmann (die beiden Autoren), Maria Walden (sitzend), Alice Lach, Attila Hörbiger, Erika Dannbacher, Karl Staud, Alma Seidle und Eduard Loibner. Das Stück wird am 25. April 1937 in Radio Wien ausgestrahlt. Zeitschrift *Radio-Wien* am 30. April 1937

reich fliehen, Wiener kehrt nach dem Krieg zurück und zählt zu den Größen der Kabarettszene, erfreut sich großer Beliebtheit und schafft mit Schlagern für Cissy Kraner wie *Der Nowak lässt mich nicht verkommen* oder *Ich wünsch mir zum Geburtstag einen Vorderzahn* zeitlose Hits, die zum kulturellen Allgemeingut werden.

Kurt Breuer kehrt nicht zurück, er bleibt in New York der Kleinkunstszene verbunden und gerät in Österreich völlig in Vergessenheit. Zu Unrecht, zählt er doch zu den kreativsten und fleißigsten Textern der Zwischenkriegszeit: Mehr als 90 Werke fließen zwischen 1920 und 1938 aus seiner Feder, nur die Hälfte davon ist in der Österreichischen Nationalbibliothek erhalten. Wienerlieder, vertont von Ernst Arnold, zählen ebenso dazu wie moderne Schlager, Shimmys, Tangos und Foxtrotts. Das erste publizierte Lied stammt aus dem Jahr 1920: *Mein kleines Garcon*, Text von Egon Schubert nach einer Idee von Kurt Breuer mit Musik von Gyula Geiger. Auf dieses noch nicht ganz eigenständige Werk folgen 1921 zwei Wienerlieder, danach nimmt die Produktion immer rascher zu.

Gemeinsam mit dem großartigen Komponisten Béla Laszky, einem Meister der leisen und feinen Töne, schafft Breuer das Chanson *Da draußen am Thurygrund* und die erfolgreiche Operette *Die Laune einer Nacht*, uraufgeführt am 23. Dezember 1926 am Stadttheater Graz in der Regie Karl Lustig-Preans. Eine ganz außergewöhnliche Produktion, denn der Operette wird eine Filmparodie vorangestellt, zu der Laszky »eine travestierende Kinomusik geschrieben hat«, wie die Zeitung *Arbeiterwille* bereits am 19. Dezember verrät. »Das Zweite-Akt-Finale bringt die ganze Darstellung einer Filmaufnahme auf die Bühne«, wird weiter ausgeplaudert. Das internationale Interesse ist groß, »zahlreiche Theaterdirektoren, Verleger und Kritiker haben ihr Erscheinen zugesagt«.

Für Graz schreibt Kurt Breuer wenige Wochen später auch die Revue *Graz, pass auf!* mit dem Team Ida Sinek[4] als Co-Autorin und Karl Michael May[5] als Komponist. Gemeinsam verfassen sie 1927 auch die Revuen *Wien und die Wiener* und *Komm mit, Pupperl!*. Die Zusammenarbeit mit Ida Sinek setzt sich 1932 fort, diesmal mit dem Komponisten Trojan Wellisch – für den »Simpl« und dessen Filiale »Die Rakete« entsteht *Mit Volldampf voraus!* – Schauplatz ist ein Dampfer. Im nächsten Streich wirkt das »lustige Triumvirat der Fritzen, Grünbaum, Wiesenthal und Schrecker« mit: »Die lustige Warenhausrevue ›Schlager auf Schlager‹ enthält wirklich nur Schlager, die witzig und amüsant durch Kabarettgrößen serviert werden.«[6] Am amüsantesten klingt aber *Weekend im Schnee* mit dem Untertitel *Ein vergnügter Aufenthalt in einem Sporthotel*. Die Revue gastiert auch an der »Kleinen Bühne« in Prag, dort rezitiert der große Fritz Grünbaum eine »Ouvertüre« und wirkt auch mit.

Am öftesten arbeitet Breuer mit Hugo Wiener zusammen. Ein etwas verwirrender Zeitungsartikel der *Wiener Sonn- und Montags-Zeitung* vom 15. August 1932 weist auf die gemeinsam verfassten »Femina«-Revuen hin: »Hugo Wiener und Kurt Breuer, die beiden ausgezeichneten Revuedichter, feiern in den nächsten Tagen das 25-jährige Jubiläum ihrer ›Femina-Revue‹.« Die beiden Autoren sind zu diesem Zeitpunkt 28 respektive 36 Jahre alt – es ist also wohl das Jubiläum der 25. gemeinsamen Revue gemeint! »Die beiden jungen Autoren, von denen Revuen im In- und Ausland laufen, waren aus diesem Anlaß Gegenstand herzlichster Glückwünsche.«

Die Presse überschlägt sich mit Superlativen, um die Revuen, die circa alle zwei Monate wechseln, zu beschreiben. Die Herbstsaison der »Femina« im Jahr 1930 eröffnet Direktor Wilhelm Gyimes »mit einem an Reichhaltigkeit und Buntheit alle vorhergegangenen weit übertreffenden Miniatur-Revuebildbogen. Seine bewährten Mitarbeiter Kurt Breuer und Hugo Wiener stellen in fast schon hemmungsloser Ausgelassenheit alles Zeitgenössische auf den Kopf und auf entzückend zapplige Soubrette- und Girl-Beine. Parodistische Singspiele, Burlesken, getanzte und gesungene Schlagernummern jagen einander förmlich auf der kleinen apart dekorierten Szene. Jugend, Schönheit, Talent und Temperament vereinigen sich hier zu einem auserlesenen Ensemble. Statt jeder eingehenderen Würdigung der gut gemeinte Rat: Geht hin und erhebt euch mit ihnen in den siebenten Himmel!«[7]

Und weiter kann man lesen: »Die Revue *Am laufenden Band* ist wieder ein sinnbetörender Wirbel von Farbe und schönen Frauen, in den als humoristischer Mittelpunkt in dieser Saison erfreulicherweise Armin Berg gestellt ist.«[8] Auch in der Revue *Melodie der Straße* begeistern »viele köstliche, witzige, pointensichere Sketche« – heute noch wünscht man sich, so manche Szene miterlebt zu haben: »Den Clou des Abends wird zweifellos eine ›Salome‹-Parodie bilden, in der Imhoff um das Haupt Jochanaans tanzen wird …«[9] Der korpulente Komiker Imhoff als Salome in der Revue *Achtung! Aufnahme! Los!* wäre eine Zeitreise wert.

Auch international erreichen die Revuen große Erfolge, 1930 geht die Produktion *Etwas für dich* mit einem 50-köpfigen Ensemble auf eine zweiwöchige Tournee: Budapest, Zürich, Graz, mehrere deutsche und italienische Bühnen kommen so in den Genuss dieser neuen Form der Unterhaltung.

Die Revuebühne »Femina«, im ehemaligen legendären Jugendstil-Kabarett »Fledermaus« in der Johannesgasse 1 untergebracht, bietet nur Platz für 100 Zuschauer – viel Raum für große Ausstattungsrevuen gibt es also nicht. Und doch funktioniert das Konzept: In der Reduktion aller Mittel liegt das Geheimnis des Erfolges, opulente Ausstattungsrevue en miniature sozusagen begeistert das Publikum, das nahe am Geschehen ist und so rasch in den Sog von Witz, Pointen und Humor gerät.

Das gemeinsame Ende beginnt in Bad Ischl

1937 finden sich Kurt Breuer und Hugo Wiener mit einem der brillantesten Köpfe der Unterhaltungsbranche zusammen, dem großen Fritz Löhner-Beda, dessen Talente vielfältig und dessen Produktivität schier unerschöpflich ist: Erfolgslibretti vor allem für Franz Lehár schafft er ebenso wie unzählige Schlager, aber auch Gedichte, denen oft eine ernste Note inne-

Fritz Löhner-Beda in Bad Ischl

wohnt. Er engagiert sich für den jüdischen Sportverein Hakoah und tritt oftmals spöttisch und dabei durchaus ernst gemeint gegen den allzu starken Anpassungswillen des jüdischen Bürgertums auf – sein Gedicht *Wie man sich trefft im Ampezzotal* bringt dieses Thema auf den Punkt.

Am 18. August 1937 berichtet das *Neue Wiener Journal:* »Salzburg, 17. August. Jara Benesch, der Komponist des ›Gütigen Antonius‹, ist in Salzburg eingetroffen, um mit einigen hier weilenden ausländischen Theaterdirektoren Verhandlungen wegen Aufführungen seiner neuesten Operette zu führen. Der Komponist erzählt darüber: ›Ich habe während des Sommers gemeinsam mit Doktor Beda, Kurt Breuer und Hugo Wiener eine neue Operette geschrieben, die den Titel ›Gruß und Kuß aus der Wachau‹ führt. Es handelt sich um eine typisch österreichische Operette. Das neue Werk enthält eine große Rolle für Imhoff, dann drei Soubrettenpartien, eine Tenorrolle und zwei jugendliche. Auch diese Operette ist in Bildern abgefaßt. Die acht Hauptnummern sind fertig. Ich glaube, daß besonders ein Wienerlied für Imhoff, ferner ein Tango und eine lustige Nummer für das Buffopaar besonders gefallen werden. Wo die Uraufführung sein wird, weiß ich noch nicht, jedenfalls kommt hiefür Wien oder Prag in Frage. Wenn ich meine Salzburger Verhandlungen beendet habe, fahre ich nach Ischl zurück, um dort die Partitur zu vollenden.«[10]

Fritz Löhner-Beda steuert also nun die Liedtexte für Jara Beneš' neues Werk *Gruß und Kuß aus der Wachau* bei. Es entstehen der Tango *So ein kleines Geheimnis*, das ländliche Walzerlied *Gib mir ein saftiges Busserl*, die Swing-Polka *Komm heut Nacht zu mir*, das Marschlied *Wir brauchen keine Weiber net* und der Foxtrott *Aber Otto, Otto!*. Tradition und Moderne in Musik und Text, eine bunte Mischung, die Komponist und Texter perfekt beherrschen. Der Erfolg gibt ihnen Recht. Glauben sie jedenfalls.

Hugo Wiener erlebt die letzte Vorstellung in Freiheit von *Gruß und Kuß aus der Wachau* an der Volksoper am 11. März 1938: »Das Haus war ausverkauft, aber halb leer. Ich ging in die Direktionsloge, um mir das Stück, vielleicht zum letzten Mal, anzusehen. Es war eben das Ende des ersten Aktes. Anstatt beide Arme zu heben und ins Publikum zu winken, wie es angeordnet war, hob eine unserer Solistinnen, die ich besonders protegiert habe, damit sie das Engagement bekommt, den rechten Arm zum Hitlergruß. Willi Stettner gab ihr einen Schlag auf das Handgelenk, daß sie den Arm sinken ließ. Aber was nützte es? Andere hatten es ihr bereits nachgemacht.«[11]

An diesem Abend befinden sich auch Fritz Löhner-Beda und Alexander Kowalewski in der Volksoper: »Beda war besonders gefährdet, weil bereits verschiedene Anzeigen der österreichischen Neidgesellschaft gegen ihn vorlagen«, berichtet Hugo Wiener später in seiner Autobiographie *Zeitensprünge*. »Anzeigen konnte jeder jeden, und wenn der Angezeigte Jude war, war er von vornherein schuldig. Und Beda hatte einige Dummheiten gemacht. So hatte er täglich, beim Betreten des Cafés Heinrichhof, dem Ober zugerufen: ›Bringen Sie mir den Völkischen Beobachter! Ich möchte sehen, was der Tapezierer macht!‹ Wir bestürmten ihn, ins Ausland zu fahren, und zwar sofort. Beda weigert sich. So schlimm wird es nicht werden.«[12]

Der 55-jährige Fritz Löhner-Beda wird am 13. März 1938 verhaftet und am 1. April in das Konzentrationslager Buchenwald deportiert, wo er gemeinsam mit Hermann Leopoldi das *Buchenwald-Lied* erschafft: »O Buchenwald, ich kann dich nicht vergessen, weil du mein Schicksal bist. Wer dich verließ, der kann es erst ermessen, wie wundervoll die Freiheit ist! O Buchenwald, wir jammern nicht und klagen, und was auch unser Schick-

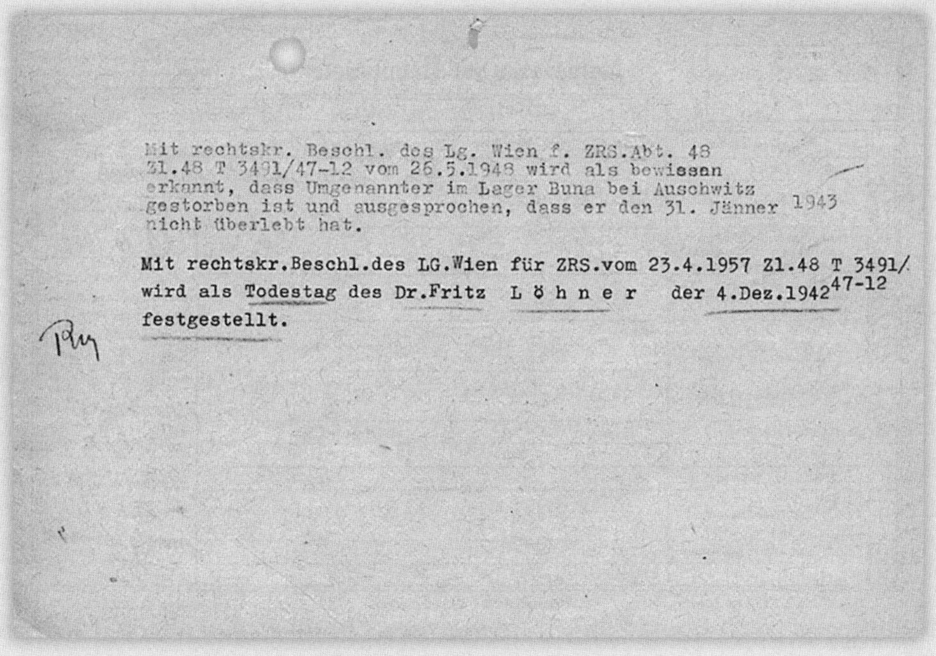
Mit rechtskr. Beschl. des Lg. Wien f. ZRS.Abt. 48
Zl.48 T 3491/47-12 vom 26.5.1948 wird als bewiesen
erkannt, dass Umgenannter im Lager Buna bei Auschwitz
gestorben ist und ausgesprochen, dass er den 31. Jänner 1943
nicht überlebt hat.

Mit rechtskr.Beschl.des LG.Wien für ZRS.vom 23.4.1957 Zl.48 T 3491/47-12
wird als Todestag des Dr.Fritz L ö h n e r der 4.Dez.1942
festgestellt.

Fritz Löhner-Bedas letzter Meldezettel

sal sei, wir wollen trotzdem Ja zum Leben sagen, denn einmal kommt der Tag: Dann sind wir frei!« Für Fritz Löhner-Beda kommt dieser Tag niemals. Am 4. Dezember 1942 wird er im Konzentrationslager Auschwitz erschlagen.

Hugo Wiener und Kurt Breuer können fliehen und sich ein neues Leben aufbauen – in Kolumbien und New York.

Vamos a Colombia

Hugo Wiener verdankt sein Überleben dem Regisseur Eugen Strehn: Dieser übermittelt ihm eine Einladung für eine »Femina«-Tournee nach Kolumbien anlässlich der 400-Jahr-Feierlichkeiten seit der Gründung von Bogotá. Der Grund für diese Einladung liegt im Besuch eines kolumbianischen Ministers in Wien, der die »Femina« besucht und das Ensemble voller Begeisterung dem Bürgermeister von Bogotá ans Herz legt.

Nach einigem Zögern nimmt der 34-jährige Hugo Wiener an und verlässt am 14. Juni 1938 Europa mit großer Sorge um seine Eltern und seine Schwester Gisela – es wird ihm nicht gelingen, seine Familie rechtzeitig außer Landes zu bringen. Der Vater stirbt 1939 unter ungeklärten Umständen in Wien, Mutter und Schwester werden deportiert und ermordet. Auch Kurt Breuers Mutter nimmt dieses schreckliche Ende, ebenso wie Fritz Löhner-Bedas Frau Helene samt ihren beiden kleinen Töchtern Liselotte und Eva.

Hugo Wiener gelingt es, mit dem »Femina«-Ensemble in Kolumbien Fuß zu fassen – die Sorge um die Familie bleibt groß. »Bitte, bitte, vergiß nicht auf uns«, schreibt seine Schwester Gisela verzweifelt. Hugo versucht, Visa zu erhalten – keine Chance. »Und es wird immer aussichtsloser. Der Krieg weitet sich aus. Wann wird er zu uns kommen? Der Tod braucht kein Visum«, schreibt er später in seiner Autobiographie.[13]

Mit dem Programm *Vamos a Columbia* erobert die »Femina« tatsächlich Kolumbien. Nach Bogotá folgen Engagements in diversen anderen Städten, die junge Soubrette Cissy Kraner agiert als Conférencière – später wird sie Hugo Wieners Frau. Dieser geht von Kolumbien nach Venezuela, dort hält er sich als Pianist über Wasser – alles andere als einfach. Und die Politik kommt ihm in die Quere: Am 11. Dezember 1941 erklären Deutschland und Italien den USA den Krieg. Dies macht alle Hoffnungen zunichte, Hugo Wieners Familie aus Europa zu retten, der Weg über den Ozean ist plötzlich abgeschnitten. Dies bleibt ein lebenslanges Trauma. »Ich bin jeden Tag traurig. Meine Eltern, meine Schwester wurden vergast. Es vergeht kein Tag, wo ich nicht einen Moment daran denke. Ohne es zu wollen, schießt es mir durch den Kopf.«[14]

Hugo Wiener muss sich nun beruflich auf eigene Füße stellen. Er mietet eine Bar und setzt auf Cissys Talente: Er begleitet sie am Klavier – sie kommen gut an und legen die Basis für eine erfolgreiche künstlerische Zukunft, die sie nach einigem Hin und Her 1954 wieder nach Wien führt. Gemeinsam mit Karl Farkas zählen sie zu den Größen des Kabaretts der Nachkriegszeit.

Hugo Wiener und Cissy Kraner bei der Aufnahme ihrer im Zweiwochenrhythmus ausgestrahlten Kabarettsendung *Aktualitätlichkeiten* im Studio Wien des Senders Rot-Weiß-Rot, 1950

Lohengrin, der fliegende Freischütz vom Wolfgangsee

Ab 1938 muss Karl Farkas versuchen, in New York ein Auskommen zu finden – ebenso wie der 42-jährige Kurt Breuer, der am 6. Dezember 1939 von Genua kommend in New York eintrifft. Die beiden arbeiten oftmals zusammen, so in einer Produktion von Farkas' *Die Wunder-Bar.* Einstmals ein enormer Erfolg in Wien und bereits 1930 in New York und Washington auf Gastspielreise, steht diese Revue 1942 wieder auf dem Broadway-Programm und wird auch im Radio übertragen. Wiener Stars wie Karl Farkas und Kurt Breuer wirken mit, Farkas führt auch Regie.[15]

Auch in der Revue *Carneval Cavalcade* sind Breuer und Farkas am 30. Jänner 1943 wieder mit einer Nummer beteiligt: *Lohengrin, der fliegende Freischütz vom Wolfgangsee. Große Oper* oder *Faust III. Teil. Nicht von Goethe.*[16] Wehmut und Sehnsucht bleiben bestehen: *Das gibt's nur einmal, das kommt nie wieder!* ist der Titel einer Revue, die am 6. Dezember 1943 über die Bühne geht. Was für ein Staraufgebot: Ralph Benatzky ist ebenso beteiligt wie Robert Stolz und Hermann Leopoldi, Karl Farkas und Kurt Breuer.[17]

Doch bleiben Kurt Breuers Spuren spärlich. Noch dreimal besucht er Europa: 1949, 1950 und zuletzt 1960. Am 12. Dezember 1960 kehrt er nach New York zurück und stirbt nur acht Tage später, am 20. Dezember.

»Geschmackvoller Regisseur und reichbegabter Darsteller«. Eugen Strehn

Biographische Einträge zu Eugen Strehn, der ursprünglich eigentlich Stern heißt, finden sich in zwei Nachschlagewerken, beide berichten, er sei an der Volksoper als Sänger und Komiker engagiert gewesen und hätte in den 1930er-Jahren außerdem Regie geführt.[18] Im Gegensatz zu den eher dünnen Informationen über sein Leben und Wirken bis 1938 bieten beide Einträge einige Details zu seiner Tätigkeit im Exil, noch dazu in Kolumbien, wo es sonst schwierig ist, Informationen zu erhalten. Also eine große Bereicherung.

Hugo Wiener macht außerdem ein weiteres Detail bekannt. Eugen Strehn rettet ihm das Leben. In seinen Lebenserinnerungen *Zeitensprünge* schildert Hugo Wiener die Rettung durch Eugen Strehn aus der größten Verzweiflung im März 1938: »Am nächsten Morgen läutete es an der Tür: ›Ich bin es: Eugen.‹ Es war klug von ihm, gleich seinen Namen zu nennen. Er wußte, wie man in jenen Tagen erschrak, wenn jemand an der Tür war. ›Ich habe einen Brief für dich‹, sagte er.«[19] Der Brief beinhaltet eine Einladung nach Kolumbien und ermöglicht so die Flucht.

Eugen Strehn ist zu diesem Zeitpunkt 55 Jahre alt und blickt auf eine durchaus erfolgreiche, wenngleich auch schwer erkämpfte Karriere zurück, die er mit 22 Jahren in Troppau beginnt – wie viele andere Künstler lernt er die Provinztheater der Monarchie gut kennen. Der Weg führt zehn Jahre lang vom schlesischen Troppau über das ungarische Pressburg, nach Meran, in das schlesisch-galizische Bielitz, nach Klagenfurt und Innsbruck, von Anfang an in der Doppelfunktion als Darsteller und Regisseur. Er gefällt, Presse und Publikum zeigen große Begeisterung. So jubelt die *Neue Schlesische Zeitung* am 5. Mai 1910: »Es gibt ein Wiedersehen ...« Und berichtet über ein Comeback: »Zu unserer lebhaften Freude erfahren wir, daß der hier so beliebte Charakter- und Gesangskomiker des Bielitzer Stadttheaters Herr Eugen Strehn im Laufe der nächsten Woche hier zu Gaste sein werde. Er veranstaltet nämlich im städtischen Rathaussaale im Vereine mit seiner Schwester, der Operettensängerin Frl. Strehn, die bei ihrem Debut als Annamirl in der Operette ›Der fidele Bauer‹ am Bielitzer Theater einen durchschlagenden Erfolg erzielte, einen Unterhaltungsabend bei gedeckten Tischen.«

Die Sommermonate 1911 und 1912 nützt Eugen Strehn für Gastspiele im Sommertheater Stuttgart, das von Gustav Müller geleitet wird – und dieser wirkt während der Theatersaison am Wiener Ronacher. Ein erster intensiverer Kontakt zu den Wiener Theaterkreisen ist geknüpft. In der heute völlig vergessenen Georg-Jarno-Operette *Das Musikantenmädel* bietet Eugen Strehn im Sommer 1911 »als Josef Haydn eine glänzend gelungene, fein durchgearbeitete Leistung, leitete die schön abgerundete Vorstellung und erwies sich von neuem als geschmackvoller Regisseur und reichbegabter Darsteller«.[20] Ein Jahr später wird sein wahres Talent als Komiker klar, denn »Eugen Strehn, der sich schließlich noch auf diverse Prozesse wegen Lachmuskelverzerrung der Theaterbesucher wird gefasst machen müssen«,[21] beglückt die Zuschauer.

Auch während des Ersten Weltkrieges folgt Engagement auf Engagement, er muss offenbar nicht einrücken und erscheint in der Saison 1916/17

Eugen Strehn im Film *Madame Blaubart* Ankündigung in der *Neuen Kino-Rundschau*, 6. September 1919

Der Star de
Opern-Bar. *Neue*
Wiener Journal
13. Jänner 192

endlich in Wien: Im Varieté »Gartenbau« tritt er im Umfeld der Stars Ralph Benatzky, Josma Selim, Mela Mars und Gisela Werbezirk auf und etabliert sich in der Wiener Kleinkunstszene – eine Karriere wie viele andere, ein mühsames Vazieren zwischen den vielen Kabaretts, Varietés und großen Bühnen, das niemals Sicherheit bietet. Die Zeiten haben sich geändert, die Erwartungen des Publikums ebenso. Feiner Humor muss lauten Revuen weichen – kein einfacher Weg für all die Künstler, die auf das Publikum angewiesen sind und sich ihrem Geschmack anpassen müssen.

Ab 1921 tritt Eugen Strehn regelmäßig im Kabarett »Simpl« an der Seite all der Größen des Wiener Kabaretts wie Karl Farkas auf, im selben Jahr landet er einen Riesenerfolg am renommierten Carltheater in Emmerich Kálmáns Operette *Die Bajadere*, an diesem Haus am 23. Dezember 1921 uraufgeführt und ein wahrer Dauerbrenner. Dazwischen veranstaltet er in den Sophiensälen beliebte Varietéprogramme mit dem vielsagenden Namen *Misch-Masch* und entdeckt 1923 ein neues Terrain für sich: das des Barsängers. »Eugen Strehn wird sich wohl nicht gekränkt fühlen, wenn man ihn die Seele der Opernbar in der Elisabethstraße 4 nennt. Seine unzähligen Freunde, die er sich während seiner langjährigen Bühnentätigkeit schuf,

Eugen Strehn in der Opernbar.

Eugen Strehn wird sich wohl nicht gekränkt fühlen, wenn man ihn die Seele der Opernbar in der Elisabethstraße 4, nennt. Seine unzähligen Freunde, die er sich während seiner langjährigen Bühnentätigkeit schuf, kommen immer gerne zu ihm und lauschen seinem wirklich kultivierten Gesang. Wie kaum ein zweiter weiß er humorvoll und diskret die Besucher in Stimmung zu versetzen. Wer einmal die Opernbar besucht hat, der bleibt ihr auch treu. So angenehm wird ihm dort der Aufenthalt gemacht. Eine Stätte von gutem Geschmack, wo man ein paar Stunden fröhlich sein kann.

Originalskizze von Willy Stieborsky

kommen immer wieder gerne zu ihm und lauschen seinem wirklich kultivierten Gesang. Wie kaum ein zweiter weiß er humorvoll und diskret die Besucher in Stimmung zu versetzen. Wer einmal die Opernbar besucht hat, der bleibt ihr auch treu. So angenehm wird ihm dort der Aufenthalt gemacht. Eine Stätte von gutem Geschmack, wo man ein paar Stunden fröhlich sein kann.«[22]

In der damals unglaublich populären und heute leider fast völlig vergessenen Lehár-Operette *Der Rastelbinder* spielt er 1925 die Hauptrolle des Wolf Bär Pfefferkorn am Carltheater und tritt auch in Bruno Granichstaedtens Erfolg *Der Orlow* am Theater an der Wien auf. Ein Wiener Publikumsliebling, an dessen Wohlergehen man interessiert ist. Als er im August 1925 einen Autounfall hat, nimmt die Presse großen Anteil an den schwerwiegenden Verletzungen ebenso wie an dem folgenden Prozess um Schmerzensgeld und Schadenersatz. »Strehn und seine Begleiterin wurden aus dem Wagen geschleudert und Strehn erlitt zwei Rippenbrüche, einen Sprung des Beckens, schwere Quetschungen und innere Verletzungen und lag monatelang auf der Klinik Eiselsberg. Laut ärztlichem Gutachten wird er seinen Beruf als Sänger und Tänzer wahrscheinlich jahrelang nicht mehr ausüben können.« Dieser Vorfall gibt auch einen interessanten Einblick in die damals üblichen Gagen: »Am Tag des Unfalls war er am Theater an der Wien mit einer Tagesgage von 30 Schilling und an der Mozartbar mit einer solchen von 40 Schilling engagiert, so daß sein Monatseinkommen 2100 Schilling betrug.«[23] Seine Begleiterin Stephanie Meth »verfiel in eine schwere Angstpsychose und bedurfte ebenfalls längerer ärztlicher Behandlung«, wie die *Neue Freie Presse* am 10. November 1926 berichtet – der Prozess ist nun nach eineinhalb Jahren beendet: Eugen Strehn erhält 3500 Schilling, Stephanie Meth 2700 Schilling Schmerzensgeld.

Am 22. April 1928 debütiert Eugen Strehn an der Volksoper – als Zsupán in *Der Zigeunerbaron.* Doch bis zu einem fixen Engagement sollte noch einige Zeit vergehen, die er mit dem einen oder anderen Künstler verbringt, der ebenfalls der Volksoper verbunden ist: In Meran spielt er unter der Direktion von Alexander Kowalewski, danach ist er wieder an der Volksoper tätig, während diese in den Jahren 1929 bis 1931 als Neues Wiener Schauspielhaus versucht, mit Sprechtheater zu reüssieren. Noch fungiert er als ausgewiesenes Mitglied des Carltheaters. Gastspiele führen nach Linz, gemeinsam mit Leo Kraus am Pult – auch einem wichtigen Kollegen an der Volksoper. Mit ihm veranstaltet Strehn einige Sommer lang Operettenvorstellungen im Burggarten, die das Publikum an lauen Abenden anziehen. Ab 1932 tritt er unter den Direktoren Karl Lustig-Prean und Jean Ernest regelmäßig an der Volksoper auf und führt zugleich Regie – ein Multitalent findet das geeignete Haus. Er spielt in *Wiener Blut* ebenso wie in *Ein Walzertraum, Der Vogelhändler* und *Freut euch des Lebens.* Dazwischen erfolgen Gastspiele in Linz, Salzburg, Baden und in der Schweiz und 1932 eine Produktion der Parodie *Tannhäuser, der Jazzsänger* in einem der sommerlichen Programme im Wiener Burggarten.

Als Regisseur und Spielleiter ist Strehn auch an der Jubiläumsvorstellung zu 50 Jahre *Zigeunerbaron* an der Volksoper im Jahr 1935 beteiligt, dann folgen alle großen Erfolgsproduktionen: Jara Beneš' *Der gütige Antonius, Auf der grünen Wiese* und *Gruß und Kuß aus der Wachau.* Dazwischen begeistert er das Publikum auch als Regisseur von Ralph Benatzkys *Herzen im Schnee.* Im November 1937 feiert das Theater in Baden Strehns 30. Bühnenjubiläum mit einem Abend für ihn, gestaltet von Freunden und Kollegen – in Wien bleibt dies unbemerkt und unbedankt.

Am 14. Juni 1938 verlässt Strehn Wien Richtung Bogotá, gemeinsam mit einem bunt zusammengewürfelten Ensemble, auf Einladung des dortigen

DIE BÜHNE

MAGAZIN FÜR THEATER, LITERATUR, FILM, MODE, KUNST, GESELLSCHAFT, SPORT

Eigentümer: Kronos Verlag A. G. — Verantwortlicher Redakteur: Dr. Fritz Kaufmann — Redaktion: Wien, IX., Canisiusg. 8—10 (Tel. 18596, 18597, 18598) — Erscheint jeden Donnerstag — Im redaktionellen Teil enthaltene entgeltliche Mitteilungen sind durch + kenntlich

Jahrgang 4 / Heft 121 / Wien, den 3. März 1927

Photo Manassé

Die Zeit hat alles nivelliert: auch den Aschermittwoch. Früher einmal erlebten wir die Aschermittwoch- und Heringstimmung als eine Abwechslung nach den anstrengenden Wochen froher Feste des Faschings. Heute ist es anders. Der Kater ist „im Leben draußen" unser ständiger Begleiter — sozusagen das österreichische Haustier — geworden und der Aschermittwoch ist nicht mehr auf einen Tag im Jahr beschränkt, er ist unser Wochentag. Er hat also als Anhängsel froh verbummelter Stunden für uns nichts Schreckhaftes mehr an sich, er ist unser lieber Vertrauter und wir streicheln unsern Kater freundschaftlich und dankbar der wenigen Tage, die wir, ausgeschält aus unseres Alltags Elend, unter der Suggestion des Faschings verbringen durften. Man kann, wenn man Lust hat, in unserem Bilde auch eine Allegorie sehen: Österreich, ausgezogen bis auf die Haut, dennoch erstrahlend in der Schönheit seiner Kultur, beknurrt, umknurrt vom großen Kater Dalles. Ist das nicht das Sinnbild unseres heutigen Lebens?

Im übrigen: sagt uns der Aschermittwoch nichts mehr, sind wir ihn schon zu gewöhnt, dann brauchen wir ihn auch nicht äußerlich zu respektieren. Es fällt längst niemand mehr ein, sich in seinem Faschingsvergnügen dadurch stören zu lassen, daß sich irgendein Tag, ein sozusagen dahergelaufener Tag, als Aschermittwoch bezeichnet und uns wie ein Verkehrswachmann seine Tatze entgegenhält: Halt! Wir unterhalten uns ruhig weiter und niemand zählt die Faschingsunterhaltungen, die auch nach dem Aschermittwoch stattfinden. So ist es recht: Macht das Leben unseren Aschermittwoch zum Alltag, so wollen wir unseren Alltag zum ewigen Fasching erheben. In graziler Armut, ausgezogen bis aufs Hemd, unseres Wertes trotz tändelnder Selbstironie bewußt, an der Leine den Kater.

3

2

Eugen Strehns Schwester Irma in der Zeitschrift *Die Bühne* am 3. März 1927 in einem erstaunlichen Setting, mit avantgardistischer Katze und der Aufschrift »Aschermittwoch«. Der Zusammenhang bleibt offen.

Eugen Strehn, der erfolgreiche Regisseur

Bürgermeisters. Kolumbien: Niemand weiß so recht, wie es dort ist. Niemand spricht Spanisch. Die Überfahrt wird genützt – und siehe da: Das Abenteuer funktioniert, das Ensemble gefällt und kann sich etablieren. In Kolumbien trennen sich Hugo Wieners und Eugen Strehns Wege: Strehn betätigt sich weiter als Regisseur, so bringt er am 7. November 1942 sehr erfolgreich *Die Fledermaus* auf die Bühne des Teatro Colón in Bogotá, um sich für ein freies Österreich einzusetzen – auch die kolumbianische Regierung nimmt teil: Der Staatspräsident und mehrere Minister besuchen die Premiere – was für ein Signal für die Emigranten! Der Reinerlös kommt dem Roten Kreuz zugute.[24]

Eugen Strehn vergisst auch nicht auf die Menschen, die in Europa festsitzen: Am 2. November 1941 findet in Kolumbien ein denkwürdiger Abend mit dem Titel *Deutsches Kabarett für Gurs* statt. Die Emigranten wissen ganz genau Bescheid um die grauenhaften Bedingungen in diesem französischen Internierungslager: »Dieser erste Versuch war in künstlerischer und finanzieller Hinsicht ein durchschlagender Erfolg. Viele Wochen vorher war diese erste Vorstellung vollkommen ausverkauft und die Veranstalter konnten die stattliche Summe von $ 300 nach Gurs überweisen. Eugen Strehn und Vally Lindholm von der Wiener Volksoper brachten einen Querschnitt durch Wiener Operetten. Herbert Fröhlich und Gerhart Rothstein vom hiesigen Symphonieorchester spielten klassische Musik, während Eric Gehr mit seinem Orchester die neuesten amerikanischen Schlager zu Gehör brachte. Ganz großen Beifall hatte der hier beliebte Heini Sorer mit dem ›Überzieher‹ und musste fast das komplette Programm Armin Bergs zum Vortrage bringen. Den Schluss bildete ein kleines, politisches Lustspiel betitelt ›Der Re-Emigrant‹.«[25]

Strehn selbst wird kein Re-Emigrant. Er bleibt in Kolumbien, wo sich seine Spur verliert und er 1977 mit 94 Jahren stirbt.

Ein origineller Choreograph. Harry Neufeld

Ein 31-jähriger Tänzer und Choreograph hat großen Anteil am Erfolg der Operette *Gruß und Kuß aus der Wachau.* Eine vielversprechende Karriere, die 1926 in Bad Ischl ihren Anfang nimmt – der 17-jährige Harry Neufeld spielt im musikalischen Schwank *Die letzte Jungfrau* von Ernst Reif und Rolf Tennen mit Musik von Fritz Janowitzer. Der Zeitschrift *Die Bühne* ist dies sogar eine Abbildung wert.

»Im verregneten Ischl gingen Kurgäste mit Schauspielern eine Kompagnie ein, die zu einer Aufführung im Kurtheater führte, zugkräftig, witzig, anmutig, würdig, das Haus auch bei schönem Wetter zu füllen«, schreibt *Die Bühne* am 19. August 1926. »Harry Neufeld, eines der jüngsten Wiener Tanztalente, studierte ganz auffallend hübsche Tänze ein.« Der Sohn des Gynäkologen Julius Neufeld reüssiert also schon in jungen Jahren – wie das der Vater sieht, bleibt offen. Dieser schreibt wenige Monate zuvor, am 29. April, ebenfalls in der *Bühne* einen Artikel mit dem Titel *Wie bekomme ich schlanke Beine?* Und er geht auch auf die Tänzerinnen ein: »Es gibt jedoch auch starke Beine ohne starken Fettansatz infolge sehr gut entwickelter Wadenmuskulatur, wie man dies bei Tänzerinnen sehr häufig sieht«, stellt er fest – wohl eine Erkenntnis, die er in Gesprächen mit seinem Sohn gewonnen hat.

Harry kann erstaunlich früh in Wien Fuß fassen: 1929 tritt er mit nur 22 Jahren an der Seite der gefeierten Operetten-Diva Sári Fedák an der Renaissance-Bühne im brandneuen »Volksstück mit Gesang« *Juliska* von

Harry Neufeld, hier als Tänzer des Paares rechts

László Bús-Fekete auf. Ein paar Stationen an Provinztheatern muss auch er absolvieren: Er spielt den Boni in *Die Csárdásfürstin* am beliebten Kurtheater im oberösterreichischen Bad Hall und den Jim-Boy in der Paul-Abraham-Novität *Die Blume von Hawaii* am Stadttheater Baden, eine Rolle, die er 1935 auch im Colosseum in Wien verkörpern wird. 1932 debütiert er an der Volksoper in der Operette *Freut euch des Lebens*, doch bleibt dies ein einmaliges Gastspiel. Ab 1935 dominiert er alle Produktionen des Wiener Stadttheaters als Darsteller und Choreograph: In der legendären Produktion von *Im weißen Rössl* im Mai 1935 spielt er immerhin den schönen Sigismund an der Seite der berühmten Louise Kartousch und des ebenso gefeierten Ernst Arnold. In Emmerich Kálmáns *Gräfin Mariza* spielt er den Kolomán Zsupán und entwickelt die Choreographien. Er ist Teil eines neuen Schwungs: »Im Stadttheater triumphiert die Jugend. Jung sind die Direktoren, jung sind die Darsteller. Ein frischer Geist erfüllt das Haus, in dem mit so manchem gebrochen wurde, was bis vor kurzem in der Theaterwelt unumstößliches Gesetz schien. Es hat sich schon gezeigt, daß die neuen Wege, die vom Bühnennachwuchs beschritten wurden, die richtigen sind.«[26]

Zwischen diesen beiden Talenten bewegt sich Harry Neufelds kurze Karriere weiter. Ob *Der Zigeunerbaron* oder *Die gold'ne Meisterin*, *Der Vogel-*

händler oder *Der Orlow*, *Die schöne Helena* oder Benatzkys aktueller Erfolg *Das kleine Café* – der Künstler ist wieder in seiner Doppelfunktion im Einsatz. *Gruß und Kuß aus der Wachau* fordert nur den Choreographen, was sehr viel positive Resonanz erfährt. Wenige Wochen später flüchtet die 30-jährige Theaterhoffnung in die Schweiz, um von Luzern über Antwerpen auf dem Schiff Copacabana nach Rio de Janeiro zu gelangen. 490 Schweizer Franken kostet die Reise in die Freiheit.[27]

Wie er seine Karriere in Brasilien fortsetzt, bleibt im Dunkeln. Wenige Informationen finden sich, eine Produktion 1949 und die Mitwirkung an einer Vorstellung des Teatro Independente Europeu, des »Freien Europäischen Künstlertheaters«, in Rio de Janeiro im Jahr 1950. Eine vielversprechende Karriere verliert sich einfach. Und doch bleibt die Hoffnung, dass sich jemand an diesen kreativen Künstler erinnert.

So wie Harry Neufeld verschwindet auch der nur drei Jahre ältere Kurt Hesky in Brasilien.

Verschwunden in Brasilien. Kurt Hesky

Am 27. April 1939 erhält Kurt Hesky am brasilianischen Konsulat in Prag die Einreisebewilligung für Brasilien, die sein Leben rettet. Wie er sein Leben dort gestaltet, was er tut, wo er lebt und wo er stirbt, bleibt im Dunkeln – die Quellenlage zu den Emigranten in Südamerika ist nach wie vor sehr dünn und muss sich mit wenigen Zeitungsartikeln begnügen.

1946 gründet der aus Berlin stammende Journalist Ernst Feder gemeinsam mit einigen Gleichgesinnten das »Freie Europäische Künstlertheater«, also das Teatro Independente Europeu, in Rio de Janeiro, um mitzuhelfen, »nach dem tiefen moralischen Sturz unserer Epoche, den Weg aufwärts zu weisen«[28]. Jeden Montag wird gespielt, bereits ein Jahr nach der Gründung kommen regelmäßig mehrere Tausend Besucher. Über eine der Produktionen des »Freien Österreichischen Künstlertheaters«, wie sich die Truppe auch bezeichnet, im Teatro Regina berichtet die *Gazeta de Noticias* am 26. Oktober 1947 in deutscher Sprache: Das beliebte Erfolgsstück *Im weißen Rössl* wird angekündigt, jeder denkt gleich an die Operette, zur Aufführung kommt aber das ursprüngliche und ebenso erfolgreiche Prosastück von

Kurt Hesky im Programmheft zu *Auf der grünen Wiese* an der Volksoper, 1936

Oscar Blumenthal und Gustav Kadelburg. »Dass der Regisseur, Kurt Hesky, mangels Gesangskräften auf sie zurückgriff – das nenn' ich im guten Sinn aus der Not eine Tugend machen.« Auch für das Stück *Sextett* von Ladislaus Fodor zeichnet Kurt Hesky, von der Zeitung *Correio da Manhã* als früheres Mitglied der Wiener Volksoper bezeichnet[29], im Jahr 1947 für die gelungene Inszenierung verantwortlich.

Wie beginnt seine Karriere? 1932 erscheint Hesky erstmals als Regisseur in Marienbad, vier Jahre später hat er bereits einen guten Ruf: Die Aufführung der Operette *Adieu Madame* »hatte ausgesprochenes Großstadtniveau«, wozu die »lebendige Regie des Operettenfachmanns Kurt Heßky«[30] nicht wenig beiträgt.

Kurts Familie stammt aus dem mährischen Lundenburg, die Großeltern haben ein Gemischtwarengeschäft im nahen Ollersdorf, der Vater ist Bierdepositeur – einer von vielen klangvollen ausgestorbenen Berufen. Bereits mit acht Jahren verliert Kurt im Jahr 1913 seinen Vater, er lebt mit der Mutter in Wien. Keine einfache Zeit für eine Witwe, während des Ersten Weltkrieges und in den entbehrungsreichen Jahren danach, sich selbst und ihr Kind durchzubringen. Schon früh zieht es Kurt zum Theater, im Frühling 1922 erscheint er, noch nicht 18-jährig, erstmals auf einem Plakat: Er wirkt in der »Tribüne« in der Wiener Johannesgasse 4 an der Uraufführung der »phantastischen Komödie ›Ave Maria‹«[31] von Robert Pelper mit – ein Stück, das sich in keiner Wiener Bibliothek erhalten hat. Dieser Beginn beschert Hesky für die Saison 1922/23 ein Engagement an die Vereinigten Bühnen Pilsen–

Eger – die beiden böhmischen Städte liegen gut 100 Kilometer voneinander entfernt, durch einen Expresszug in zweieinhalb Stunden zu erreichen.

Bis 1931 bleibt es in den Zeitungen still um den jungen aufstrebenden Darsteller, der zu einem fixen Mitglied der Sommertheater in Marienbad und Karlsbad geworden ist. Er spielt Baron Amschel Rothschild im Stück *Haus Rothschild* und fungiert als Spielleiter für Benatzkys Singspiel *Meine Schwester und ich*, für Leo Aschers *Rösele Rosenrot* mit der gefeierten Gisela Werbezirk und tritt als Gast in Karl Farkas' *Die Wunder-Bar* mit Fritz Wiesenthal auf. Die vielen Künstler aus Wien, die im Sommer regelmäßig in Karlsbad und Marienbad gastieren, werden auf den jungen Kurt Hesky aufmerksam, der zwischen Darstellung und Regie wechselt und zwischendurch auch choreographiert. Er nützt alle Chancen, die ihm ein kleineres Haus bietet, um seine unterschiedlichen Talente auszuloten. Kurt lernt das Operetten-Repertoire in seiner ganzen Bandbreite kennen: Er inszeniert *Gräfin Mariza* ebenso wie *Der Teufelsreiter*, *Das Land des Lächelns,* die Robert-Stolz-Operette *Pepina*, das Fritz-Kreisler-Singspiel *Sissy*, Paul Abrahams Novitäten *Die Blume von Hawaii* und *Viktoria und ihr Husar* sowie Lehárs opernhafte *Giuditta.* Und er tritt auch immer wieder selbst auf, so 1933 an der Seite des großen Max Hansen als Giesecke im Erfolgsstück *Im weißen Rössl.*

Auch in der Presse erscheinen immer öfter lobende Erwähnungen, besondere Hervorhebungen und Hinweise auf seine außergewöhnlichen Fähigkeiten als Regisseur. Wien wird auf ihn aufmerksam, Alexander Kowalewski, der eine eigene Theateragentur leitet und die Volksoper Ende 1935 für einige Wochen für die neue Produktion von Jara Beneš' Operette *Der gütige Antonius* pachtet, engagiert Kurt Hesky als Regisseur – eine Zusammenarbeit, die sich als glücklich und länger andauernd erweist. Alexander Kowalewski wird in der Nachfolge Karl Lustig-Preans Direktor der Volksoper und engagiert Hesky für zwei Saisonen als Spielleiter und Bühnenvorstand. Hesky kommen seine langjährigen Erfahrungen zugute, er inszeniert auch die beiden folgenden Jara-Beneš-Operetten *Auf der grünen Wiese* und die letzte Produktion *Gruß und Kuß aus der Wachau.* Als farbenfroh und temperamentvoll bezeichnen die Zeitungen die Regie. Vier Tage nach der Premiere, am 20. Februar 1938, meldet sich Kurt Hesky aus seiner Wiener Wohnung ab und geht nach Troppau. Gerade noch rechtzeitig. Hat er etwas geahnt? Muss er zu einer Besprechung für eine neue Produktion? Besucht er Freunde oder Verwandte? Die Beweggründe liegen im Dunkeln.

MODÊLO S.C. 139

REPÚBLICA DOS ESTADOS UNIDOS DO BRASIL

FICHA CONSULAR DE QUALIFICAÇÃO

Esta ficha, expedida em duas vias, será entregue à Polícia Maritima e à Imigração no pôrto de destino

Nome por extenso Kurt HESKY

Admitido em território nacional em caráter permanente (temporário ou permanente)

Nos termos do art. 24 e 30 letra xxxx do dec. n. 3010, de 1938

Lugar e data de nascimento Břeclav / 20/VI / 1904

Nacionalidade tcheca Estado civil solteiro

Filiação (nome do Pai e da Mãe) Arnodl Hesky, pai

Betty Lustig-ová, mãe Profissão artista

Residência no país de origem Brno, Bohemia

	NOME	IDADE	SEXO
FILHOS MENORES DE 18 ANOS			

Passaporte n. 78/29 expedido pelas autoridades de Administracão polit. distr. Litoměřice na data 12 de Março de 1929

visado sob n. 74

ASSINATURA DO PORTADOR: Kurt Hesky

NOTA—Esta ficha deve ser preenchida á máquina pela autoridade consular, sendo as duas vias em original.

Consulado do Brasil

em Praga

27 de Abril de 1939

Vice-CÔNSUL

Kurt Heskys Einreiseformular für Brasilien

Seine Mutter bleibt in der gemeinsamen Wohnung, auf ihrem Meldezettel steht lakonisch: »abgemeldet am 12. März 1941 nach Polen«, wo sie den Tod in einem Vernichtungslager findet. Kurt Hesky stirbt am 29. März 1961 in Rio de Janeiro, zehn Jahre zuvor hat er die brasilianische Staatsbürgerschaft erhalten.[32] Seine letzte Beschäftigung in der Firma Fisher und Kessler widmet sich dem Edelsteinhandel.[33] Was er sonst in Brasilien gemacht hat, bleibt unbekannt.

Von der Vision zur Wirklichkeit. Der Bühnenbildner Karl Josefovics

Im *Almanach der österreichischen Bundestheater* gewährt der Bühnenbildner Karl Josefovics im Jahr 1935 einen Blick in seine Werkstatt:

»In der heutigen Zeit muß der Bühnenbildner meist mit wenig Geld arbeiten. Darunter darf aber die Inszenierung nicht leiden. Ich beginne also schon beim Aussuchen des Materials mit dem Sparen, indem ich vorhandene Dekorationsteile in der Form ändere und ummale. So bekomme ich eine ganze Reihe neuer Dekorationselemente, die relativ billig sind. Die interessanten Teile meiner Dekorationen male ich selbst, dadurch kann ich die Fläche entscheidend beherrschen, jede Wand, die auf der Bühne steht, trägt gewissermaßen meine Handschrift, und es ist mir möglich, die Stimmung jedes Werkes schon durch die Art der Pinselführung zu bestimmen. Ich kann sogar die Dekorationen sozusagen durch die Augen jedes großen Meisters sehen und dadurch die gewollte und gegebene Umwelt des Stückes scharf zeichnen. Wenn ich z. B. ein Stück durch die Augen Breughels sehen wollte, würde der Zuschauer sofort durch die Assoziation ›Breughel‹ nicht nur das auf der Bühne in der Art Breughels Gezeigte sehen, sondern an das Gesamtwerk Breughels denken und sofort in die Umwelt dieser Zeit versetzt sein.

Mir gibt die Malerei, von der ich zum Theater gekommen bin, die Möglichkeit zu erzählen, ohne daß dieser Erzählung irgendwelche Grenzen gesetzt sind. Ich kann Städte bis zum Schnürboden führen und Irreales, Unmögliches durch ganz real und möglich gemalte Dinge zeigen. Das richtet sich selbstverständlich nach der Dichtung, denn es gibt auch Stücke, bei denen jeder Pfeiler, jede Tür, jeder Stein ihren ganz genau berechneten Platz und die richtige Proportion haben müssen. Der Schauspieler muß jede Wand und jedes Treppengeländer richtig anfassen können und muß so durch die im Raum festgelegten Wege in eins mit dem Raum verwachsen. Auch da entsteht in meiner Vorstellung nicht zuerst der Grundriß, sondern ich habe die Vision des Gesamtbildes in Farbe und Proportion, und aus dieser Vorstellung entsteht der Grundriß, und ich entscheide, ob ich das Stück bauen oder malen werde. Es gibt natürlich Stücke, wo man beide Stile vereinigen kann. Dann entstehen meine Skizzen und Pläne: für den Handwerker das Modell und die Pläne mit den Größenangaben, für den Regisseur fertige ich eine Reihe von rein illustrativen Bildern an, die den Fortgang der Handlung und die Bewegungen der Akteure in verschiedenen Phasen veranschaulichen. Oft kamen wir, der Regisseur und ich, durch diese Skizzen von der ursprünglich geplanten Gestaltung der Szene ab und fanden neue Wege.«[34]

Karl Josefovics ist ein unglaublich produktiver und begabter Künstler – in zehn Jahren, zwischen 1928 und 1938, gestaltet er mehr als 60 Bühnenbilder, davon allein 26 für Produktionen der Volksoper. Die vielen Rezensionen machen neugierig, werden doch »die meisterhaft schmissigen Bühnenbilder«[35] ebenso erwähnt wie »Karl Josefovics' Ausstattungsgenie«[36] zu Walter Kollos *Drei arme kleine Mädel* im Raimundtheater. Über die Volksopernproduktion der Robert-Stolz-Revue *Die Reise um die Erde in 80 Minuten* schreibt die *Gerechtigkeit* am 30. Dezember 1937: »Die Bühnenbilder von Karl Josefovics sind voll satter Farben und origineller Einfälle. Regie führte Eugen Strehn.«

Max Kolpes Broadway-Parodie *Pam Pam* wiederum ist eine Produktion »in den aparten durch geistiges Profil auffallenden Dekorationen von Josefovics«.[37] Über die Uraufführung des Josef-Hellmesberger-Singspiels *Wiener G'schichten* heißt es: »Es sind gemütlich alt-wienerische Vorgänge, die sich da vor reizenden Dekorationen von Josefovics abrollen.«[38] Regie führt wieder Eugen Strehn – mit ihm verbinden Karl Josefovics viele gemeinsame Produktionen. Bis 1938. Dann trennen sich ihre Wege.

Über seine erste belegte Arbeit zu Grabbes »aristophanisierendem Lustspiel ›Scherz, Satire, Ironie und tiefere Bedeutung‹« für das Carltheater im Oktober 1929 – der Künstler ist gerade 23 Jahre alt – schreibt der große Journalist und Theaterkritiker Julius Bauer im *Morgen*: »Wenn sich der Vorhang hebt, sieht man einen Rahmen, an dessen linke Wand der furchtlose Karl Josefovicz den Teufel gemalt hat.«

Am 5. November 1929 öffnet das Neue Wiener Schauspielhaus seine Pforten – hinter diesem Namen verbirgt sich die Volksoper, die in ihrer Geschichte immer wieder unter verschiedenen Bezeichnungen neue Anläufe nimmt, um zu reüssieren. Jacob Feldhammer und Otto Preminger heißen die Direktoren – sehr erfolgreich agieren sie nicht, auch die äußeren Umstände machen es ihnen nicht leicht: Politische Querelen, finanzielle Sorgen, labile Verhältnisse bieten nicht gerade eine solide Basis, um ein Theater zu betreiben. Und die beiden Direktoren stellen auch keinen sehr glücklichen Spielplan auf die Beine.

Die Eröffnungsproduktion gilt einem Stück von Frank Wedekind, der »Königsposse« *König Nikolo*, der kein großer Erfolg beschieden ist. Um dem Künstler Karl Josefovics näherzukommen, verdient dieses Stück große Aufmerksamkeit: Die unendlichen Schätze des österreichischen Theatermuseums beinhalten eine bunte Welt von Kostüm- und Bühnenbildentwürfen, die jeder für sich ein kleines Kunstwerk darstellen. Groteske Fratzen, irritierende Masken, alles in den Farben Schwarz, Gelb und

Rosa ausgeführt, lassen die Stimmung dieser Produktion deutlich werden. Zugleich bieten die Entwürfe Einblick in Josefovics' enormes Talent – ein wahrer Schatz, der nur darauf wartet, gehoben zu werden. Denn Zeichnungen zu anderen Produktionen zeigen ein ganz anderes Bild, andere Stimmungen, genau dem entsprechend, was der Künstler 1935 in seinem oben zitierten Text ausführt – die Realität stimmt mit der Vision überein. Sehr expressionistisch, sehr ausdrucksstark, sehr farbenbetont, lassen diese Werke erahnen, welch große Wirkung sie gehabt haben müssen. »Auf der Bühne fielen vor allem die farbenprächtigen Bilder von Karl Josefovics auf«,[39] betont die *Arbeiter Zeitung* im Jahr 1933 anlässlich der Aufführung von Alexander Tscherepnins Oper *Die Hochzeit der Sobeide*. Dirigent ist Walter Herbert – auch mit ihm verbinden Josefovics zahlreiche gemeinsame Projekte. Herbert wird nach 1938 in Amerika zu einem Pionier der österreichischen Musik – noch können die beiden in Wien zusammenarbeiten.

Das Schicksal der beiden wenig erfolgreichen Direktoren Jacob Feldhammer und Otto Preminger, unter deren Ägide Karl Josefovics an die Volksoper kommt und diese bis 1938 auch nicht mehr verlässt, treibt sie in konträre Richtungen: Jacob Feldhammer tritt als Schauspieler weiter in Erscheinung, 1938 flüchtet er 56-jährig nach Italien und kommt 1944 in Auschwitz um. Der mehr als 20 Jahre jüngere Otto Preminger entdeckt seine Liebe zum Film, verlässt Österreich rechtzeitig Richtung Hollywood, wo er eine glänzende Karriere als Regisseur macht.

1931 endet das Experiment des Neuen Wiener Schauspielhauses, die Musik zieht wieder in das Haus ein, das den Namen Volksoper zurückbekommt. Karl Josefovics bleibt der Bühnenbildner des Vertrauens jener Direktoren, die nun in rascher Folge abwechseln: Leo Kraus, Karl Lustig-Prean und Jean Ernest.

»Die Volksoper lebt wieder!« titelt die *Kleine Volkszeitung* am 5. Dezember 1931. Und tatsächlich: Direktor Leo Kraus startet durch und bringt mit Offenbachs wunderbarer *Großherzogin von Gerolstein* nicht nur ein Erfolgsstück auf die Bühne, sondern auch ein Erfolgsensemble, das der Volksoper zu neuem Schwung und Leben verhilft. Die Darsteller Christl Mardayn und Ernst Tautenhayn bürgen für Erfolg. »Die Regie Marholms war modern, gescheit und den Verhältnissen der Zeit angepaßt. Die Gerolstein-Girls sind wohl die appetitlichsten, die man zurzeit in Wien zu sehen bekommt. Über

Karl Josefovics' Zeichnungen zu Frank Wedekinds *König Nikolo*

Titelblatt zu *König Nikolo*

Marionetten in Antwerpen

der Vorstellung schwebte der Geist des neuen Direktors Kraus, der eine ausgezeichnet geprobte und musikalisch bis aufs I-Tüpferl vollendete Vorstellung herausgebracht hat. Das Wiener Publikum hat wieder eine Volksoper; möge sie ihm recht lange erhalten bleiben.«[40] Der Bühnenbildner stellt dieses Treiben in den entsprechenden Rahmen, »die Parodie auf Höfisches und Militärisches wird überparodiert, der Ulk verulkt. Ein interessanter Versuch, der in den sehenswerten Bühnenbildern, die der begabte Architekt Josefovics entworfen hat, am reizvollsten und witzigsten gelungen ist.«[41] Eine kritische Analyse der Direktion Kraus in der Zeitung *Der Morgen* betont dennoch, dass die Möglichkeit besteht, den Vorstellungen »einen anständigen szenischen Rahmen mit geringsten Mitteln zu geben, da der Bühnenbildner Josefovics eine der ganz großen und starken Begabungen ist, die solange auf Wiener Boden verkümmern, bis sie nicht zufällig von irgendeinem ausländischen Theatermann entdeckt werden.«[42] Josefovics widerfährt dies nicht. Jedenfalls nicht freiwillig.

Zwischen einer bunten Folge an Bühnenbildern für Oper, Operette, Lustspiel und Revue, die neben der Volksoper auch in der Komödie, den Kammerspielen und im Raimundtheater das Publikum erfreuen, findet Josefovics auch noch für andere Projekte Zeit: Alexander Girardis Sohn Anton Maria eröffnet einen »Schauspieler- und Künstlerkeller« an der Ringstraße, »die Wände des Kellers werden von dem bekannten Bühnenmaler Josefovics mit Porträts populärer Bühnenlieblinge und Bildern aus dem Theaterleben geschmückt sein.«[43]

Der Wiener Kabarettszene widmet er sich ebenfalls – was für eine unglaubliche Fülle an Ideen und Bildern sprudelt aus ihm heraus. Für das 1933 gegründete Kabarett »Literatur am Naschmarkt« gestaltet er verschiedene Bühnenbilder – hier ist noch mehr Phantasie gefragt, denn die finanziellen Möglichkeiten ermöglichen keine teuren Materialien. Auch zu diesem Thema äußert sich Josefovics 1935 in seinem eingangs zitierten Artikel. 1945 wird sich Hans Weigel an die Zeiten in der »Literatur am Naschmarkt« erinnern und der ehemaligen Mitstreiter in kurzer Aufzählung gedenken – doch gerade in der Kürze wird der Exodus besonders deutlich: Ermordung, Vertreibung nach Amerika, Manila und England lautet das Schicksal dieser Künstler im Jahre 1938.

Dabei beginnt dieses Jahr für Karl Josefovics mit einem großen Erfolg. Bereits zum dritten Mal gestaltet er das Bühnenbild für eine Operette des neuen Shootingstars Jara Beneš: Nach *Der gütige Antonius* und *Auf der grünen Wiese* wird nun die Premiere von *Gruß und Kuß aus der Wachau* mit Spannung erwartet. »Die schönen Wachauer Bilder, die Josefovics in einen eigenartigen ›Mixed Pickles‹-Rahmen stellt«[44], begeistern Publikum und Presse ebenso wie die Darstellung und das Stück selbst. Es bleibt sein letzter großer Wiener Erfolg vor dem abrupten Ende seiner Karriere.

Am 4. Juni 1938 meldet sich Karl Josefovics mit seiner Frau Maria aus der Wohnung in der Wollzeile ab, gemeinsam mit seiner Mutter Fanny flüchten sie nach England, wo sein Bruder Fritz bereits seit 1933 lebt. In London kann Karl Josefovics, der seinen Nachnamen bald in Joss ändert, sich aber auch Joseph Carl nennt, an seine Erfolge anschließen und arbeitet für das berühmte Exil-Kabarett »Laterndl«, das im Juni 1939 eröffnet wird mit der Intention, »im Kampf gegen Hitler einen Sammelpunkt zu bilden, um ein kleines Licht, den Schicksalsgenossen in ihrem Verlorensein im fremden Lande mit Geist und Witz über die Schwere der Zeit hinwegzuhelfen. Den englischen Gastgebern aber Ausschnitte aus unserem Leben von der Bühne her zu zeigen, ihnen unser Wesen näher zu bringen und zugleich Probe einer Kunstgattung zu geben, die neu war und ihre Geburtsstätte in unserer Wiener Heimat hatte.«[45]

Das »Laterndl« widmet sich nicht nur dem Kabarett, sondern setzt auch Carl Zuckmayers *Hauptmann von Köpenick* oder Johann Nestroys *Der Talisman* mit großem Erfolg auf das Programm. Im April 1942 finden für den am 22. Februar 1942 in den Freitod gegangenen Stefan Zweig zahlreiche Gedenkveranstaltungen statt – der Schriftsteller hat ja lange Jahre in London gelebt, bevor er nach Brasilien weiterflüchtete. Das »Laterndl« würdigt Zweig mit einer Aufführung seines Stückes *Volpone.* »Denn kann man einem Dichter würdiger huldigen als durch eine Aufführung seines Werkes?«, fragte der Rezensent der *Zeitung* am 3. April 1942. Auch jenseits der Kabaretts gestaltet Karl Josefovics Bühnenbilder, so 1941 für das Musical *Wednesday after the War*, ein Jahr später für *Blossom Time*, die englische Fassung von *Das Dreimäderlhaus* mit Richard Tauber. Und 1946 steht *Gay Rosalinda* auf dem Programm – die englische Fassung der *Fledermaus.*

Ab 1951 gestaltet Karl Josefovics alias Karl Joss und Joseph Carl unter einem weiteren Namen Bühnenbilder und Kostüme für 40 Produktionen des Habimah-Theaters in Tel Aviv[46]: Joe Karl nennt er sich nun und beschäftigt sich mit Stücken von William Shakespeare bis Ephraim Kishon.

Die Direktoren

»Emigrantis jedenfalls ist eine Krankheit«. Karl Lustig-Prean

Man stellt sich vor, daß Emigrantsein eine Berufung oder ein Beruf ist. Dem ist nicht so, Emigrantsein war die Verdammnis. Verschärfte oder gemilderte, je nachdem. Es war ein Zwischen-zwei-Welten-Sein, ein Nicht mehr und Noch nicht, ein Vielleicht nie mehr oder vielleicht ein Fünkchen Hoffnung. Emigranto nennt mein Freund p. d. die Sprache, die unsere Sprache gewesen sein soll. Emigrantis jedenfalls ist eine Krankheit.«[47] Eine treffendere und zeitlosere Beschreibung dieses Schicksals findet sich kaum.

Was für eine Person steckt hinter Lebenserinnerungen mit dem sprechenden Namen *Lachendes Panopticum*? Diese Frage stellt sich auch beim Namen des Verfassers: Karl Lustig Prean von Preanfeld und Fella. Ein etwas umständlicher Name, der nach der Abschaffung der Adelstitel in Österreich 1918 einfach auf Lustig-Prean verkürzt wird. Das Cover der Lebenserinnerungen zeigt einen Mann, der hinter einem roten Vorhang hervorlugt, im Hintergrund sind nur Namen zu sehen – von Jeritza bis Lehár, von Seipel bis Hitler. Das Leben des 1892 in Böhmen geborenen Karl Lustig-Prean spiegelt alle Höhen und Tiefen des 20. Jahrhunderts wider – eine bunte Mischung aus Kultur und Politik. Beim Ausbruch des Ersten Weltkrieges ist er 22 Jahre alt und bekommt den Krieg mit voller Wucht zu spüren, gerade im »besten« Alter für einen Soldaten, der eine Offizierslaufbahn einschlägt.

In den diversen Biographien liest man meist den lakonischen Satz, er sei nach dem Jusstudium Offizier geworden. Doch dass dies im direkten Zusammenhang mit dem Ersten Weltkrieg steht und sein Leben und Denken völlig verändert hat, bleibt unerwähnt. Das Jusstudium sei »nur ein Geschenk an meine Eltern gewesen«[48], vielmehr zieht es den jungen Juristen in die Wiener Kabaretts und Theater des Vorkriegswien. Dann folgen die Jahre des Krieges, die eine ganze Generation traumatisieren und die vertraute Welt zerstören.

Namen über Namen

Karl Lustig-Prean schafft es nach dem Ende des Krieges, sich wieder in das Arbeitsleben einzugliedern, in seinen Erinnerungen klingt das alles recht einfach und unkompliziert. 1918 gibt er ein kurzes Zwischenspiel als Chefredakteur des *Deutschen Volksblatts*, bereits ein Jahr später holt ihn Felix Weingartner an die Volksoper, die näheren Umstände schildert Lustig-Prean in seinem *Lachenden Panopticum*: Als Chefredakteur verfasst er täglich den Leitartikel und greift den amtierenden Direktor der Volksoper, Raoul Mader, an. Die Wiener Stadtregierung beruft ihn daher als Vermittler: Mader tritt zurück und Lustig-Prean soll einen Nachfolger bringen. Nach Absagen von Alexander Zemlinsky und Wilhelm Furtwängler zaubert er Felix Weingartner aus dem Hut, den ehemaligen Direktor der Hofoper. Und in einer weinseligen Nacht soll Weingartner gesagt haben: »Morgen unterschreibe ich den Vertrag, aber ich unterschreibe ihn nur, wenn Sie als mein Stellvertreter mitgehen.« So schildert es Lustig-Prean in seinen Memoiren: »Ich wollte. Ich war nun siebenundzwanzig Jahre und fünf

Monate. Gute Nacht, Herr Direktorstellvertreter und Erster Regisseur der Volksoper. Denn so stand es in meinem Vorvertrag, auf eine Papierserviette hingekritzelt.«[49]

»Der 31. August 1919 war ein Erlebnis. Wir hatten alle Klippen umschifft und die Volksoper eröffnet. Die ›Meistersinger‹-Aufführung, die um vier Uhr Nachmittag begann, war, unter Felix Weingartner, unbeschreiblich herrlich. Keiner hat dieses bezaubernde deutsche Lustspiel mit Musik so geistvoll, lebhaft und witzsprühend ausgedeutet wie Felix Weingartner. Das Haus war ausverkauft. Der Jubel kannte keine Grenzen. Weingartner war unermüdlich. Bis zum April 1920 gab er keine Oper aus der Hand. So erhielt der Spielplan, indem er Weingartners Gesicht bekam, ein liebenswürdig wienerisches Profil, das lächelnde Antlitz eines durchgeistigten Charmeurs. Bei keiner Vorstellung sank das Niveau, wie dies heute fast an allen Theatern unvermeidlich ist. Immer hatte man drei- und vierfache Besetzungen.«[50]

Die Zeiten erweisen sich, wie so oft, für die Volksoper als gar nicht günstig, Streiks und Streitigkeiten stehen ebenso wie finanzielle Engpässe auf der Tagesordnung. Trotzdem kann Karl Lustig-Prean auch Regie führen: *Margarethe* »war ein großer Erfolg«, berichtet er selbst. »Ludwig Karpath schrieb, dem Dirigenten kongenial sei der neue Regisseur, Herr Lustig-Prean. Man kann sich ausmalen, daß ich stolz war.«[51] Die Kritiker äußern sich immer lauter – sie wissen alles besser: Weingartner solle Solisten entlassen und stattdessen junge, billigere einstellen. Das könne nicht funktionieren, ein Ensemble müsse aufgebaut werden. Und dies dauere eben seine Zeit. Die ersten Nachkriegsjahre erweisen sich aus vielen Gründen als überaus schwierig. »Sechzig deutsche Bühnen bleiben gesperrt«, erklärt Karl Lustig-Prean den Lesern des *Neuen Wiener Journals* unter dem Titel *Müßige Kritik* am 31. August 1920. Felix Weingartner schreckt vor Entlassungen zurück, »die seinem ausgeprägt sozialen Empfinden fernliegen. Daraus mache ihm ein anderer einen Vorwurf!«[52] Die Zeiten haben sich geändert: »Einst zog Wien alle an, ihm brachten sie Opfer; heute lockt selbst die kleinste Provinz mehr, wenn sie in Valutarien liegt. Aber Weingartner hätte auch in anderer Zeit sich zu Hungerlöhnen, die ein ›Übereinkommen‹ voraussetzten, nicht verstanden!«

Am 10. Oktober 1920 flattert Puccinis *La Rondine* über die Bühne der Volksoper, der Kritiker Max Graf lobt die Wirkung des Werkes, doch fehle der Vorstellung »ein einheitlich herrschender und zusammenfassender

Die Volksoper zur Zeit der Direktion Karl Lustig-Preans

künstlerischer Wille, und blitzgleich hat diese Vorstellung in das Dunkel unklarer Verhältnisse in der Volksoper hineingeleuchtet, die durch Felix Weingartners Abreise führerlos geworden ist«.[53] Felix Weingartner ist nicht »abgereist«, sondern gastiert außerhalb Wiens. Drei Tage zuvor schreibt Karl Lustig-Prean im *Neuen Wiener Journal* einen offenen Brief an eben jenen Max Graf mit erstaunlichem Inhalt: Ob man die Volksoper für Kinovorstellungen öffnen solle, wird diskutiert. Lustig-Prean bezeichnet sich selbst ebenso wie Felix Weingartner und Max Graf als »Feind des Kinos in seinen ordinären Gattungen, wie Sie sich auszudrücken belieben, ein Feind des Kriminal- und Abenteuerfilmes.« Felix Weingartner erkenne selbstverständlich die Bedeutung des neuen Mediums, vor allem dessen »erzieherliche Aufgaben«, und er sage dem Kino »in dieser Richtung die Zukunft voraus«. Dass die Volksoper, »wenn sie ihr Haus für Kinovorstellungen öffnen sollte, nicht die niedrigste Form theatralischen Vergnügens, die allein die Schaulust befriedigt und an den geistigen Menschen keinerlei Anforderungen stellt, ich folge wieder Ihren Worten, wählen wird, ist selbstverständlich«, antwortet Lustig-Prean. »Die Volksoper denkt nur an die Aufführung von Schul-, von Bildungs-, von Aufklärungsfilmen.«

Er gibt auch Auskunft über die prekäre Lage des Hauses, über die zahlreichen Gespräche mit der Stadt Wien, die ins Leere gehen, und wehrt sich gegen den Vorwurf, der Spielplan sei zu wenig abwechslungsreich – das Haus müsse ja Chor und Orchester bezahlen. »Ich halte Ihnen die Kollektivverträge der Angestellten entgegen, die Ihnen wahrscheinlich unbekannt geblieben sind und die es einfach unmöglich machen, über eine sehr beschränkte Anzahl von Proben hinauszugehen. Ohne Proben aber sind Neueinstudierungen unmöglich.«

Die Situation steht wie so oft an der Kippe – sehr rosig erscheint die Zukunft des Hauses zu Beginn der Saison 1920/21 nicht. »Die wichtigste Frage ist: Wird die Volksoper leben oder nicht? Und ist in dem Bestreben, das Institut lebensfähig zu machen, eine bejahende Antwort zu finden, dürfen wir heute leider nicht mehr so wählerisch sein, wie wir es im August 1919 gewesen sind, als der Stern Felix Weingartners über der Volksoper aufging.«[54]

Das Zwischenspiel an der Volksoper dauert nicht sehr lang, Lustig-Prean begibt sich auf Reisen, besonders beliebt sind in den frühen 1920er-Jahren Gastspiele und Engagements in der Tschechoslowakei, denn: »Tschechenkronen waren Edelvaluta«[55]. Seine Karriere geht rasch nach oben, bald wird er Direktor des Theaters in Bozen. Als seinen Nachfolger dort holt er Alexander Kowalewski – dieser wird 1938 der letzte Volksoperndirektor vor der Machtübernahme durch die Nationalsozialisten werden.

Lustig-Prean zieht durch die Theaterwelt, auf zwei Jahre in Graz folgt Augsburg, wo er seine spätere Frau Lotte Silbiger kennenlernt, die dort als Sängerin engagiert ist. Ihr Bruder Fritz lebt schon seit vielen Jahren als Zahnarzt in Brasilien – dieses Faktum wird noch von Bedeutung werden.

1931 wird Karl Lustig-Prean von politisch engagierten Freunden in eine seltsame Situation gebracht: In einer Konditorei vis-à-vis der Münchner Staatsoper trifft er mit Adolf Hitler zusammen, seine Freunde entsenden ihn als »›Neutralen‹, als Theatermann, als Beobachter.« Und Hitlers Aussagen wirken gespenstisch: »Nur beflügelte Menschen könnten ihm gefallen, er liebe vor allem musikalische Menschen. Auch für die Politik wünsche er Menschen mit musikalischem Empfinden. Selbst als er gehungert hätte, habe er nie ohne Musik leben können. Bildende und darstellende Kunst seien unzertrennlich.« Die Konditorei ist klein und voll besetzt mit Kaffee trinkenden und Kuchen essenden Damen – alle müssen wohl oder übel den Ausführungen lauschen, denn Hitler schlägt mit der Hand auf den Tisch und schreit. »Man ist dies in diesem Raume, wie ich später höre, gewöhnt und hat es gern, es gruselt angenehm, viele Frauen lieben ihn als Messias.«[56] Den wartenden Freunden fasst Lustig-Prean seine Eindrücke in einem einzigen, nicht sehr schmeichelhaften (leider nicht überlieferten) Wort zusammen.

Wenige Monate später verlässt er das Theater Augsburg und übernimmt das Theater in Bern – die neutrale Schweiz erscheint sicherer. Drei Jahre später zieht es Lustig-Prean wieder an die Volksoper zurück: »Im Jänner 1934 schloß ich einen Vertrag mit dem Volksopernverein, es folgte der 12. Februar, diesem der 25. Juli. Diesen Vertrag hatte ich unter einem Unstern unterschrieben.«[57] Ab 12. Februar 1934 bricht in Wien der Bürgerkrieg zwischen dem sozialdemokratischen Schutzbund und der christlich-sozialen Heimwehr aus, die Ausschaltung des Parlaments ist die Folge. Am 25. Juli 1934 wird Bundeskanzler Engelbert Dollfuß von den Nationalsozialisten ermordet – eine politisch höchst brisante und aufgeladene Zeit in Österreich.

Gemeinsam mit dem Bariton Jean Ernest übernimmt Lustig-Prean also 1934 die Volksoper. »Unser Generalmusikdirektor war Walter Herbert, Sohn eines der größten Bankiers Deutschlands, Europas Bridgemeister, Dirigiertalent von Qualität. Heute ist Jean Ernest New Yorker Gesangsmeister und Walter Herbert der Opernchef von New Orleans.«[58] Nach einer Saison bekommt Lustig-Prean das Angebot, Chefredakteur der *Deutschen Presse* in Prag zu werden – er ergreift die Gelegenheit und übergibt seinen Direktorenposten an der Volksoper an Alexander Kowalewski, der bereits in Bozen sein Nachfolger war.

1937 erkennt Lustig-Prean, früher als so mancher andere – die meisten sind Hitler ja nicht persönlich begegnet –, die drohende Gefahr und ergreift die Chance, Europa zu verlassen: Eine Linzer Firma überlegt, nach Südamerika zu übersiedeln, und bittet Lustig-Prean, sich dort umzusehen. Er kontaktiert die brasilianische Botschaft in Prag und erhält die Möglichkeit, sich mit seiner Frau nach Brasilien einzuschiffen, wo ihr Bruder schon lange lebt. Von Genua aus reisen sie noch rechtzeitig im Jahr 1937 ab.

»Emigranten sind zu vielen Hunderten auf schwarzen Schiffen obskurer amerikanischer Unfreistaaten verdurstet oder ertrunken, Emigranten hat man zu vielen Hunderten mit falschen Visen so weit gebracht, daß sie einen Blick tun konnten auf ein Land der Verheißung, um dann weiterfahren zu müssen wie Enkel des Ewigen Juden; Emigranten haben zu Hunderten falsche Dokumente erhalten, behalten oder fabriziert, sind von Gefahr zu Gefahr getaumelt, hunderten ist das undankbare Vaterland nachgekommen, und wo sie aufstanden, legte sich ein SA- oder SS-Mann ins Bett. Manche haben ihr Delikatessengeschäft mitgenommen, manche schleichen als Ärzte, die's nicht sein dürfen, von Haus zu Haus und heilen kranke Menschen, manche, wenige, die schon was hatten, haben später mehr gehabt. Ganz wenige.«[59]

Seine Beschreibung der Situation zeigt deutlich, dass manche Probleme, von der Zeit losgelöst, immer und immer wieder auftreten – offenbar gibt es keine Lösung: »An allen Ecken und Enden spielen die Musikkapellen fromme Lieder, frömmere bisweilen als die Heilsarmee, überall gibt es Land, aber man gibt das Land nicht hin für Fremdlinge; viele der großen Länder, die fast Kontinente sind, könnten alle zu sich rufen und ans Herz drücken, aber die unartigen Freiheitsstatuen lassen Rock oder Hose herunter und zeigen dem Eindringling den Allerwertesten. Emigrantenphilosophie und -mentalität sind was Eigenes. Man fühlt sich ausgeschlossen, sucht aber keinen Anschluß, man buhlt um eine Staatsbürgerschaft und einen Paß. Kriecht vor fremden Behörden und verachtet das fremde Volk, das einen umgibt und nicht ausspeit, man hat Tradition und vergißt, daß man vor ihrer Entartung ausgerissen, daß man irgendwo hinausgeschmissen worden ist, so daß man froh sein müßte, wenn das Vöglein etwas fallen läßt, da es ein freies Vöglein ist und kein Bomber, man vergißt, daß der Tag der Umkehr, der Wende kommen wird, und bewitzelt sich selber. Und dies gilt für ganz Emigrantien. Nord und Süd und Mitte.«[60]

Der 45-jährige Karl Lustig-Prean kann in São Paulo irgendwie Fuß fassen, ebenso seine Frau Lotte, die immer wieder in Konzerten der Philharmonischen Gesellschaft mitwirkt, wie der *Correio Paulistano* regelmäßig berichtet. Er führt weiter Regie, engagiert sich aber vor allem politisch in verschiedenen Exilorganisationen. In einem Brief thematisiert er das nachlassende Interesse der Emigranten an österreichischen Angelegenheiten: »Weite Teile der Emigration haben sich, woraus man ihnen keinen Vorwurf machen kann und soll, verwurzelt und zum Bleiben entschlossen, was man verstehen kann, haben sich aber, und dies in befremdlicher Weise, von den Schicksalen der alten Welt gelöst.«[61] Er kann sich von der alten Welt nicht lösen, und so kehren Karl und Lotte Lustig-Prean nach Österreich zurück.

arl Lustig-Prean, der
isherige Intendant des
erner Stadttheater, wird
n der nächsten Saison die
Viener Volksoper leiten.

Die Direktoren
Jean Ernest (links)
und Karl Lustig-Prean
(rechts) in geschäftiger
Betätigung

Und er beschließt seine Lebenserinnerungen: »Es genügt, daß ich so getan habe, als hätten wir ein Leben geführt aus Heiterkeit und rosaroten Farben. Als hätten wir uns aus allem eine Hetz gemacht. So war es nicht. Vielleicht darf ich das Ernste ein andermal erzählen. Vielleicht.«

Jean Ernest und der rumänische König

Am 7. März 1938 nennt das *Neue Wiener Journal* die Bewerber für die Pacht der Volksoper in der Saison 1938/39. Direktor Jean Ernest ist der eine, der andere der Librettist Fritz Löhner-Beda. Nur eine Woche später, am 15. März, berichten alle Zeitungen von einem Direktionswechsel in der Volksoper. Die Ära Ernest ist vorüber, Fritz Löhner-Beda verhaftet.

Am 23. März meldet sich der 50-jährige Jean Ernest nach Frankreich ab, am 28. August erreicht er gemeinsam mit seiner Frau Hedwig New York. Dann wird es still um ihn. Sein vormaliger Mitdirektor Karl Lustig-Prean erwähnt, dass Ernest in New York als Gesangsmeister tätig ist – weitere Spuren finden sich nicht. Nach dem Krieg kommt das Ehepaar von Juni bis September 1950 erstmals wieder nach Europa, diese Reisen wiederholen sich alle drei Jahre bis 1962.

Doch wie hat alles begonnen? Am 3. März 1921 tritt im Wiener Konzerthaus der Bariton Jean Ernest aus Nizza auf, der Name lässt einen aufstrebenden französischen Künstler vermuten. Diesen Eindruck will Ernest wohl auch vermitteln, sein richtiger Name lautet aber Hans Glückmann, geboren im äußersten Osten Rumäniens, in Jassy – erst 1933 ändert er seinen Nachnamen offiziell in Ernest, der Künstlername wird Realität.

Das Konzert 1921 in Wien vereint ihn gleich mit mehreren Personen, die in Verbindung mit der Volksoper stehen: mit der Sopranistin Helene Oberländer, dem Pianisten und Dirigenten Karl Auderieth, der die Symphoniekonzerte des Volksopernorchesters leitet, und dem Pianisten und Dirigenten Paul Breisach. Auf dem Programm des Konzertes, das erst um halb zehn Uhr abends beginnt, stehen Verdi, Tschaikowsky und Bizet ebenso wie Hermann Goetz, Anton Rubinstein und Hermann Bemberg.

Offenbar gefällt es Jean Ernest in Wien, wenige Wochen später singt er in Felix Mendelssohn Bartholdys Oratorium *Elias* und überzeugt mehr als

Die herzige Hedwig Ernest (links), ihr Ehemann Jean Ernest (rechts) als Guy de Montfort in Giuseppe Verdis *Die sizilianische Vesper* an der Volksoper im Jahr 1934

seine unscheinbare Partnerin: »Mehr äußerliches Bühnentemperament entwickelte ihr Partner Herr Jean Ernest aus Nizza, der mit wildem Draufgängertum eine Anzahl Arien sang und stürmischen Applaus entfesselte.«[62]

Noch befindet er sich auf der üblichen Tour durch die Provinztheater, zuerst in Reichenberg, wo er unter anderem als Telramund in *Lohengrin* auffällt: »Einen in allen Tonlagen vollkommen ausgeglichenen, beseelten Bariton darf Jean Ernest sein Eigen nennen; auch im Spiel stellte er seinen Mann.«[63] In Prag gastiert er in *Rigoletto* und am 16. Mai 1923 tritt er erstmals an der Volksoper als Johannes in Wilhelm Kienzls *Der Evangelimann* auf, gefolgt von *Der Barbier von Sevilla, Der fliegende Holländer* und *Rigoletto.* Dieses Gastspiel beendet die Reichenberger Zeit und steht am Beginn eines Engagements nach Graz – Wien muss noch ein wenig warten.

Ab 1926 folgt ein Engagement in Bern. Karl Lustig-Prean berichtet Erstaunliches über den Starsänger des dortigen Stadttheaters: »Da fiel mir eines Tages auf, daß man eine der Künstlergarderoben ausgeschmückt, einen roten Teppich ausgelegt, und ein paar Palmen in Reih und Glied aufgestellt hatte. Auch huschte ein Garderobier in blütenweißem Mantel umher, schließlich betrat elastischen Schrittes, denn Könige oder solche, die es wer-

Jean Ernest, Direktor und Bariton. Und gemeinsam mit seinem Co-Direktor Karl Lustig-Prean auf einem unbekannten Balkon

den sollen, schreiten traditionsgebunden elastisch, Carol von Rumänien die Garderobe und besuchte Jean Ernest, der mit Madame Lupescu verwandt war; es ging hoch her. Sekt stand im Kübel. Ich engagierte Jean Ernest nicht, aber nicht, weil er nicht gut genug gewesen wäre, sondern: erstens hatte ich zu wenig Geld für seine Ansprüche, zweitens hatte er meinen Vorgänger völlig beherrscht und drittens wollte ich mit einem Cousin Madame Lupescus nichts zu tun haben.«[64]

Ein wenig Recherche lässt staunen: Genannte Dame ist Elena Lupescu, die Geliebte des rumänischen Königs Carol – und dieser befindet sich im August 1929 tatsächlich in Bern, die Geschichte kann sich also durchaus so zugetragen haben. Ob eine Verwandtschaft zwischen Elena Lupescu und Jean Ernest besteht, bleibt unklar – beide sind in Jassy geboren worden, doch dies allein ist wohl kein Beweis. Der Schauspieler Ernst Nadherny schreibt jedenfalls in seinen Erinnerungen[65], Madame Lupescu sei Jean Ernests Schwester, was sicher falsch ist. Aber irgendeine engere Verbindung muss es gegeben haben, denn 1938 hilft König Carol dem Sänger bei der Flucht aus Wien.

1934 unterrichtet Jean Ernest an der Musikakademie in Konstantinopel und veranstaltet dort die ersten deutschsprachigen Opernvorstellungen – »bis zu diesem Zeitpunkt waren in Konstantinopel ausschließlich italienische und französische Stagiones zu hören«, berichtet das *Neue Wiener Journal* am 20. Juni 1934. Die Oper, mit der er elf Jahre zuvor an der Volksoper debütiert hat, bringt er auch dorthin: *Der Evangelimann*, »eine Aufführung, die einen bedeutenden Erfolg erzielte und für die deutsche Oper in der Türkei bahnbrechend wurde«.

Karl Lustig-Prean wird 1934 Direktor der Volksoper und holt sich nun als Verstärkung den Starsänger aus Bern: Jean Ernest kehrt als Ko-Direktor an das Haus zurück. Die Jahre sind nicht einfach, Lustig-Prean bleibt nur ein Jahr und Ernest gelingt ein Kunststück: Er arbeitet eng mit Alexander Kowalewski zusammen, dessen Spezialität Gastspiele sind. Gemeinsam setzen sie auf große Operetten-Novitäten und können das Haus besser als ihre Vorgänger am Leben erhalten.

Die Programmierung befindet sich in diesen Jahren auf dem richtigen Weg, endlich scheinen die Schwierigkeiten im Griff zu sein. Und die Frage kommt auf, wie es denn wohl weitergegangen wäre. Aber sie stellt sich nicht.

»Die Verlassenschaft wurde armutshalber abgetan«. Alexander Kowalewski

Der Blick in den Verlassenschaftsakt eines erfolgreichen Theaterdirektors sollte doch ein auch wirtschaftlich erfolgreiches Leben widerspiegeln. Nicht jedoch bei Alexander Kowalewski. Keine Liegenschaften, keine Einlagebücher, keine Wertpapiere, nur Schulden. Ein Wechsel über 80 000 Schilling, 3000 Schilling Außenstände bei der Sozialversicherung.[66] Wir schreiben das Jahr 1948.

Ein Jahr zuvor, am 1. Juli 1947, hat der 58-jährige Alexander Kowalewski seine Tätigkeit als Gastspieldirektion, die er vor 1938 mit großem Erfolg betrieben hatte, nach seiner Rückkehr wieder aufgenommen, Firmensitz ist die Iglaseegasse 37 – seine Wohnadresse. Ihm wird die Konzession für das

Wiener Stadttheater ab dem Sommer 1948 übertragen, dies erlebt er nicht mehr: Er stirbt am 31. Mai 1948.

Begeben wir uns an den Anfang seiner Karriere, um die erwähnten Erfahrungen nachvollziehen zu können. Sein ganzes Leben steht im Zeichen des Theaters, eigentlich noch viel mehr der Operette: Er betreibt eine Gastspieldirektion und geht mit seinem Ensemble auf Tourneen, oft viele Jahre in denselben Städten, immer für einige Wochen. So bespielt er die Häuser in Meran und Bozen und hat neben Klassikern immer Novitäten im Gepäck: In der Saison 1928/29 präsentiert er in Bozen[67] Kálmáns brandneue *Herzogin von Chicago*, 1931 die ein Jahr zuvor uraufgeführte Paul-Abraham-Operette *Viktoria und ihr Husar* und 1933/34 den Riesenerfolg *Im weißen Rössl* sowie Abrahams *Die Blume von Hawaii* und *Ball im Savoy*. Dazwischen gibt es Eysler und Lehár – und auch in Meran bleibt das Publikum am Puls der Zeit, so 1930 mit Benatzkys großer Revueoperette *Die drei Musketiere*, gerade erst ein Jahr alt, und mit der ganz aktuellen Revue *Die Wunder-Bar* aus der Feder von Karl Farkas mit Musik von Robert Katscher.

1935 tritt Kowalewski nach dem Ausscheiden Karl Lustig-Preans in die Direktion der Volksoper ein und führt das Haus gemeinsam mit Jean Ernst erfolgreich bis zum 13. März 1938.

Der Nachruf der Rathaus-Korrespondenz vom 2. Juni 1948 verrät ebenfalls nichts Näheres über sein Schicksal nach dem März 1938: »Er musste Österreich verlassen und verbrachte zehn Jahre in der Emigration.«[68] In der Emigration. Das klingt sehr einfach und selbstbestimmt. Um den Fluchtweg Kowalewskis nachzuzeichnen, muss man Pem befragen. Hinter diesem Kürzel verbirgt sich der Schriftsteller Paul Marcus, der im Exil *Pem's Privat-Berichte* herausgibt, maschingeschriebene, wöchentlich erscheinende Auflistungen, wer denn wo gelandet ist und welche Pläne hat oder wer gestorben ist. Oft sind es Gerüchte, die sich als falsch herausstellen, doch für die Emigranten bedeuten diese Berichte oftmals die einzige Möglichkeit, einander wiederzufinden oder wenigstens über diesen Umweg ein wenig von Freunden und Verwandten zu erfahren. Pem berichtet auch über Kowalewskis Tätigkeiten: So schreibt er am 27. April 1938 über ein Gastspiel mit der Operette *Warum lügst Du, Cherie?* am Zürcher Corso-Theater. Am 1. Juni 1938 informiert er über Direktor Kowalewskis Ankunft in Paris, am 14. September ist zu lesen, dass Franz Engel, ein ebenfalls aus Wien geflüchteter Schauspieler, bei Kowalewski in Zürich in der *Fledermaus* spielt. Am

Alexander Kowalewski, erfolgreicher und letzter Direktor der Volksoper vor der Machtübernahme durch die Nationalsozialisten im Jahr 1938

1. März 1939 findet sich die letzte Eintragung: »Kowalewski (Wr. Volksopernchef) eröffnet in Nizza einen ›Heurigen‹.« Offenbar ist Kowalewski mit seiner Frau Clementine und seinem Vater Gedalja in Südfrankreich gestrandet – und kommt dort nicht mehr weg. Was der Familie in diesen Jahren dort zugestoßen ist, kann nur vermutet werden. Ob sie in einem der grauenhaften Lager interniert war oder sich verstecken konnte, bleibt offen, jedenfalls überleben alle drei – beim Tod seines Sohnes 1948 lebt der 87-jährige Vater noch immer in Nizza.

Alexander und Clementine kehren nach Wien zurück, auch das hält der Nachruf fest: »Nach der Befreiung Österreichs war Kowalewski einer der ersten, die nach Wien zurückkehrten, geleitet von dem Wunsche, seine Erfahrungen wieder in den Dienst seiner Heimat zu stellen.«[69]

Im August 1947 steht in der Wiener Renaissancebühne die Erfolgsoperette *Der gütige Antonius* zum 50. Mal auf dem Programm, »es war ein Erfolg wie bei der Premiere. Die schmissigen Melodien elektrisieren das Publikum des dichtgefüllten Hauses, das lustige Buch bietet eine Fülle grotesker Situationen, aktueller neuer und älterer Witze, die ihrer Wirkung sicher sind.«[70] Alexander Kowalewski setzt also auf seinen elf Jahre alten Erfolg, der in der Volksoper seine Premiere erlebt hat – die Welt ist nicht mehr dieselbe, aber dieses Stück bleibt bestehen und begeistert die Menschen nach wie vor.

Die Rezensionen dieser Produktion zeigen den tiefen Riss, der durch die österreichische Kulturlandschaft geht: Während der ungenannte Kritiker des *Wiener Kuriers* am 4. Juli die Wundertätigkeit des gütigen Antonius betont, die nach wie vor schmissige und zündende Musik lobt, an die gelungene Uraufführung an der Volksoper erinnert und die Inszenierung als ausgezeichnet betrachtet, holt Hubert Huppert von der *Österreichischen Zeitung* am 10. Juli zu einem Rundumschlag aus: Huppert, ein Kommunist der ersten Stunde, hat den Krieg in Moskau verbracht und ist als Offizier der Roten Armee nach Wien zurückgekehrt, wo er sich nun als Rezensent betätigt. Er lässt kein gutes Haar an der Produktion, am Theater – und an den amerikanischen Einflüssen. Offenbar weiß er nicht, dass *Der gütige Antonius* aus dem Jahr 1935 genau in diesem Stil geschrieben war, denn er meint, dass das Werk einst »das österreichische Volksstück vom gutnachbarlich slowakischen Dorf« gewesen sei. Nun werde es modernisiert, also amerikanisiert. Eine eigenartige Sicht auf ein Stück, das einst wegen seiner Jazzmusik hochgelobt und dann verboten wurde. Dem Publikum gefällt es dennoch, Ende August findet bereits die 75. Vorstellung statt, bis November bringt es die Produktion auf 150 Aufführungen.

Im Gegensatz zu Huppert bezieht sich der *Kurier*-Rezensent auf die Ursprünge des Stückes und erinnert sich »an die guten alten Zeiten, in denen Direktor Kowalewsky, der auch jetzt wieder Pate stand, das unterhaltsame Werk aus der Taufe hob«[71]. Auch eine Art, die vergangenen zehn Jahre elegant zu überspielen. Denn die Frage, wo sich Kowalewski in diesen Jahren aufhielt, stellt niemand.

»Eiserner Bestandteil der Volksoper«. Langjährige Mitarbeiter

»Wir hatten völlig ›österreichisch‹ gelebt …« Leo Kraus und Kurt Pahlen – von Wien nach Argentinien

1919 holt der frischgebackene Direktor der Volksoper, der Dirigent Felix Weingartner, Leo Kraus an sein Haus. Dieser erfreut am 2. Dezember 1919 sogleich das Publikum: »Mit hellem Jubel wurde von der Kinderwelt das neue Märchenspiel ›Schneewittchen im Donautale‹ von Kurt Schreder aufgenommen.«[72] Der 29-jährige Kapellmeister und der Nachwuchs verstehen sich sofort prächtig – viele dieser Kinder werden in den kommenden fast 20 Jahren immer wieder Aufführungen besuchen, die der immer bekannter werdende Kapellmeister leitet.

Felix Weingartner kann 1919 noch nicht ahnen, dass Leo Kraus ihm 1931 als Direktor der Volksoper folgen wird, zu einer Zeit, in der sich das Haus in einem undefinierbaren Zustand an der Schwelle vom Sprech- zum Musiktheater befindet. »Mir liegt daran, aus dem Theater eine wirkliche Volksoper zu schaffen«, erklärt Direktor Kraus seine Vorstellungen. »Das Publikum soll auch zu billigen Preisen Alfred Piccaver hören.«[73] Alfred Piccaver begeistert gerade als großer Star an der Wiener Staatsoper, zu teuren Preisen. In der Volksoper weht frischer Wind, die *Illustrierte Kronen-Zeitung* wittert sogar »amerikanisches Arbeitstempo«[74]. Der Neustart der Volksoper wird skeptisch beäugt, zu oft hat das Haus in den vergangenen Jahren Schiffbruch erlitten. »Der neuen Direktion ist es zum Teil schon gelungen, sich das alte Stammpublikum der Volksoper zu erobern.«

Das Publikum verlangt nach Novitäten – eine interessante Facette dieser Jahre, denn diese Neugierde führt zu vielen Uraufführungen zeitgenössischer Opern. Kaum verwunderlich also, dass so viele Musiker an der Volksoper auch komponieren und ihre Werke auf der Bühne erscheinen. Auch Direktor Kraus selbst stellt keine Ausnahme dar, seine Oper *Die Nachtigall*, basierend auf einem Andersen-Märchen, wird am 29. Jänner 1932 uraufgeführt. Leo Kraus gibt als Direktor und Komponist aus diesem Anlass dem

Neuen Wiener Journal ein Interview. »Es ist ein solcher Hexenkessel, in dem ich mich seit Tagen bewege«, lässt er die Leserschaft wissen, »und das dreifache Leben, das ich jetzt als Direktor, Dirigent und Komponist führe, ist so atembeklemmend, daß ich Ihnen von meinem Gefühl lieber gar nichts erzählen möchte. Ich weiß nur das eine: es ist ein sonderbares Empfinden, wenn ich hier von der Bühne in den dunklen Zuschauerraum hinunterblicke und mich erinnere, was für schöne und was für schlimme Tage ich in diesem Hause schon verlebt habe.« Musikalisch will Leo Kraus der »Freude an der Musik, Freude am Klang«[75] Ausdruck verleihen – ein deutliches Signal gegen die Atonalität. Er möchte »alte Formen irgendwie mit dem Geist der Gegenwart erfüllen«. Und betont im selben Atemzug, dass er kein »Feind der musikalischen Probleme unsrer Zeit« sei, denn er sei der Erste gewesen, der Strawinskys *Geschichte vom Soldaten* in Wien zu Gehör gebracht habe. *Die Nachtigall* gefällt, und dies färbt auf die Volksoper ab: »Der Weg in die Volksoper, auch wenn man weit davon wohnt, lohnt sich bei der jetzigen Arbeitsgemeinschaft unter Leitung von Leo Kraus fast immer.«[76]

Ein junger Korrepetitor und angehender Kapellmeister wartet in diesen Jahren in Wien auf seine Chance: Kurt Pahlen, der von seinem Volksoperndebüt berichtet: »Leo Kraus rief mich eines Mittags in der Cottage-Villa an[77]: ›Du, Pahlen, Du kennst doch die Oper ›Mignon‹?‹ Auf meine sehr zögernde Bejahung setzte er fort: ›Wir spielen sie heute abend … unser Dirigent ist krank. Du bist doch so nett und dirigierst sie? Komm rechtzeitig, um die Sänger kennenzulernen.‹«[78]

Kurt Pahlen nimmt die Herausforderung an und qualifiziert sich dadurch für weitere Aufgaben. »Die Einladung dieses seltsamen Direktors wiederholte sich: ›Martha‹, ›Der Troubadour‹ und ›Aida‹. Jedesmal von Mittag auf Abend; von einer Probe keine Rede, und manchmal mit einem bunt zusammengewürfelten Ensemble, dessen Sopran vielleicht aus Prag kam, der Alt aus Toulouse, der Tenor aus Budapest, der Baß von irgendeiner deutschen Bühne, und alle kamen erst im Laufe des Nachmittags an, so daß ich kaum dazu Zeit fand, zu fragen, ob alle Fassungen übereinstimmten, alle ›Striche‹ die gleichen waren. Ich stand, ohne es geplant zu haben, vor einer kuriosen Situation: Ich dirigierte eine Reihe von Opern, zu denen ich als Korrepetitor an irgendeiner kleinen oder mittleren deutschen Bühne nur in mehreren Jahren Fronarbeit hätte gelangen können.«[79]

Der »seltsame Direktor« Leo Kraus (links) und der »Patriziersohn« Kurt Pahlen (rechts), beide Fotos um 1931

Am 29. April 1937 wird Kurt Pahlen als Dirigent der *Mignon* an der Volksoper in der Zeitung[80] lobend erwähnt – doch da ist Leo Kraus schon längst nicht mehr Direktor.

Wie bereits 1931 steht auch 1933 wieder zur Debatte, dass Rainer Simons, ehemaliger Direktor des Hauses, die Volksoper übernehmen soll – er ist zu diesem Zeitpunkt gerade Direktor des Raimundtheaters, die beiden Theater am Gürtel wären so miteinander verbunden. Die Stadt Wien lehnt dies ab, obwohl mit Simons ein erfahrener Mann die schwächelnde Volksoper in die Zukunft führen könnte. Doch der sozialdemokratischen Stadtregierung sind Simons' Geldgeber politisch nicht genehm und er hat keine Chance. Leo Kraus bewirbt sich – zum Zuge kommt ein anderer: Karl Lustig-Prean.

Leo Kraus bleibt Kapellmeister an der Volksoper, arbeitet aber auch an anderen Häusern. So leitet er 1936 eine außergewöhnliche Produktion im Raimundtheater: *La blanka cevaletto*, also *Das weiße Rössl* auf Esperanto. Diese Kunstsprache erfreut sich großer Beliebtheit, Weltkonferenzen finden statt, so auch 1936 in Wien.

Der junge Kurt Pahlen erfährt in diesen Jahren, dass sein Stiefvater Paul Raumann jüdisch ist, was ihn weder überrascht noch interessiert, denn für diese Gesellschaftsschicht spielt religiöse Zugehörigkeit überhaupt keine Rolle. Kurt Pahlen bringt die herrschende Geisteshaltung auf den Punkt: »Wir hatten völlig ›österreichisch‹ gelebt. Ich war in einem Wiener Patrizierheim zur Welt gekommen, und in einem Patrizierheim war ich aufgewachsen.«[81]

Dieser österreichische Patriziersohn gilt nach dem 11. März 1938 nichts mehr; eine gnadenlose Hetze setzt ein. Die Zeitungen verbreiten gehässige Lügen, allen voran der *Deutsche Telegraf*: »Unter Schuschnigg war alles möglich. Auch das Unmöglichste. So wurde Doktor Kurt Pahlen berufen zur Führung des Opernstudios. Klar, daß ab nun im Opernstudio außer dem Vorhangzieher kein Arier mehr auf den Brettern zu sehen war.«[82] Mit »Jud Pahlens neue Melodien« legt der *Deutsche Telegraf* am 23. August 1938 noch einmal nach – Kurt Pahlen befindet sich bereits in der Schweiz in Sicherheit. Die Zeitung geht auf die Arbeiterbildung los, die Pahlen jahrelang ein großes Anliegen war. Im Bereich der Volkshochschulen engagiert er sich wie bereits sein Vater Richard zwischen 1930 und 1938 mit mehr als 230 Vorträgen über Musik. Opern und Operetten, Symphoniekonzerte, Konzerte für Arbeitslose und diverse Abende »Arbeiterkunst« stehen auf dem Programm. Auch der richtige Umgang mit dem neuen Medium Radio steht im Mittelpunkt: »Einführung in das Musikverständnis; mit besonderer Berücksichtigung des Wiener Radioprogrammes« entspricht dem Bildungsauftrag.

Kinderveranstaltungen aller Arten beginnen, das Publikum von Morgen für Musik zu interessieren – ein Thema, das Kurt Pahlen sein Leben lang fesseln wird. Bereits 1935 wird sein Programm »Musik hören – Musik verstehen« erstmals angeboten – dies wird zum Motto seines weiteren Lebens. Zum Kinderangebot gehören auch ein Chor und ein Orchester, untermauert mit theoretischen Kursen, die eine solide Basis bilden. Dies geht so bis zum 11. März 1938. »An jenem Abend hielt ich meinen gewohnten Freitagsvortrag in der Volkshochschule Simmering[83]. Trotz der ungeheuren Erregung, die überall in der Stadt spürbar wurde, war mein Hörsaal gefüllt wie immer. Wir wurden zwei- oder dreimal unterbrochen, als fremde Gesichter unsere Türe aufrissen, um ›Heil Hitler!‹ in den Saal zu schreien und sofort wieder zu verschwinden.«[84]

Zwei Stunden Vortrag. Danach ist die Welt völlig verändert. »Überall waren nationalsozialistische Uniformen zu sehen, die braune Gewandung der gefürchteten SA, die grelle Armbinde mit dem Hakenkreuz. Ich traute meinen Augen nicht: Wo kamen diese Dinge, die heute nachmittag verboten waren, plötzlich her? Ich war doch nur zwei Stunden in Simmering gewesen, aber diese zwei Stunden mußten Wien, mußten Österreich, ja ein wenig die Welt verändert haben. Von allen Seiten strömten Fackelträger, ihre Gesichter leuchteten nicht nur vom Schein der Flammen.«[85] Und Kurt Pahlen kommt ein Vers Bert Brechts in den Sinn: »Und die einen sind im Dunkel und die anderen sind im Licht, doch man sieht nur die im Lichte, die im Dunkel sieht man nicht.«[86]

Das Nazi-Blatt hetzt weiter gegen den Musiker: »Der Höhepunkt jüdischer Frechheit wurde im Volksheim erreicht, als man daranging, große ›Arbeiterkunstveranstaltungen‹ aufzuziehen. Bei diesen Vorführungen beteiligte sich in der vordersten Reihe der jüdische Musikpapst des Volksheims, Dr. Kurt Pahlen, der nebenberuflich noch Schofarbläser im Tempel und Ehrenkapellmeister der jüdischen Frontkämpfer war.« Wie einfach funktionieren diese Hetzkampagnen. »Dieser Jude Pahlen, ein frecher, zynischer und anmaßender Mensch, machte im Volksheim unumschränkt Arbeitermusik. So vertonte er für eine ›Arbeiterkunstveranstaltung‹ Verse des sogenannten ›Arbeiterdichters‹ Willi Miksch. Dabei passierte ihm das Malheur, daß einige seiner ›neuen‹ Melodien denen verflucht ähnlich klangen, die der Jude Bert Brecht für seine kulturpolitischen Haßgesänge einem anderen Komponisten gestohlen hatte. Pahlen, der als ein Vertreter ›neuösterreichischen Musikschaffens‹ in der Welt herumreiste, hatte eine besonders leichte Hand beim ›Komponieren‹. Eifersüchtig wachte er darüber, daß kein anderer Musiker oder Komponist seine Kreise störe, und so duldete der freche Jude im Volksheim weder einen jüdischen noch einen arischen Musikschaffenden neben sich.«[87]

Dieser »Stellenwert« in der Nazi-Hetze zeigt zugleich, dass Kurt Pahlen eine wichtige Persönlichkeit des Wiener Musiklebens darstellt, denn andernfalls würde sich dieser Hass nicht so gegen ihn entladen.

Kurt Pahlen hat das große Glück, sich zu dieser Zeit bereits in der Schweiz in Sicherheit zu befinden und im ehemaligen österreichischen Gesandten Emmerich von Pflügl einen ausgesprochen wohlwollenden Fürsprecher zu finden. Dieser organisiert ein Konzert, um den jungen, aufstre-

Kurt Pahlen im Exil in Montevideo, 1940er-Jahre

»Eine ungemein sympathisch
elegante Erscheinung«. Ku
Pahlen dirigiert die Wien
Symphoniker im April 19
im Wiener Musikverei

benden Dirigenten mit der internationalen Gesellschaft bekannt zu machen. Die Rechnung geht auf. Teheran interessiert sich für den jungen Dirigenten ebenso wie Mexiko. Und Argentinien. Dieses Land erhält den Zuschlag und ermöglicht Kurt Pahlen die Flucht aus Europa.

Auch Leo Kraus kann nach Argentinien entkommen, am 12. März 1938 hat er seine letzte Vorstellung an der Volksoper geleitet: Die Nachmittagsvorstellung brachte Richard Strauss' *Salome*, als Jochanaan war der amtierende Direktor Jean Ernest zu hören. Auch er trat an diesem Abend zum letzten Mal an seinem Haus auf. Am 26. August 1939 landet Leo Kraus von Genua aus in Buenos Aires.[88] Dort treffen er und Kurt Pahlen, deren Karrierestart mit der Volksoper verknüpft ist, wieder aufeinander. Kurt Pahlens Leben und Karriere sind in seiner Autobiographie *Ja, die Zeit ändert viel!* gut dokumentiert, hingegen lässt sich nur lückenhaft eruieren, wie es Leo Kraus ergangen ist. Wenige Fragmente tauchen hier oder dort auf, so dirigiert er am Teatro Argentino de la Plata und leitet nach dem Krieg die argentinische Erstaufführung von Mozarts *Bastien und Bastienne*. Das sind kleine Mosaik-

steine. Passend dazu begründet er das »Argentinische Mozarteum« – auch eine Art, sich als Botschafter in den Dienst der österreichischen Musik zu stellen. Wann Leo Kraus, der 20 Jahre lang die Geschicke der Volksoper als Dirigent und auch kurzzeitig als Direktor mitbestimmt hat, gestorben ist, bleibt trotz intensiver Recherche im Dunkeln.

Kurt Pahlen kann sich in Buenos Aires rasch etablieren, er wird Chefdirigent der Filarmonica Metropolitana und setzt sich weiter für die Volksbildung ein, in Argentinien und später in Uruguay insbesondere für die musikalische Ausbildung von Kindern – seine Gründungen von Kinderchören werden legendär. Er gehört auch dem Vorstand des Comité Austriaco an, gegründet am 9. Oktober 1941. Es wendet sich an all diejenigen, die aus Österreich stammen und für »die Wiederherstellung der Freiheit in Österreich auf der Basis von demokratischen Prinzipien und Idealen« eintreten.[89]

»Dr. Kurt Pahlen zurückgekehrt« verkündet der *Wiener Kurier* am 1. April 1947 und informiert, dass »Pahlen, der vor 1938 als Dirigent und

Komponist tätig war und die letzten Jahre in Südamerika verbracht hat, vor einigen Tagen in seine Vaterstadt zurückgekehrt« ist. Die Umstände seiner »Abwesenheit« interessieren niemanden.

Zwei Wochen bleibt Pahlen in Wien, die Symphoniker laden ihn ein, ein Konzert im Musikverein zu dirigieren, auch Werke argentinischer Komponisten stehen auf dem Programm: »Gebürtiger Wiener, eine ungemein sympathische, elegante Erscheinung, vom Publikum herzlichst begrüßt, führt er das Orchester durch seine eminente, impulsive Musikalität zu ungeahnten Höhen.«[90] Wer denkt noch an die Schmäh-Artikel, die neun Jahre zuvor erschienen waren. Der *Wiener Kurier* umschifft am 11. April 1947 diese Klippe noch gekonnter: »Als der Dirigent Kurt Pahlen seinerzeit, vor bald zehn Jahren, von Wien Abschied genommen hatte, war er ein guter Kapellmeister.« Das stimmt zweifellos, die Gründe für seinen »Abschied« werden aber nicht erwähnt. Dafür wird betont, dass Pahlen »in der Fremde ein ganz ausgezeichneter Dirigent geworden ist«. Emigration als Chance? Ob diese Zeilen den mittlerweile renommierten Dirigenten unangenehm berührt haben? Eine Woche zuvor hat der *Wiener Kurier* zumindest über seinen Emigrationsweg aus Wien über die Schweiz nach Argentinien berichtet, unter der Überschrift »Wiener erobert Südamerika«[91].

Im Presseclub spricht Kurt Pahlen über seine »neue Heimat Südamerika«[92], die Mitglieder hören ihm wohl etwas erstaunt zu. Über dieses Südamerika berichtet er auch einige Jahre später, als er seine alte Tätigkeit an der Volkshochschule Wien wieder aufnimmt: Der Lichtbildvortrag »Südamerika, materielle, seelische, geistige Probleme einer neuen Welt« oder »Südamerika heute. Die großen Einwanderungsländer der Ostküste: Argentinien, Uruguay, Brasilien (mit Film)« informieren in den Jahren 1950 bis 1952 das interessierte Publikum. Pahlen hält sich nun immer acht Monate in Buenos Aires und vier Monate in Wien auf – »aber die Frage nach meiner Heimat war ungelöst und fraß weiter an meinem Herzen. War ich zur Heimatlosigkeit verurteilt oder beglückt mit der Fähigkeit, auf der ganzen Welt ›daheim‹, zu Hause zu sein?«[93] Eine Frage, die wohl alle Emigranten ihr Leben lang beschäftigt.

»Vienna was frozen«.
Heinrich Krips in Australien

Am 18. März 1938 melden die Zeitungen lakonisch, dass Kapellmeister Heinrich Krips seines Postens enthoben wurde. Für die Nationalsozialisten gilt er als halbjüdisch, seine Mutter ist, wie Heinrichs Sohn Henry erzählt, sehr katholisch, der Vater stammt aus einer jüdischen Familie, arbeitet als praktischer Arzt in Döbling und behandelt unter anderem die Familie von Franz Ippisch.

Der 26-jährige Heinrich Krips dirigiert am 29. Jänner 1938 erstmals eine Oper an der Volksoper – *Der Barbier von Sevilla* – und erhält wohlwollende Kritiken. Sein Repertoire ist bis dahin von Operetten geprägt, auch als Komponist von Schlagern und Operetten hat er sich bereits einen Namen gemacht und wird regelmäßig auf Radio Wien gespielt. Eine vielversprechende Karriere also, die sich durchaus einen eigenen Weg bahnt – auch wenn Heinrich ein wenig im Schatten seines älteren Bruders Josef steht, der zu diesem Zeitpunkt bereits ein renommierter Dirigent der Wiener Staatsoper ist. Heinrichs Sohn Henry erzählt vom Karrierebeginn seines Vaters: »Oper und Operette waren nicht seine erste Präferenz, doch er war ein jun-

Kapellmeister Heinrich Krips, 1938

ger und gutaussehender Mann und ergriff alle Chancen. Es war nicht leicht mit einem so erfolgreichen älteren Bruder. Natürlich liebte er Oper und Operette, aber auch österreichische Schlager, die er auch selbst schrieb. Ich erinnere mich an *Grüß Gott, schöne Müllerin* und *Der allerletzte Weaner.*« Sein Sohn erinnert sich nur an diese beiden Titel, dabei stammen noch wesentlich mehr Stücke aus der Feder seines Vaters: die Operette *Chrysantheme*, Einlagen für die berühmte Rudolf-Friml-Operette *Rosemarie* mit Texten von Hans Lengsfelder und Siegfried Tisch für die österreichische Erstaufführung im Jahr 1937 und diverse Schlager wie *Luisenstraße Nr. 4* mit einem Text vom unermüdlichen Peter Herz. Die Texte zu *Ich fahr' so gern nach Budapest!* und *Ich spiel' mit Monika so gern Harmonika!* stammen von W. D. Botstiber. Hinter diesem Namen verbirgt sich der Sohn des großen Musikwissenschafters und langjährigen Generalsekretärs der Wiener Konzerthausgesellschaft Hugo Botstiber. Dietrich W. Botstiber, so der richtige Name des Sohnes, richtet in Amerika eine Stiftung ein, die das Institute for Austrian American Studies betreibt.[94]

Am 27. Februar 1938 wirkt Heinrich in einem Radiokonzert mit dem Titel *Optimist und Pessimist feiern Fasching* am Flügel mit und begleitet die Operettensängerin Rita Georg, den Star Max Hansen, der an der Volksoper in *Herzen im Schnee* große Erfolge gefeiert hat, und den Komiker und Kabarettisten Paul Morgan – auch für diese Künstler enden ihre Karrieren in Österreich mit dem Einmarsch der Nationalsozialisten. Einzig Krips' Pianistenkollege kann bleiben und wird zu einem führenden Dirigenten der Volksoper: Anton Paulik.

Heinrich muss so rasch wie möglich das Land verlassen – als Ziel wählt er Argentinien, zur damaligen Zeit ein europäisch geprägtes Land mit vielen Möglichkeiten für einen jungen Musiker. Im September 1938 heiratet er seine Schulfreundin Louise Deutsch – eine Ehe, die von beiden Familien ungern gesehen wird, denn Louise stammt aus einer kommunistischen Familie, was der katholischen Mutter Krips ein Dorn im Auge ist. Die Zuflucht in Australien ist »ein totaler Zufall«, erzählt der Sohn. »Er hatte die Möglichkeit, sich für ein Schiff zu entscheiden, das in ein Land fuhr, das mit dem Buchstaben A begann.«[95] Zwei Wochen vor der geplanten Abfahrt entdecken Heinrich und Louise, dass sie aufgrund eines Fehlers der Behörden nicht auf einem Schiff nach Argentinien, sondern nach Australien Plätze bekommen haben. »Was sollen wir in Australien tun? Dort gibt es doch nur Känguruhs!«, fragen sich die Eltern entsetzt. Heinrich und Louise schiffen sich in Genua ein und kommen am 18. November 1938 in Sydney an.

Heinrich und Louise befinden sich am anderen Ende der Welt und versuchen, eine neue Existenz aufzubauen. Heinrich, der sich nun Henry nennt, findet vorerst keine Arbeit als Musiker, da er nicht der Gewerkschaft angehört. »Australien war sehr stark von den Gewerkschaften geprägt und mein Vater wurde als Feind betrachtet – als enemy alien. Er konnte kein Geld verdienen, daher spielte er im Austausch für Lebensmittel in einem Restaurant Klavier. Meine Mutter arbeitete im Fotogeschäft von Mizzerl und Walter Leicht und wurde schwarz bezahlt. Später erhielt mein Vater einen Job als Dirigent des Radioprogramms einer Zahnpastafirma. Er dirigierte klassische Musik. Außerdem betätigte er sich als Filmmusikkomponist – die meisten der frühen australischen Filme haben Musik meines Vaters Henry Krips.«

Australien hätte von den Emigranten enorm profitiert, meint Henry Krips junior. »Als mein Vater nach Australien kam, gab es eine einzige Sorte Käse und nur eine grausige englische Wurst mit dem Namen Fritz. Ein Jahr nachdem die Emigranten eintrafen, gab es plötzlich viel mehr Auswahl – die zumeist jüdischen Emigranten brachten Kultur in jeglicher Form mit. Denn man kann ja nicht in einem Land leben, in dem es nur eine Sorte Käse und Wurst gibt.«

Nicht nur kulinarisch, auch musikalisch prägen die Emigranten Australien, was eine sehr spezielle Geschichte verdeutlicht: Ein Chor der Wiener Sängerknaben befindet sich gerade in Australien, als der Krieg ausbricht – die Buben können nicht mehr zurückkehren und verändern das australische Musikleben komplett, denn in einem Land, das gerade einmal vier oder fünf Millionen Einwohner hat, bewirken 20 junge musikalische Männer unglaublich viel. Sie gründen Chöre, unterrichten und bringen den australischen Jugendlichen die Musik Mitteleuropas nahe – eine Kultur, die weltweit zum Allgemeingut wird.

Heinrich Krips bleibt Wien, seiner Kultur und Musik sein Leben lang eng verbunden, die Erinnerungen teilt er mit seinem Sohn: »Er sprach immer von Wien, vom Kaffeehaus, wo man den ganzen Tag bei einem Verlängerten Zeitungen lesen konnte.« Dieses so oft tradierte Bild muss wirklich einen bleibenden und unauslöschlichen Bestandteil des Wiener Alltags ausgemacht haben. »Mein Vater blieb immer ein Wiener. Es ist immer die Tragödie von Immigranten der ersten Generation. Sein Wien war in gewisser Weise gestorben.«

Trotzdem entscheiden sich Heinrich und Louise, nur mehr Englisch zu sprechen, ein starker Wiener Akzent bleibt erhalten, wie bei so vielen anderen Emigranten auch. Plötzlich entsteht der Gedanke, dass dies vielleicht nicht auf mangelndes Sprachgefühl und Unvermögen, die Sprachmelodie zu übernehmen, zurückzuführen ist, sondern ein bewusster Akt, um einen Teil der eigenen Identität zu bewahren. Der Sohn Henry wächst mit dem Wiener Akzent auf, ohne die Sprache zu lernen: »Mein Vater gab mir die Musik der Sprache, er liebte den Klang des Wienerischen.« Der Vater spricht und schreibt auf Englisch, es wird zu seiner Sprache, die er perfekt beherrscht. Und doch: Der Akzent bleibt, klingt charmant und gibt dem Dirigenten eine exotische Aura.

Henry junior verneint die Frage, ob er sich im Herzen als Australier empfindet. Er fühlt sich ebenso als Australier wie auch als Wiener. Eigentlich wird er 1945 in Australien geboren, aber er meint: »Ich wurde in Wien geboren. Meine Eltern blieben aus kultureller Sicht immer Österreicher, auch wenn sie Englisch sprachen. Unsere Wohnung war voll mit Österreich. Bücher, Bilder – sie behielten Wien im Herzen.« Und dann prägt er den wunderbaren Satz: »Vienna was frozen.«

Wie in Mitteleuropa, muss der Dirigent in der äußersten Provinz beginnen, das heißt im Falle von Australien in Perth. »Mein Vater kam von Österreich ans andere Ende der Welt, und dann ging er auch hier ans Ende des Kontinents.« Er kann nach Adelaide wechseln, das gute englische und australische Musiker in einem annehmbaren Orchester bietet. Die Karriere geht stets nach oben und Heinrich Krips kann auch neue Werke in seine Programme aufnehmen. Er spielt als Erster die Werke Gustav Mahlers in Australien: »Mahler galt für meinen Vater als der Komponist aller Komponisten. Aber er spielte ebenso Schönberg und Berg.« Für sein Engagement erhält Krips auch eine Auszeichnung der Internationalen Gustav-Mahler-Gesellschaft. Das erste Werk, das er auf den Spielplan setzt, ist das *Lied von der Erde*. Das australische Publikum ist äußerst konservativ und als Dirigent muss er darauf Rücksicht nehmen – die Moderne von Schönberg und Berg kann nur in kleinen Dosen in die Programme integriert werden, ein Faktum, das den Musikern in allen Ländern begegnet.

Die nächste Generation, dieselben Namen: Josef Krips auf den Schultern seines Vaters Henry vor der Gedenktafel am Wiener Saarplatz 5, Henry Krips mit seinen Söhnen Henry (rechts) und Josef (links) und seiner Frau Jennifer Friedlaender

Nach dem Krieg hegt Krips den Wunsch, nach Wien zurückzukehren, doch ein Besuch lässt ihn vorerst davon Abstand nehmen, zu sehr ist in Wien der Antisemitismus nach wie vor spürbar. Dies passiert auch dem Sohn viele Jahrzehnte später. Er kommt in Wien an, nimmt ein Taxi und spricht mit dem Fahrer Deutsch. Dieser dreht sich um und sagt: »Oh, Sie haben einen jüdischen Akzent.«

1955 wird Heinrich Krips an die Staatsoper engagiert und kehrt mit seiner Familie nach Wien zurück – seine Frau muss mit ihrer Schwiegermutter unter einem Dach leben, was sich als schwierig erweist. Und ihre Erinnerungen sind mehr als seltsam: Fünf oder sechs Damen saßen zu Hause im Kreis und schlugen Schlagobers – ein sehr eigenwilliges Bild. Die Kinder besuchen Kindergarten und Schule und perfektionieren ihren Wiener Akzent, diesmal mithilfe der dazugehörigen Sprache.

An dem Haus Saarplatz 5 befindet sich heute eine Gedenktafel für die Dirigentenbrüder: Oben Josef und unten Henry – ein Foto zeigt Henry junior davor, mit seinem kleinen Sohn Josef auf den Schultern. Der neuen Generation bleibt der Name.

Ein berühmter Name und plötzlich amerikanischer Dirigent. Fritz Fall

Ein berühmter Familienname kann auch eine Hypothek sein, vor allem wenn sich mehrere Familienmitglieder in der gleichen Branche bewegen. So geht es auch dem Dirigenten Fritz Fall, dessen weitschichtig verwandter Onkel der berühmte Komponist Leo Fall ist – Fluch und Segen zugleich.

Fritz schlägt eine klassische musikalische Karriere ein, studiert an der Wiener Musikhochschule, wie so viele seiner Kollegen unter anderem bei Franz Schmidt, und nimmt erste kleine Aufgaben wahr: Als Dirigent von Damenchören oder Begleiter sammelt er erste Erfahrungen, oftmals auch im Wiener Konzerthaus. Dann begibt er sich in erste Engagements an kleinen deutschen Theatern – noch stehen ihm alle Türen offen. Der 1899 Geborene startet 1925, im Todesjahr seines berühmten Onkels Leo Fall, durch, kein Berufsverbot in Deutschland erschwert ihm die Karriere.

Am 1. April 1931 geht ein großer Wunsch in Erfüllung: Fritz Fall dirigiert erstmals ein »richtiges« Konzert im Wiener Konzerthaus. Das russische Programm mit dem Wiener Sinfonie-Orchester bietet einen Star, denn unter Falls Leitung gibt niemand Geringerer als Sergej Prokofjew sein Wiendebüt und tritt mit seinem eigenen Klavierkonzert als Solist auf – was für ein Einstand. Schon im Vorfeld eilen dem jungen Fritz Fall Lobeshymnen voraus: »Seine bisherigen Erfolge bei Publikum und Presse lassen in ihm eine besondere Dirigentenbegabung erkennen, so daß man mit Recht auf sein erstes Wiener Auftreten gespannt sein darf«, macht die *Wiener Sonn- und Montags-Zeitung* am 23. März das Publikum neugierig, um eine Woche später noch ein großes Interview mit Fritz Fall zu veröffentlichen: »Der Traum meiner Jugendjahre, meiner Studienzeit soll sich erfüllen: Ich soll in Wien, in meiner Heimatstadt, dirigieren!«, wird der Kapellmeister, der gerade musikalischer Leiter der Oper in Brünn ist, zitiert. Der Erfolg gibt ihm recht: »Fritz Fall, der Dirigent, zeigte jene technische Überlegenheit, die zur souveränen Beherrschung eines Orchesters gehört. Der gewisse Despotismus, der im hohlen Effekt gipfelt, liegt ihm fern.«[96] Und der Schriftsteller Ernst Deczey zitiert gar die *Meistersinger*: »Wien ist doch unerschöpflich an Talenten. Merkwürd'ger Fall …«[97]

Der Dirigent Fritz Fall, 1934

Dieser große Erfolg macht nun die Wiener Volksoper hellhörig. Für die Saison 1932/33 engagiert Direktor Leo Kraus den aufstrebenden Kapellmeister aus Brünn als Dirigenten, gemeinsam mit Walter Herbert. In Brünn hat Falls »Hauptaugenmerk der Pflege zeitgenössischer Musik«[98] gegolten – damit sind Werke von Béla Bartók, Ernst Toch und Erich Wolfgang Korngold gemeint, also ganz der tonalen Tradition verbunden.

In Wien gibt er seinen Einstand mit der eher schwachen Oper *Der Teufel und die Käthe* von Antonín Dvořák, der Erfolg ist dementsprechend verhalten. Das Haus befindet sich in keiner einfachen finanziellen Situation, daher endet Fritz Falls Engagement bereits nach einer einzigen Saison – nichts Außergewöhnliches in den instabilen 1930er-Jahren. Das hindert ihn nicht, weiter der Volksoper verbunden zu bleiben und regelmäßig Aufführungen zu dirigieren.

Die Zeitung *Der Morgen* widmet dem Engagement Fritz Falls gar einen ganzen Artikel: Adalbert Rosenzweig macht sich in dem Text mit dem Titel »Mit der Südbahn von Brünn nach Währing. Oder: Der ›Fall‹ Volksoper« am 18. April 1932 Gedanken über Fritz Falls familiären Hintergrund – sein Vater Dr. Gustav Heinrich Fall ist als Präsident der Südbahngesellschaft ein einflussreicher und vermögender Mann. Rosenzweig stellt verklausuliert in den Raum, dass der Vater dem Sohn diesen Posten erkauft habe – was nach den bereits vorhandenen positiven Kritiken keinsesfalls die einzige Motivation für sein Engagement gewesen sein kann.

In dieser Saison hat Fritz Fall die Ehre, einen weiteren prominenten Komponisten als Solist in seinen Konzerten begrüßen zu dürfen: Maurice Ravel spielt unter Falls Leitung sein Klavierkonzert in Budapest und Warschau – und hier kann von »Schiebung« keine Rede sein: »Die Kritik, die dem hochbegabten jungen Wiener Musiker eine große Zukunft voraussagt, rühmt seine glanzvolle, von stählernem Rhythmus und feinstem Stilgefühl getragene, temperamentvolle Interpretation. Auch vom Publikum wurde Fritz Fall stürmisch gefeiert.«[99]

Die Situation in Österreich bleibt schwierig, daher entscheidet sich Fritz bereits 1936, nach Amerika zu gehen: Am 14. Jänner 1937 trifft er in New York ein. Anfangs wird er auch nach Kuba engagiert, um dort Konzerte zu leiten, und am 18. Oktober dirigiert er ein Konzert des Greenwich Concert Orchestra in New York. Am 27. Februar 1938 leitet er ein Konzert in Boston, die Ankündigung in Blockbuchstaben bezeichnet ihn in der ersten Zeile als »conductor of the ›Volksoper Vienna‹« und in der letzten Zeile als »nephew of the operetta composer, Leo Fall«[100]. Das Konzert findet im Rahmen des »Boston Chapter of the Salzburg Society of America at Boston University College of Music«[101] statt und Fritz Fall setzt auch hier ein zeitgenössisches Werk auf das Programm: Ernst Tochs Konzert für Orchester und Klavier als amerikanische Erstaufführung.

Am 1. März 1938 interviewt ihn der *Boston Globe* – vor allem zu seiner Einschätzung der politischen Situation in Österreich. Eine große Landkarte von New England, in die Österreich hineinmontiert ist, kombiniert mit einem Porträt Fritz Falls, macht auf das Interview aufmerksam.

»Kanzler Kurt von Schuschnigg ist fähig, ernsthaft und intelligent«, meint Fritz Fall, »die österreichischen Ressourcen sind aber so gering, dass wir einer Gewaltaktion keinen Widerstand entgegenbringen können. Österreichs einzige Hoffnung besteht in der Anständigkeit der europäischen Länder, unsere Unabhängigkeit zu respektieren. Wir sind sehr beängstigt. Wir haben weniger gemeinsam mit Nazi-Deutschland als mit Ungarn und Italien. Nun hat uns Mussolini verlassen, denn er behauptet, das ist zum Vorteil Italiens. Und die Zukunft ist finster.«

Viennese Here Fears Nazi Annexation of His Country

Fritz Fall, Noted Conductor, Says English Policy Drove Mussolini to Desert Austria

Map shows relative size of Austria and New England. Insert shows Fritz Fall, famous conductor.

Interview mit Fritz Fall im *Boston Globe* am 1. März 1938

Fritz muss aus der Ferne miterleben, was seinen Freunden, Kollegen und seiner Familie in Österreich widerfährt. Einige seiner Volksopernkollegen trifft er in Amerika wieder, andere Menschen jedoch nicht, so auch seine Eltern: Die Spur von Gustav Heinrich und Friederike Fall, die noch bis 1940 in Wien ausharren müssen, verliert sich 1942 im Lager Kraljevica in Jugoslawien.

Am 9. November 1938, als im November-Pogrom die letzte Hoffnung der jüdischen Bevölkerung zerbirst, berichtet die texanische Zeitung *Corsicana Daily Sun* über den Dirigenten. »Fall is a famous name in Viennese music.« Nun geht dieser Ruhm endgültig zugrunde. Auch über seine Stelle an der Volksoper wird berichtet, »one of the most important positions of its class in the world«. Das ehrt die Volksoper. In einem Konzert wenige Tage zuvor spielt Fritz Fall als Zugabe einen Wiener Walzer – komponiert von ihm selbst. Es ist dies nicht das einzige Werk aus seiner Feder, in Wien hat er einige Schlager komponiert – das musikalische Talent liegt offenbar in der Familie. *Liebe in Wien* und der Slow-Fox *Schau!* sind die einzigen Titel, die sich in der Österreichischen Nationalbibliothek erhalten haben – in amerikanischen Bibliotheken finden sich gar keine Werke.

Im November 1938 wird Fritz Fall Chefdirigent des Symphony Orchestra Tyler – ein Ort, den man erst auf der Landkarte suchen muss. In Texas wird man fündig, und viel ist über Tyler nicht zu sagen, außer dass hier heute 20 Prozent der amerikanischen Rosen gezüchtet werden. Kultur kommt in den Reisebeschreibungen kaum vor, Sport hingegen wesentlich öfter. Kein Wunder also, dass Fritz Fall sich hier keinem professionellen, sondern einem großen Amateurorchester gegenübersieht, das sich aber immerhin einen bekannten europäischen Dirigenten leistet. »The orchestra is unique since it is made up of non-professional musicians, business men, lawyers, oil men and house-wives who meet semi-weekly for rehearsal and the enjoyment of symphonic music.«[102] Willkommen in Amerika.

Fall ist nicht der Einzige, der als Pionier die europäische Musik in die diversen amerikanischen Bundesstaaten bringt und so zum Kulturbotschafter wird. Sein Gebiet ist nun Texas, wo er unter anderem in Dallas dirigiert, Klavier und Dirigieren unterrichtet und somit gleich in mehreren Städten seine musikalische Saat säen kann in der Hoffnung, dass diese aufgehen wird. Die Karrieren von Walter Herbert und Peter Paul Fuchs verlaufen ähnlich – Unterrichten und Dirigieren, die Begründung von Orchestern und Opera Companies geben ihnen allen in unterschiedlichen Teilen des großen Kontinents die Möglichkeit, ihr europäisches Erbe, ihre Erziehung und Ausbildung weiterzugeben. Sehr ambitioniert studiert Fritz Fall am Hockaday Institute of Music in Dallas immerhin *Rigoletto* ein – vielleicht bringt dieses Wirken mit Studenten und semiprofessionellen Musikern eine besondere Freude mit sich, denn sie alle spielen und singen aus purer Leidenschaft, Routine fehlt völlig. Die Forschung zu Fritz Falls Karriere führt an Orte in Amerika, die aus europäischer Perspektive sonst kaum wahrgenommen werden. Paris, Texas, ist ein Begriff – Fritz Fall gastiert hier. Und wieder wird die Landkarte konsultiert: Es liegt 160 Kilometer nördlich von Tyler – bei der Suche nach weiteren Informationen bleibt das Internet beim gleichnamigen Film von Wim Wenders hängen, als ob es die Stadt in Wirklichkeit gar nicht gäbe. Weit gefehlt. *The Paris News* belehrt eines Besseren: Anlässlich eines Konzertes mit Fritz Fall veranstaltet die Civic Music Association eine »informal reception« mit Frühlingsblumen, Punsch und Waffeln.[103]

1944 kolportieren die *Daily News New York* Fritz Falls geheimste Träume: Jede größere amerikanische Stadt sollte ein eigenes Symphonieorchester und eine Opernkompanie betreiben – und Fritz erinnert sich auch an vergangene Jahre in Wien: »Speaking of the gay charm and chic of women as Fall knew them in the good old days, one outstanding thing about them, he recalls, was their individuality of style, the herd instinct to copy and follow a leader unknown to them.«[104]

Nach dem Ende des Krieges kommt Fritz Fall relativ rasch im Rahmen eines amerikanischen Kulturprojekts zurück nach Wien. Im ehemaligen Stadttheater, nunmehr Rextheater, dirigiert er als Musiksachverständiger für Opern, Operetten und Konzerte. Und seine Rezeption in den Zeitungen sagt viel aus: Fall wird darin lapidar bezeichnet als der Dirigent, »der seine Studien in Wien absolviert hat und dann in den Vereinigten Staaten erfolgreich tätig war«.[105] Auch die »Vielseitigkeit dieses amerikanischen Dirigenten«[106] wird bewundert.

Im Sommer 1946 werden Sommerfestspiele im Pötzleinsdorfer Schlosspark veranstaltet – »der amerikanische Dirigent Frederick Fall«[107] dirigiert dort das Wiener Landessymphonieorchester. Und auch die Familienverhältnisse werden gründlich durcheinandergebracht: »Frederick Fall (USA), der Sohn des berühmten Komponisten Leo Fall«, dirigiert Antonín Dvořáks Symphonie *Aus der Neuen Welt*. Und jetzt wird es wirklich grotesk: »Das Erlebnis Amerika, die amerikanische Bergwelt, die Prärie und die Städte musikalisch erzählt, so entstand die Neue Welt vor dem geistigen Auge der Zuhörer. Erst war es die Heftigkeit des Erlebnisses, dann die Schwermut der Prärie, das Wanderlied in den Bergen und zuletzt die zusammenfassende Erinnerung, die hier ein amerikanischer Dirigent als Botschaft seiner Heimat darbrachte.«[108] Ein Hohn, anders kann man diesen Artikel nicht bezeichnen. Es ist klar, dass die unmittelbare Vergangenheit völlig verdrängt worden ist.

Dass Frederick Fall, der noch immer der alte Fritz ist, nicht unbedingt in Österreich bleiben will, liegt auf der Hand. In keiner einzigen Zeitung wird reflektiert, warum er denn nun als amerikanischer Dirigent gilt – die vielen Jahre an der Volksoper scheinen völlig vergessen.

Fritz geht nach Amerika zurück, lässt sich in Washington, D. C., nieder und macht das, was er liebt: Musik.

Eine stadtbekannte Persönlichkeit. Theaterarzt Friedrich Schreiber

Am 1. Juli 1956 trifft beim »Fonds zur Hilfeleistung an politisch Verfolgte, die ihren Wohnsitz und ständigen Aufenthalt im Ausland haben«, kurz Hilfsfonds genannt, ein Antrag ein, ausgefüllt von Medizinalrat Dr. Friedrich Schreiber. Auf dem Formular ist in der Fußzeile vermerkt: »Anträge, die nach dem 10. Juni 1957 bei dem ›Hilfsfonds‹ eingehen werden, können nicht berücksichtigt werden.«[109]

Friedrich Schreiber gibt einige Auskünfte, so zu seiner Adresse in London, seiner früheren Adresse in Wien, seinem Geburtsort und -datum, seiner Ehefrau. Seit 1948 hat er die britische Staatsbürgerschaft, ist mosaischen Glaubens, auf die Frage »Datum der Auswanderung« antwortet er: 15. Mai 1938 und fügt in Klammern »40 Jahre in Wien« hinzu. Er sei »dauernd erwerbsunfähig« wegen seines Alters, einer Hauterkrankung – er leidet unter Neurodermitis – und seiner »Flucht über Schweiz, Frankreich, Spanien, Portugal nach England«. Ein kurzer Halbsatz, in dem ein langer Leidensweg liegt.

30 Jahre lang gehört er zur Volksoper – als Theaterarzt ist Friedrich Schreiber eine Institution. Direktor Karl Lustig-Prean bezeichnet ihn als seinen besten Freund, an Schreibers Laufbahn erkennt man einen Arzt mit großem sozialen Gewissen. 1910 eröffnet er seine Praxis in Wien, doch reicht ihm dies nicht und er arbeitet zusätzlich für verschiedene Krankenkassen. Während des Ersten Weltkrieges setzt er sich vor allem für lungenkranke Soldaten ein: »Dem Wiener praktischen Arzt und Kommandant eines Epidemiespitals in Galizien Doktor Friedrich Schreiber wurde während des Krieges bereits zum viertenmal eine Auszeichnung zuteil«, meldet die *Österreichische Volkszeitung* am 26. März 1917. »In den letzten Tagen wurde ihm das Ritterkreuz des Franz Josef-Ordens am Bande des Militär-

Friedrich Schreibers Foto auf seinem Antrag beim Hilfsfonds

verdienstkreuzes verliehen.« Im Februar 1918 kehrt er nach Wien zurück und widmet sich weiter seiner Tätigkeit als praktischer Arzt, seine Ordination ist unweit der Volksoper.

»Es gibt Wiener Theaterärzte, die aus Liebe zur Bühnenluft fast täglich in das Theater kommen, oder zumindest einen Sprung auf die Bühne, hinter die Kulissen und in die Garderoben machen. Denn zu tun gibt's dort immer etwas: und außerdem sind sie eben richtige Theaterärzte und haben das regste Interesse für alles, was auf den Brettern vorgeht. Manche von ihnen sind als Theaterärzte stadtbekannte Persönlichkeiten geworden und gehören zum Theaterleben der Stadt geradeso wie etwa der Aslan oder die Selma Kurz, der Tautenhayn oder die Betty Fischer.« Die Zeitschrift *Die Bühne* widmet diesen Ärzten im Jahr 1925 eine kleine Serie. Friedrich Schreiber fungiert als Präsident der Wiener Theaterärzte, dieser ganz eigenen Spezies von Medizinern. Dass diese viele Anekdoten erzählen könnten, liegt auf der Hand – ebenso, dass sie es nur selten tun.

Über Friedrich Schreiber gibt es viel zu berichten: »Die Wiener Theaterärzte sind selbstverständlich organisiert, bilden eine Sektion im Bühnenverein. Und an ihrer Spitze steht der langjährige Arzt der Volksoper, Dr. Friedrich Schreiber. Schon als ganz junger Mann wurde er zum Theater gedrängt,

Friedrich Schreiber, abgebildet in *Die Bühne*, 1925

weiß aus seiner Berliner Zeit und von der Charité her interessante Theateranekdoten zu erzählen; vom alten Schildkraut, der damals noch ein junger Mann war, von Reinhardt und dem deutschen Kaiser und so weiter.« Die Wiener interessieren sich viel mehr für Geschichten aus ihrer Heimatstadt – und da kann Schreiber natürlich das eine oder andere beitragen.

»Dr. Schreiber gehört zum eisernen Bestand der Volksoper, die man sich ohne ihn einfach nicht denken könnte. Unter Rainer Simons war er der Vermittler zwischen Sängern und ihrem genialen, aber autokratischen Direktor. Und es kam oft vor, daß eine Künstlerin nur dem Dr. Schreiber zuliebe auftrat. Und daß es seiner Klugheit gelang, manche Vorstellung zu retten.« Dazu gehört auch, dass er eine »widerspenstige Sängerin auf die Bühne schleppen muß« oder eine schwer erkrankte aus ihrer Wohnung bis auf den Schnürboden tragen lässt, »damit sie auf Wunsch des Direktors vier Takte im letzten Akt ›Parsifal‹ von der Höhe herabsinge. Da gehört oft eine genaue Kenntnis der Rollen und der Vorstellung dazu, eine gewaltige Überredungskunst und Klugheit.«[110] Kinder werden in der Volksoper geboren, Menschen sterben während einer Vorstellung – eine enorme Bandbreite, die diese Tätigkeit mit sich bringt.

Von Lissabon nach England

Schreiber ist eine wohlbekannte Persönlichkeit, setzt sich unermüdlich für soziale Fragen ein und ist Vorstand des Vereins für Säuglings- und Kinderfürsorge, einer in diesen Jahren wichtigen Institution, die sich der unterversorgten und oft tuberkulösen Kinder annimmt. Zu Schreibers 50. Geburtstag berichten die Zeitungen von den vielen Sympathiekundgebungen, die ihm, dem »menschenfreundlichen Arzt«[111], zuteilwerden. Und als er 1931 im Zuge einer großen Grippewelle an einer Lungenentzündung erkrankt, ist auch dieser Umstand eine Zeitungsmeldung wert.

Im Jahr 1938 ist Friedrich Schreiber 59 Jahre alt, langsam neigt sich sein Arbeitsleben dem Ende zu, wobei er seine soziale Betätigung sicher nicht aufgeben will. Aber er muss. Am 28. Juni 1938 meldet er sich von der Adresse Wilhelm-Exner-Gasse 30, die ihm 28 Jahre lang Zuhause und Praxis war, nach Prag ab.

»Nach der NS-Machtergreifung waren wir infolge unserer jüdischen Abstammung Verfolgungen ausgesetzt und mussten die Heimat verlassen. Ich, Med. Rat Dr. Friedrich Schreiber, hatte eine bekannte gutgehende Praxis in Wien, die ich durch meine Flucht verlor. Weiters verlor ich die Einrichtung meiner Wohnung, die wertvolle Ausstattung meiner Ordination und umfangreiche Bibliothek. Außerdem musste ich erhebliche Beträge an Judenvermögensabgabe und Reichsfluchtsteuer zahlen. Schließlich erforderte meine Emigration hohe Kosten.« Dieses Schreiben schickt sein Rechtsanwalt am 24. Jänner 1956 an das Bundesministerium für Finanzen. Wenige Monate zuvor hat der Staatsvertrag in den Artikeln 25 und 26 festgelegt, dass Verfolgte Ersatzansprüche stellen können.

Die Fluchtroute gibt Friedrich Schreiber, wie eingangs erwähnt, mit Schweiz, Frankreich, Spanien, Portugal und England an. Die letzte Station dieser Odyssee erreicht er erst fünf Jahre später, von Lissabon kommend, im April 1943. 64-jährig und völlig mittellos. In England trifft er die Wienerin Selma Meider, sie heiraten und sind einander in den letzten Jahren ihres Lebens eine Stütze. 1956 schreibt er an den Hilfsfonds, er erlaube sich, »beiliegend das gewünschte Dokument einzusenden, aus dem klar hervorgeht, dass ich ständig in England unter obiger Adresse wohne, dass ich keinerlei Thätigkeit mehr ausübe und über keinerlei Vermögen oder Einkünfte verfüge. In meinem Alter 77 ½ Jahre hoffe ich eine bevorzugte Erledigung zu erhalten, danke im Voraus für Ihr Wohlwollen.«[112]

Die Republik Österreich gewährt ihm eine Unterstützung, die seine letzten Lebensjahre ein wenig einfacher gestaltet.

Ein Sänger und eine Sängerin

»Komm, laß uns die Welt vergessen«. Der Wunsch Victor Flemmings

Am 11. März 1938 kündigt Radio Wien für den 16. März von 23 Uhr bis 23.30 Uhr ein Unterhaltungskonzert an. Auf dem Programm: *Heiß küßt Anuschka* und *In Meidling, da steht ein Kastanienbaum*. Der Komponist heißt Victor Flemming. Es ist das letzte Mal, dass Radio Wien einen seiner Schlager aufs Programm setzt. Am 12. März steht derselbe Victor Flemming als Graf Ulrich in der neuen Operette *Gruß und Kuß aus der Wachau* auf der Bühne der Volksoper und heiratet am Ende wie jeden Abend die junge Hilde Güden, die noch unter ihrem Namen Hulda Gerin auftritt. Am 15. März erwähnt die *Illustrierte Kronen-Zeitung* in einem Bericht den Namen Victor Flemmings nicht mehr. Das Ende einer erfolgreichen Karriere.

1929 hatte Victor Flemming noch Eingang ins angesehene *Jahrbuch der Wiener Gesellschaft* gefunden: »Viktor Flemming, Operettensänger, hat dank seiner sympathischen klangvollen Stimme und seinem ausdrucksvollen Spiel in Wien große Popularität gewonnen, die durch seine Betätigung bei der Ravag noch wesentlich erhöht wurde. Viktor Flemming wurde am 3. Juli 1886 in Wien geboren, absolvierte die Realschule und wandte sich hierauf dem Schauspielerberufe zu. Bald ging er aber zur Operette über und wirkte unter anderem zwölf Jahre am Theater an der Wien. Radio Wien hat ihn dann bald nach Einführung der regelmäßigen Sendungen zum Mitarbeiter, als Operettenleiter und ersten Operettensänger herangezogen. Viktor Flemming hat auch als Komponist und Librettist manchen hübschen Erfolg zu verzeichnen. Er ist Mitglied der Gesellschaft der Autoren, Komponisten und Musikverleger in Wien und des deutsch-österreichischen Bühnenvereines. Seine besondere Liebhaberei gehört der Radiotechnik, in welcher er, obgleich Amateur, ungewöhnliche Fachkenntnis besitzt. Er reist viel, kennt Deutschland, die Tschechoslowakei, Italien, Serbien, Ungarn, Rumänien, Frankreich und die Schweiz. Seine Ehe mit Johanna, geb. Franta ist kinderlos. Wohnung: IX, Wasagasse 11. Telephon A-18-3-32.«

Victor Flemming in der Leo-Ascher-Operette *Frühling im Wienerwald*, 1930

Man erkennt, dass es sich um einen außergewöhnlichen Künstler handeln muss: Erklärter Publikumsliebling, Radiopionier, Komponist und Texter von rund 20 Schlagern. Der Beginn dieser Erfolgsgeschichte reicht ins Jahr 1903 zurück. Der 17-jährige Victor Flemming – eigentlich heißt er Fleminger – betritt die Versuchsbühne des Dilettanten-Vereins im böhmischen Pilsen, im Jahr darauf erhält er bereits als Schauspieler des dortigen deutschen Theaters wohlwollende Kritiken im angesehenen *Prager Tagblatt*: »Im ›Pilsner Tagblatt‹ wird gesagt, daß sich ›insbesondere Herr Flemming, als Träger der Hauptrolle, in sehr sympathischem Lichte als Schauspieler von guter Auffassung und temperamentvoller Durchführung zeigte.‹«[113]

Victor Flemming macht die typische österreichische Schauspieler-Tour durch diverse Provinzbühnen, um Erfahrungen zu sammeln. In der Saison 1905/06 erscheint er im Ensemble des königlichen städtischen Theaters Olmütz als jugendlicher Held und Liebhaber. Eine seiner ersten Rollen ist Dr. Falke in *Die Fledermaus*, doch auch in dem Schauspiel mit dem tragischen Titel *Der Dornenweg* von Felix Philippi steht er auf der Bühne – noch ist die Entscheidung nicht gefallen, ob er sich dem Schauspiel oder der Operette zuwendet. Es ist ein überaus vielfältiges Repertoire, mit dem das Stadttheater Olmütz sein Publikum erfreut und so auch seinen Künstlern die ganze Bandbreite vom Lustspiel über die Posse mit Gesang, den Schwank bis hin zur Operette ermöglicht. Engagements an den Stadttheatern Innsbruck und Graz und dem Kurtheater Bad Ischl folgen rasch und bereits 1907 wird Flemming zunächst für fünf Jahre an das Raimundtheater verpflichtet – insgesamt werden es fast 30 sein. Drei Jahre nach ihm kommt eine junge Soubrette ans Raimundtheater, die sich zu einem der ganz großen Stars der Wiener Operette entwickelt: Betty Fischer. 25 Jahre stehen Victor und Betty gemeinsam auf der Bühne – eine Lebensfreundschaft.

Vor dem Ausbruch des Ersten Weltkrieges spielen sie gemeinsam in *Die tolle Therese, Liebeswalzer* und *Der Zigeunerbaron*, geben im Mai 1914 ein Gastspiel in Frankfurt mit *Wiener Blut* und wirken nach dem Ausbruch des Krieges in einem der zahlreichen patriotischen Stücke mit, die das Publikum auf den Krieg einstimmen sollen. *Komm, deutscher Bruder* heißt das patriotische Volksstück mit Gesang mit Musikeinlagen von Franz Lehár und Edmund Eysler.[114] Auch in Leo Aschers *Hoheit tanzt Walzer* und Bruno Granichstaedtens *Auf Befehl der Kaiserin* stehen die beiden gemeinsam auf der Bühne.

Flemmings Karriere geht stetig weiter, 1924 eröffnet sich ein völlig neues Feld: das Radio. Wie ja auch im *Jahrbuch der Wiener Gesellschaft* festgestellt wird, entdeckt er dieses neue Medium für sich. Doch nicht nur er: In der ersten Ausgabe der Zeitschrift *Radio-Wien. Welle 530, Wochenprogramm* vom 19. Oktober 1924 wird auf dem Titelblatt für den Folgetag ein Opernabend mit dem *Barbier von Sevilla* angekündigt. »Ausgeführt von Mitgliedern der Volksoper, Wien.« Auf Seite zwei folgt ein Kammermusikabend mit dem Sedlak-Winkler-Quartett, unterstützt vom Cellisten Franz Ippisch – er gehört zum Orchester der Volksoper. Das Monatsprogramm beschließt ein Operettenabend mit dem *Zigeunerbaron* – drei der Mitwirkenden gehören der Volksoper an. Victor Flemming ist fast von Anfang an dabei, am 3. Dezember wirkt er bei einem bunten Abend mit und kommt von da an nicht mehr von der Faszination des Radios los. Am 14. März 1925 gibt es die erste komplette Operettenübertragung mit Heinrich Bertés Erfolgsstück *Das Dreimäderlhaus*. Victor Flemming zählt selbstverständlich zu den Mitwirkenden, doch nicht nur als Darsteller, sondern er hat das Stück auch »in Szene gesetzt und zusammengestellt«[115], wie die *Bühne* berichtet. Zahlreiche Werke folgen, Edmund Eyslers Operette *Die Schützenliesel* ebenso wie Oscar Straus' *Rund um die Liebe* – hier erscheint Victor Flemming auch zusätzlich auf der Bühne. In *Gräfin Mariza* hat er ebenfalls eine Doppelfunktion als Spielleiter und Darsteller des Grafen Tassilo – die Rolle, die Hubert Marischka am Theater an der Wien verkörpert. Als dessen Schwester Lisa steht Paula Bäck gemeinsam mit ihm vor dem Mikrophon – auch sie gehört zum Ensemble der Volksoper. Die Ravag-Operetten-Produktionen nehmen Flemming sehr in Anspruch, als Nächstes folgt Emmerich Kálmáns *Csárdásfürstin*, dann Leo Falls *Dollarprinzessin*, Edmund Eyslers *Ein Tag im Paradies* und Kálmáns *Faschingsfee*.

Victor Flemming gelingt es, seinen drei Leidenschaften nachzugehen: Auf der Bühne diverser Theater spielt er dieselben Rollen wie auf der Bühne des Radiostudios, seine langjährige Theatererfahrung setzt er auch als Spielleiter bei den Rundfunkübertragungen ein. Unter dem Titel *Das Theater der Hunderttausend* berichtet der Journalist Salis im *Neuen Wiener Journal* vom 30. Juli 1926 von einer »Operettenaufführung im Senderaum« – die Begeisterung für die unbegrenzten Möglichkeiten wird spürbar: Er hat »zwischen halb acht und viertel elf Uhr abends unter Führung des Kapellmeisters Holzer, mit dem liebenswürdigen Tenor Flemming als Regisseur, ein paar Operettenschauspieler auf ihrer Tournee um, beiläufig gerechnet, den halben Erdball begleitet.« Und auch Victor Flemmings Rolle wird deutlich: »Der Regisseur gab lautlos die Anweisungen an seine Schauspieler. Jawohl, lautlos. Nie habe ich einen sanfteren Regisseur gesehen. So schief kann es auf seiner Bühne gar nicht gehen, daß er statt stummen Händeringens etwa ›Rindvieh‹ sagen würde.« Auch ein Blick hinter die Kulissen wird gewährt: »Eine Wirtshausschlägerei kommt in Gang und sie besteht aus einem Brett, an dem ein Bierkrügel zerschlagen wird und an dem zwei Choristen, die dabei den neuen Sportbericht lesen, mit ziemlicher Seelenruhe bißchen herumstrampfen.«

Stück auf Stück folgt – Radio, Raimundtheater und Stadttheater wechseln in rascher Folge. Victor Flemming zählt zu den Wiener Stars und Publikumslieblingen. Über die Wiederaufnahme von Bruno Granichstaedtens Operette *Der Orlow* im Stadttheater berichtet die *Illustrierte Kronen Zeitung*: »Unvermindert strahlte der Glanz dieses musikalischen Edelsteines, es war

Ein Wiener Publikumsliebling

ein ganz großer Erfolg wie bei einer Premiere. Außen umbrandeten die Stürme des Orkans das Haus, drinnen tobte der Beifallssturm nach jedem Lied, nach jedem Akt. Allen voran wurden Betty Fischer und Viktor Flemming gefeiert, die ihren Rollen gesanglich und darstellerisch zum Siege verhalfen.«[116]

Im Radio arbeitet Victor Flemming von Anfang an mit Musikern der Volksoper zusammen, erst 1938 wird er für die neue Jara-Beneš-Operette *Gruß und Kuß aus der Wachau* als Gast selbst an das Haus geholt. Ein erfolgreiches, wenngleich sehr kurzes Gastspiel. Nach der Machtübernahme der Nationalsozialisten ist jeder weitere Auftritt unmöglich, seine Werke stehen nicht mehr auf dem Programm der Radiosendungen. Am 15. Mai 1939, nach Erfüllung all der finanziellen und bürokratischen Auflagen, können Victor und seine Frau Johanna endlich das Land in Richtung Luxemburg verlassen – zur alten Freundin Betty Fischer. Nicht einmal ein Jahr später, am

10. Mai 1940, überrennen die Nationalsozialisten auf ihrem Feldzug nach Frankreich die Benelux-Länder, die jüdische Bevölkerung wird in rasantem Tempo registriert und in den Osten deportiert. Sieben Transporte gehen nach Osten ab – der sechste davon am 6. April 1943 nach Dortmund. Victor Flemming ist unter den 97 Opfern. Mehr als ein Jahr ist er in Dortmund interniert, seine Frau Johanna, die nicht jüdisch ist, bleibt in Luxemburg zurück, wo sie am 29. Februar 1944 stirbt. Victor wird am 3. August 1944 in Theresienstadt registriert, wo sich auch seine Kollegin, die Sängerin Ada Hecht, befindet. Am 28. Oktober 1944 werden sie gemeinsam im letzten Transport nach Auschwitz deportiert.

»Unser Leben sind ja Eure Briefe«. Das Schicksal der Sopranistin Ada Hecht

Ich erinnere mich an meine Mutter als eine schlanke, blonde, blau-äugige Frau, sehr attraktiv, mit einem wunderschönen Sopran.«[117] So schreibt Manfred Hecht über seine Mutter Ada, die viele Jahre Ensemblemitglied an der Volksoper ist und ihre internationale Karriere nach der Geburt ihres einzigen Kindes im Jahr 1918 hintanstellt. Ihr Mann Maximilian stammt wie sie selbst aus Polen, studiert in Prag und arbeitet als Bankier beim Wiener Bankverein. Eine etablierte Familie in Wien.

Ada studiert in Wien bei dem angesehenen Gesangslehrer Gustav Geiringer, dem Vater der Schauspielerin Adrienne Gessner. 1931 findet ein Konzert zu Ehren Geiringers statt, das *Wiener Salonblatt* bezeichnet Ada als »Star der Schule, durchaus bühnenreif, eine große Hoffnung ihres Meisters.«[118] Das stimmt, denn bereits sechs Jahre zuvor erhält sie erste wohlwollende Kritiken, ihre »weichen üppigen Stimmittel« fallen positiv auf in der Rolle der Amelia in Giuseppe Verdis Oper *Der Maskenball*, die auch im noch ganz jungen Radio Wien übertragen wird. Dies ist auch die erste Vorstellung, die ihr siebenjähriger Sohn besucht.

1925 wird sie an die Volksoper engagiert und ersingt sich in den folgenden Jahren ein stetig wachsendes Repertoire von Operette bis Oper, von *Der Zigeunerbaron* bis *Lohengrin*, meist in Hauptrollen. So geht es weiter, Bühne und Radio wechseln sich ab – ein angenehmes Leben als Ensemblemitglied,

e einzigen erhaltenen Abbildungen von Ada Hecht und ihrer Familie, leider in schlech-
r Qualität (links). Ada Hecht auf dem Coverfoto dieses Buches, links hinter ihr Fritz
unner

ruhig und ohne besondere Aufregungen. Der heranwachsende Sohn darf bei Proben zuhören und später auch die Mutter am Klavier begleiten. »Mein Wissen um das Opern- und Liedrepertoire wuchs ebenso wie meine Liebe zur Musik und meine Bewunderung für Mutters Talent. Vater war sehr stolz auf ihre künstlerischen Erfolge und tat alles, um sie zu unterstützen.«[119]

Die Eltern legen großen Wert auf Bildung, vor allem privater Sprachunterricht und natürlich Musik stehen im Mittelpunkt. »Niemand konnte damals vorhersehen, dass meine Sprachkenntnisse und mein musikalisches Wissen viele Jahre später zwar nicht mein Leben gerettet, das Überleben jedoch erleichtert haben«[120], ist der Sohn im Rückblick für die strenge Konsequenz der Mutter dankbar.

Am 12. März 1938 besucht Manfred mit einer Freundin eine Theateraufführung, beim Verlassen des Theaters sieht er seinen Vater, bleich, voller Angst. Die Eltern erkennen, dass ein 20 Jahre junger Mann in besonders großer Gefahr schwebt, und setzen alles daran, ihn außer Landes zu bringen. »Das größte Problem war, ein Land zu finden, das mich als Flüchtling aufnahm«, wird sich Manfred Hecht später erinnern. Über eine frühere Freundin, die bereits in New York lebt, erhält er ein Affidavit und somit auch ein Visum für Amerika. Während all dieser Wochen des Wartens und Hoffens geht der Alltag trotzdem irgendwie weiter. Manfred studiert Englisch, die Eltern statten den Sohn für die Reise und sein neues Leben aus: Sie lassen ihm 17 Anzüge anfertigen, kaufen Hemden und Schuhe und geben ihm Wertsachen für den Notfall mit: eine goldene Tabatiere, eine goldene Uhr und eine Krawattennadel, mit einem Diamanten und einer Perle besetzt. Der Vater ist unermüdlich und stattet den Sohn mit 70 Empfehlungsschreiben aus. Am 10. August 1938 reist Manfred nach Triest, um ein Schiff nach Amerika zu besteigen. »Ich stehe am Fenster des Expresszuges, der mich wegbringt. In meinen Taschen berühre ich Vaters wertvolle Geschenke, eine letzte Versicherung für die äußerste Not. Auf dem Bahnsteig stehen meine Eltern, mein Vater versucht verzweifelt, seine Tränen nicht zu zeigen und seine Gefühle unter Kontrolle zu halten. Meine Mutter betrachtet mich mit solchem Schmerz in ihrem Blick, wie ich es vorher und nachher nie mehr gesehen habe. Dies ist der traurigste Moment meines Lebens, unvergesslich und für immer eingebrannt in mein Herz.«[121]

So fährt der über alles geliebte einzige Sohn alleine nach New York – die Eltern bleiben in Sorge um ihn und in Angst für sich selbst in Wien zurück.

Die Rekonstruktion ihrer Schicksale führt zu den Briefen der Eltern an den Sohn, digitalisiert durch das Leo-Baeck-Institut: 600 Seiten in kleiner, fast schon pedantischer Handschrift des Vaters und in großzügiger Handschrift der Mutter. Dies entspricht auch der Wahrnehmung des Sohnes, der zum Vater eine entspannte Beziehung hat, zur temperamentvollen Mutter eine kompliziertere. Das wird während der Lektüre der Briefe klar, durch Schriftzüge und Formulierungen. Es ist offenbar, wer mehr Temperament, mehr »Power«, mehr Durchsetzungskraft hat.

Im Laufe der Jahre verändert sich Adas Handschrift und zeigt die steigende Panik, die wachsende Angst – Todesangst. Ein entsetzliches Zeugnis von Menschen, die in der Falle sitzen. Ein pensionierter Bankier und eine erfolgreiche Sopranistin, zugewiesen in eine »Sammelwohnung«, die dem dementen Kunstsammler Richard Neumann gehört, der überhaupt nicht versteht, warum plötzlich Fremde in seiner Wohnung leben. Und der ihnen die Benützung des Badezimmers untersagt. In ihrem Zimmer befindet sich ein Holzofen – allein, es gibt nur Kohle. Der Ofen bleibt kalt.

Ada und Maximilian beginnen, Englisch zu lernen – Ada mit etwas mehr Ehrgeiz als ihr Mann. »Und ich lerne fleißig Englisch. 2 Mal in der Woche gehe ich zu Kursen – einmal kommt ein amerikanischer Student zu mir.«[122] Auch Max bemüht sich: »Papa eilt zum Kurs, wo der Faulpelz eh nichts lernt, nur mit Damen flirtet – (Nebbich). Aber gehen muss er doch.«[123]

Das Leben reduziert sich auf ein Zimmer. Und auf das sehnsüchtige Warten auf Post. Die Briefe des Sohnes werden immer und immer wieder gelesen, die einzige Beschäftigung, der einzige Lebensinhalt in einer Umwelt, die nur Grauen, Angst und völlige Rechtlosigkeit mit sich bringt. Ausgehen? Kaum möglich. Lebensmittel? Auf ein Minimum reduziert. Kultur, soziale Kontakte, Leben und Arbeiten? Plötzlich unvorstellbar. »Die Mutti geht außer einkaufen überhaupt nicht aus, ich manchmal 1–2 Stunden spazieren. Um ½ 10 gehen wir schlafen.«[124] Was Ada besonders fehlt, ist die Musik: »Ich glaube, wenn ich wieder ein bisserl Musik hören könnte, wäre ich ein anderer Mensch.«[125]

Daher nimmt sie regen Anteil am Werdegang ihres Sohnes, der sich dem Singen widmet. Bis 1941 schicken die Eltern dem Sohn immer wieder Klavierauszüge, um ihn zu unterstützen und in dem Glauben, dass diese in Amerika schwer zu bekommen sind.

Die Tipps der Mutter, wie er denn seine Karriere anlegen soll, bieten einen tiefen Einblick in Adas Gedankenwelt und zeigen, was ihr auch in ihrer eigenen Karriere, die sich zu einem Großteil an der Volksoper abgespielt hat, besonders wichtig war und wie sie selbst ihre Karriere aufgebaut hat. Ihr Sohn soll nun von ihrer Erfahrung profitieren. »Du brauchst Bühnenpraxis in Deinen Partien, um mit der Bühne und Publikum sich vertraut zu machen – langsam wirst Du Dich emporarbeiten. Was ich Dir also sagen will ist, dass Du Dich nur um ein Engagement kümmern musst auf einer kleinen Bühne oder Stagione wie Du schriebst, da werden auch die Partien durchstudiert und genügend Proben zur Verfügung gestellt.«[126] Immer und immer wieder warnt sie den Sohn, einen Part zu singen, »der nicht in Deiner Stimmlage ist, Du kannst Dir mehr schaden als es dafür steht, so was zu übernehmen«.[127]

Die Gedanken kreisen um einzelne Partien, ganz wie in glücklichen Zeiten an der Volksoper. »Wirst Du den Figaro erlernen können? Du weißt noch nicht, was es heißt, intensiv eine Partie lernen. Man muss auch dazu trainiert sein. Die schwierigste Partie muss oft in 10 Tagen gelernt sein, aber richtig ist es, wenn man 1 Monat Zeit hat. Nur genau lernen, Gott behüt nicht schlampig dabei werden.«[128] Drei Wochen später kommt sie wieder auf die Rolle des Figaro zurück: »Die Arie des Figaro musst Du unaufhörlich üben (oft nur die schnellen Worte sprechen), denn das muss ein Glanzstück werden, so wie es alle als Meisterstück betrachten – ist Dir die Partie nicht zu hoch? Du lernst bei so einer Partie enorm, schau, dass Dich das Musikalische nicht hemmt, das muss fest sitzen, damit das Spiel freier wird.«[129]

Diese Überlegungen geben Adas Leben Sinn, das Einzige, was ihr verblieben ist, sind ihr Wissen um Musik, um Oper, um Stimmen und Partien, das sie ihrem Sohn in der Ferne auf den Weg mitgeben kann. »Dass Deine Stimme sich eventuell zum Helden-Bass-Bariton entwickelt, ist gut, aber da gibt es schrecklich viel noch zu arbeiten – die Partien dieses Faches sind so gross und so gesucht – Du musst halt die Partien studieren. Ja, so geht es jedem Sänger, es ist enorm zu arbeiten – aber man tut es gern. Wenn Du viel zu singen hast, bitte sprich wenig. Eine halbe Stunde ist beinahe zu lang für einen Anfänger-Schüler. Für Übungen genügen 20 Minuten höchstens.«[130]

Ende Juli 1941, Adas Schrift ist schon deutlich verändert, gibt sie noch einen letzten Tipp: »Pflege die Tiefe unbedingt und schaue dazu, dass die

Lehrerin Dich nicht hinaufschraubt. Hauptsache, die Stimme muss ausgeglichen sein – gleich breit Tiefe – Mittellage und Höhe nach Bedarf. Wenn Wolfram[131] Dir nicht zu hoch liegt, dann studiere ihn. Eine wunderschöne Partie – nur nicht forcieren, dadurch ruiniert man die anderen Töne.«

Auch das äußere Auftreten des Sohnes liegt ihr am Herzen – vielleicht steht dahinter die Sorge, dass diese Werte der alten europäischen Welt in Amerika wenig Geltung haben: »Trachte wie früher immer gepflegt und sorgfältig gekleidet zu sein, Du musst eben auch repräsentieren«, schreibt Ada am 28. Oktober 1940. »Schatzi, wenn Du am Abend auftrittst, ist Frack ratsam zu tragen. Du musst Dir einen anschaffen, wenn Du das noch nicht getan hast. Ein Sänger muss so was haben«, lässt sie den Sohn am 6. Juli 1941 wissen.

An diesem Tag gaukelt sie ihm auch einen normalen Alltag vor, denn »heute hat Papsi Geburtstag. Er hat sehr elegant ausgeschaut den ganzen Tag in seinem wunderschönen lichten Fresko Anzug, schönem leichten Hemd mit neuer Krawatte (von mir), weiss-schwarze Sommerschuh – Du hättest Freude, einen so eleganten Papsch zu sehen – er schaut wirklich noch sehr gut und fesch aus – kein Wunder, es heißt, ich putze die Schuhe fabelhaft.«

Die Nazis wollen diese Menschen loswerden – doch niemand ist interessiert, ihnen eine neue Heimat zu geben. Die bürokratischen Hürden, ein Visum, ein Transitvisum und eine Passage zu ergattern, sind immens – und es ist das Verschulden der ganzen Welt, dass Menschen, die den Nazis als Juden gelten, nicht rechtzeitig entkommen können.

Am 4. Juli 1940 schreibt Max dem Sohn: »Vorläufig sind täglich andere Dispositionen. Einmal heißt es, dass man über Wladiwostok wird fahren können, dann wieder, dass man die Durchreise über Mandschurei nicht bekommt etc.« Und zehn Tage später weiß er zu berichten: »Die ersten Leute sind schon über Russland nach USA gereist, hoffentlich bleibt diese Route aufrecht. Die Kultus-Gemeinde verlangt bis San Francisco 3000,-- pro Person, so viel werden wir schwerlich aufbringen, wenn wir auch alles verkaufen sollten. Jedenfalls heißt es geduldig warten.«[132]

Ada und Max warten. Und nichts geschieht. Ihr Sohn versucht verzweifelt, Visa aufzutreiben, kaum ist es gelungen, werden die Schiffspassagen ohne Angabe von Gründen storniert. Er muss wieder von vorne anfangen. Max schreibt am 26. Juli 1940: »Wir erhielten vom amerikanischen Konsulat beiliegendes Formular, welches uns um die Hoffnung, bald zu Dir kommen zu können, ärmer gemacht hat. Wir haben eben viel zu viel Affidavit bekommen.« Die Mutter kontert im selben Brief: »Süsses Söhni! Ich bin empört über den Pessimismus vom Papa. Na so was, er, der immer so lichte Farben am Horizont des Lebens sieht, sieht plötzlich alles so düster. Er muss sich hinlegen und gut ausschlafen, dann wird alles viel einfacher erscheinen. Ich, und ich glaube Du, sehen die Dinge gar nicht so kompliziert zum lösen wie es im Augenblicke aussieht. Fast jeder zweite hat vom Konsulat Ergänzungen zu liefern gehabt. Es sind ja doch nur Formalitäten, da die beiden [Affidavit-Geber] wissen, dass wir auf eigenen Füßen stehen werden – die Sache mit der Wohnung ist auch nicht zum Verzweifeln. Auf ein Verdruss mehr oder weniger kommt es hier uns nicht mehr an – die Hauptsache, die Nerven nicht zu verlieren durch Kleinigkeiten und ein Ziel zu verfolgen, mit Dir Söhni beisammen sein.«

Der Vater wird immer resignativer, die Mutter ist erfüllt von Temperament und Wut – gerade Adas Handschrift ändert sich auffallend, aus selbstbewussten großen Buchstaben wird eine flackernd-nervöse Schrift. Auch dem Sohn fällt die Veränderung auf – auf seine Frage, warum die Eltern auf den nach Amerika gesandten Passbildern so verändert, ja verängstigt und ausgemergelt aussehen, antwortet Ada, dass Passbilder eben immer schlecht aussehen würden. »Der Papa schaut in Wirklichkeit gut und sehr elegant aus«, beteuert Ada am 21. Juli 1941. Der Sohn lässt sich nicht täuschen und erahnt, was in Wien vor sich geht. Das ganze Ausmaß wird er erst später erfahren.

Max berichtet seinem Sohn, dass Ada auf Erholung auf dem Land ist – dies macht sofort skeptisch, denn es ist offenbar ein Code: 1941 werden jüdische Frauen in Wien zusammengefangen und zur Spargelernte nach Ostpreußen verschickt – Ada ist auch dabei. Der Vater bemüht sich um verklausulierte Formulierungen, doch wird der Ernst der Lage klar, bestätigt durch Augenzeugenberichte. Eine Leidensgenossin, die Juristin Edith Beer aus Wien, schreibt nach Hause, »daß ich einmal in der Bibliothek gesessen bin, gelernt habe, ein Mensch war, hoffte, erscheint mir wie ein Märchen. Jetzt bin ich ein Vieh, das man ausnutzt und abnutzt.«[133]

Wegen der Zensur muss Max sehr vorsichtig berichten: »Sie ist sehr gut aufgehoben, die Kost gut ebenso die Wohnung und Behandlung. Und ich hoffe auch, dass sie sich dort gut erholen wird. Wenn wir die Vorladung zur

Untersuchung beim Konsulat bekommen sollten, würde sie sofort hierher zurückkommen. Sollte die Arbeit (Spargelstechen) für sie zu schwer sein und sie sie nicht bewältigen können, nachdem, wie Du weißt, sie leider blutarm ist, wird sie sich ärztlich untersuchen lassen und auch zurückzukommen versuchen.«[134] Nur einen Tag später berichtet Max seinem Sohn Manfred: »Die Arme war so schwach, dass sie nicht in der Lage war, die Arbeit zu verrichten.« Ein Wunder geschieht: Nach rund 14 Tagen ist Ada wieder zu Hause. »Das Verlassen des Papschile, meine Fahrt um Arbeiten zu leisten, denen ich nicht gewachsen war von Anfang an, waren schwere Wochen an unserem Lebenshorizont, wie schnell ist es jetzt licht und sonnig geworden. Ich bin wieder beim Papi, kann mich um ihn kümmern und der Höhepunkt der Freude ist erreicht durch das Telegramm aus Lissabon. Warum man mich zurückgeschickt hat? Ich habe Zeugnisse vom Arzt gehabt, worin es stand, dass ich infolge starker Blutarmut ein Schwächling bin und zur schwereren Arbeit nicht geeignet bin. Nach 14 Arbeitstagen konnte ich mich davon überzeugen und die kompetenten Stellen davon in Kenntnis setzen. Genug davon. Ich bin beseelt und hoffnungsvoll gestimmt, naht doch die Zeit, wo ich mit meinem einzigen, geliebten Kinde beisammen sein werde.«

Der letzte Brief der Eltern an ihren Sohn am 6. November 1941 lässt diesen völlig verzweifelt zurück, denn die Informationen bedeuten nichts Gutes – die Hintergründe für die Situation bleiben im Dunkeln: »Der Mutti geht's schon Gottlob besser. Sie ist überhaupt sehr tapfer. Sie nimmt wieder Leberinjektionen ebenso Arsen und wollen wir zu Gott hoffen, dass sie bald wieder fesch beisammen sein wird. Der Gipsverband wird am 20. abgenommen – Mir geht's ein bisserl mit der Galle nicht ganz gut, ich wiege jetzt noch immer 89 kg. Ganz gesund könnten wir nur bei Euch werden. Das liegt aber in Gottes Hand.« Und Ada ergänzt: »Nach meinem Unfall beginne ich mich schon ziemlich gut zu fühlen – ich bin schon so kräftig, dass ich mein bisserl Haushalt schon allein versehen kann – wir sind ja so verlassen und so einer auf den anderen angewiesen, dass es geradezu ein Glück ist, dass wir uns so lieb haben mit Papschi und uns gegenseitig helfen wie weit es möglich ist. Die ersten Tage vom Spital zu Hause waren nicht sehr gut. Schwächeanfälle usw. Gott hat uns nicht verlassen und hat uns geholfen. Jetzt gehe ich zum Arzt, 3 Mal in der Woche, um Injektionen zu kriegen, die mir das Blut verbessern – ich bin sehr blutarm – Papschi aus lauter Kränkung hat ein bisserl mit der Galle zu tun, aber das Kuba-Visum wird bestimmt aus uns wieder fesche Eltern machen. O Söhni, dieses Warten auf das versprochene Visum ist ein Martyrium, wir fürchten uns, woanders fahren zu müssen, wo kein Mariechen[135] und kein goldiges Söhni es neu versuchen – also rasch noch nur eine Ausreise.« Der Sohn fragt zu Recht verzweifelt am 5. Dezember 1941: »Ich bin durch die allgemeinen Nachrichten, insbesondere durch die Anspielungen auf Muttis Gipsverband und Papschis scheinbar befürchtetes Gallenleiden auf das höchste unbeschreiblich beunruhigt. Da mir die Verbindung zwischen Euren Nachrichten fehlt, kann ich nicht Hand und Fuß daraus machen. Leider kann ich absolut gar nichts tun, um mir Gewissheit über Euer Befinden zu verschaffen, muß also so sehr es auch weh tut, auf das Nachkommen der fehlenden Nachrichten warten.«

Es kommt keine Antwort mehr. Die Frage, was denn plötzlich passiert ist, bleibt bis heute ungeklärt. Sechs Tage später erklären Deutschland und Italien den USA den Krieg – jegliche weitere Kommunikation wird unmöglich. Und die endlich bewilligten Visa für Kuba, die Manfred Ende November den Eltern telegraphiert, bleiben ein weiterer Weg ins Leere. »Die Erteilung Eures Visums habe ich Euch noch vor einer Woche, sofort nach dem es von Kuba hierher gekabelt wurde, telegraphiert«, berichtet Manfred Hecht seinen Eltern erleichtert am 5. Dezember 1941. »Die Tatsache, dass das Telegramm ankam (ich wäre sonst verständigt worden) hat mich wenigstens bezüglich Eurer Adresse beruhigt. Ich konnte trotz aller Bemühungen eine frühere Erteilung des Visums nicht durchsetzen. Ich schließe meinem heutigen Brief eine Fotokopie des Telegramms von Kuba an die Gesandtschaft in Berlin bei. Es ist nun Eure Aufgabe, eine beschleunigte Ausreise und Eingliederung in einen Transport nach Lissabon durchzusetzen. Die Kultusgemeinde wird in allerkürzester Zeit vom Joint Committee über die Einzahlung der notwendigen $ 400,- telegraphisch verständigt werden. Meine Geliebten, Ihr könnt Euch kaum vorstellen, wie sehr mein ganzes Herz voll mit lieben Gedanken und Sorgen für Euch erfüllt ist. Der Weg ist jetzt geebnet, Euer Landungsgeld voll erlegt, Ihr habt also nur die Ausreise und ein Schiff zu bekommen.« Der Kriegseintritt wenige Tage später macht die Visa wirkungslos. Zwei Wochen entscheiden über das Schicksal von Ada und Max Hecht, die zu diesem Zeitpunkt jedoch bereits so schwach sind, dass es fraglich ist, ob sie die Reise nach Amerika überhaupt geschafft hätten. Unterernährung, ein ungeheiztes Zimmer, keinerlei sozialer Umgang, keine Musik, kein Theater, keine Kultur, offensichtliche Misshandlungen brechen jeden Widerspruchsgeist. Von der permanent präsenten Todesangst gar nicht zu reden.

Ada wird am 10. September 1942 nach Theresienstadt transportiert, Max folgt ihr am 1. Oktober. In diesem Lager existiert ein reges Kulturleben – und Ada nimmt teil. Ausgemergelt, halb verhungert, schöpft sie noch einmal Kraft aus der Musik, wie ein Mithäftling, der Komponist Karel Berman, schildert: »Wir studierten später Mozarts ›Zauberflöte‹ ein und spielten sie auf dem Podium des ehemaligen Kinos. Wie berückend sang Ada Hecht aus Wien die Königin der Nacht!«[136] Handgeschriebene, gemalte Plakate von verschiedenen Aufführungen sind erhalten und verweisen auf Adas Auftritte. Der Komponist Viktor Ullmann berichtet über eine Vorstellung von *Carmen*, gespielt mit zwei Klavieren unter der Regie des großen Kurt Gerron: »Frau Hecht, die immer einsatzbereite Künstlerin, singt jetzt wirklich schon alles Sopranartige und ist in ihrer Vielseitigkeit bewundernswert. Den Höhepunkt unserer Aufführung bildet zweifellos der 3. Akt. Hier läßt Micaela (Hecht) ihre wunderschön gesungene Arie hören.« Bis Juli 1944 singt Ada außerdem noch die Rollen der Carmen, der Gilda und der Tosca – *Die Zauberflöte* steht in einer Fassung für Streichquartett 15-mal auf dem Programm.

Berman liefert ein ergreifendes Zeugnis: »Wenn es Historikern eines Tages gelingt, die Kulturgeschichte des Ghettos Theresienstadt zu schreiben, so wird die Menschheit staunen. Erwachsene und Kinder lebten dort, in der ständigen Erwartung des Todes, ein volles und edles Leben, zwischen Ausbrüchen des Schmerzes und der Furcht, in Hunger und Elend, zwischen den Hunderten von Leichen, die es jeden Tag gab, so lebten sie ein Leben, das unter den herrschenden Umständen ein Wunder war. Tatsächlich sind sich heute nur wenige von jenen, die die Nazihölle überlebten, bewußt, wieviel seelische Kraft ein Mensch braucht, um nicht seiner Würde verlustig zu gehen, nicht den Glauben an die Menschheit zu verlieren, zu schreiben, zu rechnen, zu singen, zu rezitieren.

Am 28. September 1944 wurde ein Zug schweigsamer Menschen hinter der Hannover-Kaserne in Viehwagons verladen, ein Zug schweigender Menschen, beladen mit Bündeln und Paketen, im Herzen Furcht, Glauben und Hoffnung. In dem Transport befanden sich viele tschechische Wissenschaftler und Künstler. Er war mit den Buchstaben Ek bezeichnet und trug die Nummern von 1 bis 2499. Ich weiß nicht mehr, welche meine Nummer

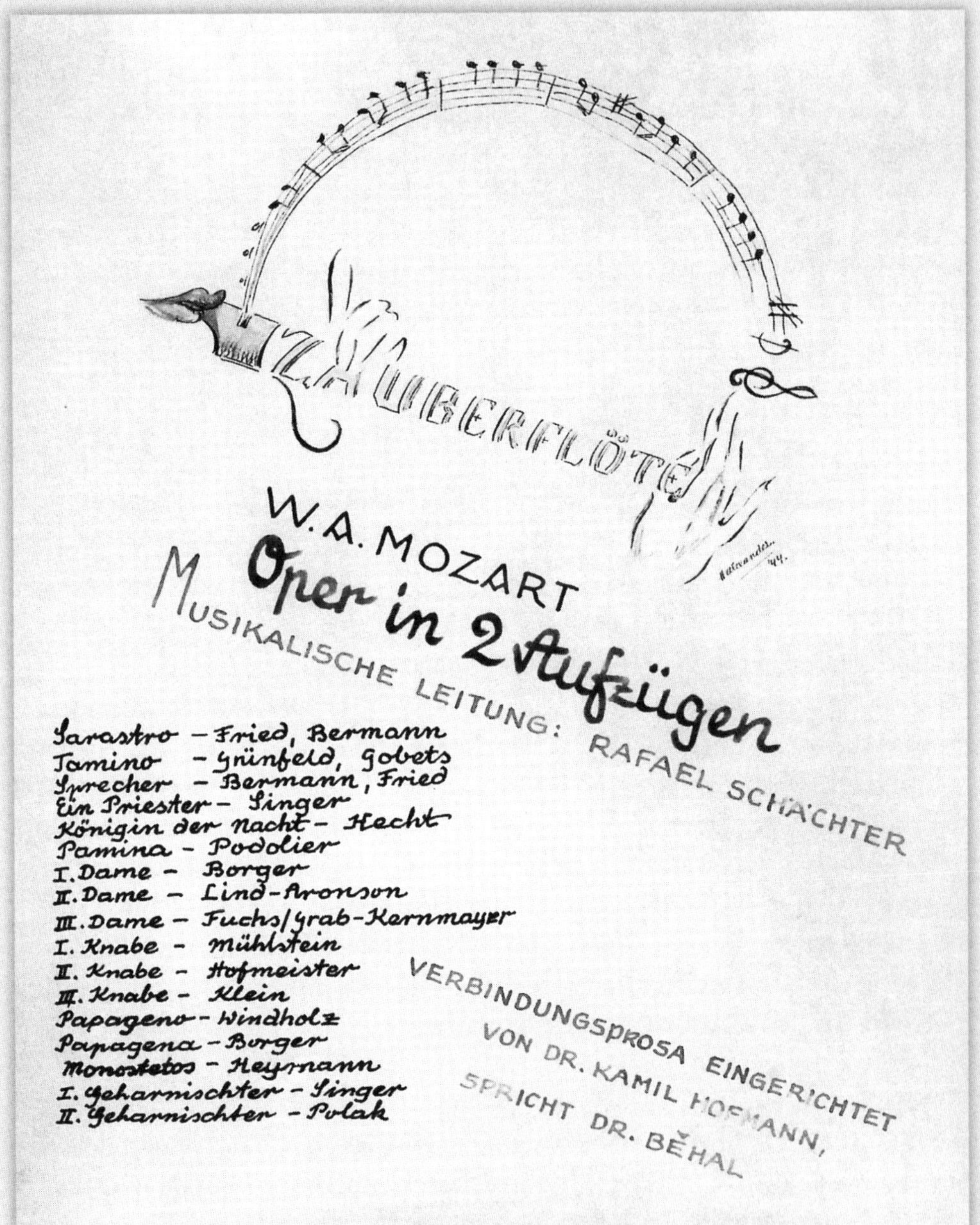
ZAUBERFLÖTE
W. A. MOZART
Oper in 2 Aufzügen
MUSIKALISCHE LEITUNG: RAFAEL SCHÄCHTER
Sarastro – Fried, Bermann
Tamino – Grünfeld, Gobets
Sprecher – Bermann, Fried
Ein Priester – Singer
Königin der Nacht – Hecht
Pamina – Podolier
I. Dame – Borger
II. Dame – Lind-Aronson
III. Dame – Fuchs/Grab-Kernmayer
I. Knabe – Mühlstein
II. Knabe – Hofmeister
III. Knabe – Klein
Papageno – Windholz
Papagena – Borger
Monostatos – Heymann
I. Geharnischter – Singer
II. Geharnischter – Polak
VERBINDUNGSPROSA EINGERICHTET
VON DR. KAMIL HOFMANN,
SPRICHT DR. BĚHAL

rührende handgemalte Plakate
s Theresienstadt, immer mit
.a Hecht als Mitwirkender

war. Ich erinnere mich auch nicht mehr, ob wir zwei oder drei Tage unterwegs waren. Wohl aber weiß ich noch, daß wir gegen ein Uhr morgens an einem der Enden der Hölle eintrafen: in Auschwitz.«[137]

Genau einen Monat später, am 28. Oktober 1944, werden Ada und Max nach Auschwitz deportiert. »Nun teile ich, mein lieber Fredi, mit, dass deine armen Eltern am 28.10.1944 nach Polen (Auschwitz) abtransportiert wurden. Seither fehlt jede Nachricht von ihnen. Es muss leider angenommen werden, dass sie dort vergast wurden. Bezüglich deiner Mutter besteht noch eine geringe Aussicht, da sie unter 50 Jahren war. Sie war aber so schwach und mager, dass sie den weiteren Strapazen nicht gewachsen war, wenn sie auch dem Gastode entginge. Es schmerzt mich sehr, mein Kind, dir diese Mitteilung machen zu müssen. Du bist ein erwachsener Mensch und musst diesen Schicksalsschlag mit Würde und Ergebung tragen. Du musst bedenken, dass 2 000 000 Juden zugrunde gegangen sind, dass dieses große Unglück, welches unser Volk betroffen hat, das Einzelschicksal vollständig zurückdrängt.«[138] Diese Nachricht seines Onkels Isidor Fell erreicht Manfred Hecht ein Jahr nach dem Tode seiner Eltern im Oktober 1945.

»Wir bedauern sehr oft, dass wir so weit auseinander sind«. Freundschaften zwischen Orchestermusikern

»Wir bedauern sehr oft, dass wir so weit auseinander sind. Ihr seid eigentlich die einzigen wirklichen Freunde, wir haben hier sehr liebe und nette Menschen, es sind aber doch nicht solche Freunde, denen man sich ganz anvertrauen kann.« Dies schreibt Bertha Frank 1944 aus New York an Mitzi Ippisch in Guatemala. Ihre Männer Marco Frank und Franz Ippisch haben 30 Jahre gemeinsam im Orchester der Volksoper gespielt, eine lange und innige Freundschaft kann nun in der Emigration nur in einer schleppenden Korrespondenz gepflegt werden.

Dabei hatte alles so vielversprechend begonnen. Beide Künstler reüssieren nicht nur als Orchestermusiker, sondern machen sich auch als Komponisten einen Namen.

»Die allermeisten sterben hier an Herzschlag«. Marco Frank – von der Zeit überrollt

In der Wienbibliothek schlummern viele ungehobene Schätze. Dazu zählt ein großes Konvolut an Briefen aus der Feder Marco Franks. Ein Name, der heute völlig vergessen ist. Seine Oper *Die fremde Frau* erlebt am 17. April 1937 ihre Uraufführung an der Wiener Staatsoper, bereits seine dritte Oper, die in Wien uraufgeführt wird. 1919 hat die Volksoper *Eroica*, 1925 die Staatsoper *Das Bildnis der Madonna* gespielt – kein Geringerer als Richard Strauss hatte das Werk an dieses Haus empfohlen.

»Eine schöne, effektvolle Oper, melodisch, klangvoll im Orchester: kurz, eine Oper, die sämtliche Eigenschaften besitzt, die einer guten Oper zu einem durchschlagenden Erfolg verhelfen müssen«, schreibt die Kritikerin Elsa Bienenfeld im *Neuen Wiener Journal* am 19. April 1925. Und sie gibt auch gleich ein Bild des Komponisten dazu: »Marco Frank ist keiner von denen, die sich Beziehungen verschaffen oder mittels einer ausgebreiteten

Verwandtschaft den Premierenapplaus zu sichern verstehen. ›Eine angenehme Musik‹, ›sehr hübsch‹, ›sehr gut gemacht‹ – solche Urteile schwirrten durch den Zuhörerraum.«

Die Volksoper setzt 1926 Franks Oper *Die fremde Frau* auf den Spielplan, andere Theater, die nach Novitäten lechzen, folgen: Graz, Triest, Warschau und Riga. Marco Frank zählt zu den etablierten, angesehenen Komponisten und feiert Erfolge. Seine musikalische Sprache orientiert sich an harmonischer Tonalität mit gewissen Anklängen an die Moderne. Mit Zwölftonmusik hat Marco Frank nichts im Sinn.

Wer seine Musik heute hören möchte, wird enttäuscht – Aufnahmen sind nicht zu finden, so muss man sich dem völlig vergessenen Menschen Marco Frank und seinem ebenso vergessenen Werk auf anderen Wegen nähern. Zum einen beschreiben wissende Rezensenten seine Musik. Der Eindruck entsteht, ihm lägen weniger hochdramatische Arien am Herzen als atmosphärische Musikmalerei, die schon in Richtung Filmmusik deutet. Wer weiß, vielleicht hätte er in Hollywood Karriere machen können.

Die Rezension zu *Das Bildnis der Madonna* bietet eine spannende Einschätzung und Analyse, denn das Werk erinnert deutlich an andere zeitgenössische Opern. Der Komponist sieht sich dem Vorwurf des Kopierens ausgesetzt und wehrt sich: »Ich bin Geiger im Volksopernorchester und habe gar keine Gelegenheit, Opern zu hören, die nicht in der Volksoper aufgeführt werden. Es lag eben in der Luft. Wie die Harmonik, die melodische Erfindung, der Orchesterklang ›in der Luft‹ liegt. Wir kopieren einander nicht. Aber wir alle sind Kinder einer Zeit.«[139]

Eine andere Spur führt zu seinen Briefen an seinen ehemaligen Volksopernkollegen, den Cellisten und Dirigenten Franz Ippisch, den es nach Guatemala verschlagen hat. Zwischen Marco und Bertha Frank in New York und Franz und Mitzi Ippisch in Guatemala entsteht ein regelmäßiger brieflicher Austausch, der uneingeschränkt von Zensur und eigener Zurückhaltung Einblicke gibt in den Alltag, in die Gedankenwelt, die vielen schwierigen und wenigen schönen Momente und Erlebnisse. Es ergibt das Bild eines Menschen, der unbeirrt seinen Weg geht, sich auch für seine Rechte einzusetzen weiß – und am Ende scheitert.

Marco Frank wird als Markus Ratzes, genannt Fränkl, im Jahr 1881 in Wien geboren. 1903 tritt er aus der Kultusgemeinde aus, lässt sich evangelisch taufen und ändert seinen Namen 1917 in Marco Frank. Eine völlige Abkehr von seiner

Herkunft. 1906 heiratet er nach evangelischem Ritus Barbara Sturm, genannt Bertha – ihre Ehe wird 55 Jahre dauern, mit vielen Höhen und Tiefen. In diesen Jahren – die Angaben divergieren zwischen 1905 und 1908 – kommt Marco Frank als Bratschist an die Volksoper und bleibt dieser mindestens 30 Jahre treu, wahrlich in guten wie in schlechten Zeiten, durch die das Haus gehen muss. Seine durchaus erfolgreiche Karriere als Komponist geht also Hand in Hand mit seiner Orchestertätigkeit, die ihm viel Erfahrung und Repertoirekenntnis bringt. Er komponiert unentwegt: neben den Opern auch moderne Tanzmusik, Schlager, kleine Klavierstücke und Kammermusik.

Woher kommt seine musikalische Bildung? Sein Werdegang ist eher unüblich: Zehnjährig übersiedelt er angeblich mit seiner Familie nach Neapel – eigenartigerweise kommen jedoch seine neun Geschwister in Wien auf die Welt. Jedenfalls studiert Marco Frank am Konservatorium in Neapel, wo auch seine erste Oper *Die drei Musketiere* aufgeführt wird – und eine weitere Geschichte besagt, dass der zufällig anwesende Jules Massenet so beeindruckt ist, dass er den 16-jährigen Jungkomponisten zwei Sommer lang in Paris unterrichtet. Ob es sich wirklich so zugetragen hat? Tatsache ist, dass Marco Frank bei Massenet studiert, in Florenz ein Streichquartett gründet und auf Tournee geht. Aus welcher Motivation heraus er wieder nach Wien zurückkehrt, bleibt im Dunkeln – die familiären Verbindungen sind wohl nach wie vor stark und intensiv.

Frank ist ein Konservativer – musikalisch und politisch. Zum ersten Todestag von Engelbert Dollfuß komponiert er in memoriam ein deutsches *Stabat Mater* mit sehr schwülstigem Text. Ein etabliertes Leben der 1930er-Jahre also, erfolgreich im Beruf, intakte Familie samt einem Sohn, geehrt von offiziellen Stellen, anerkannt von den Zeitungen. Seine Stimme wird gehört, er hat eine gewisse Position erreicht. Doch plötzlich bricht die Welt des 57-Jährigen zusammen. Er, der getaufte Jude, ist von einem Tag auf den anderen rechtlos, ohne Sicherheit, ohne Anerkennung, ohne Arbeit. Seine offensichtliche Sympathie für den Ständestaat trägt auch dazu bei – Marco und Bertha Frank müssen flüchten. Am 14. August 1939 treffen sie von Liverpool kommend in New York ein – in der Passagierliste wird Marco als »hebrew«, Bertha als »german« bezeichnet.

Sein Kollege und Freund Franz Ippisch befindet sich zu diesem Zeitpunkt bereits in Guatemala – Marco Franks Briefe an Ippisch geben einen tiefen Einblick in die Sorgen und den Alltag der nunmehrigen Emigranten.

»Wir sind also seit 15. August in New York und bis auf das englisch-amerikanische Englisch geht es uns ganz gut.« Dies berichtet Marco Frank am 25. November 1939 und macht den Freund mit den großen Unterschieden bekannt. »Wie ich schon in Wien vorausgeahnt habe, sind hier die Verhältnisse wesentlich anders als sie uns drüben geschildert wurden. Nur wer mit einer fixen Stelle behaftet einreist, wie es z. B. bei dir der Fall war, kann sich rascher und vor allem ruhiger orientieren und zurechtfinden. Ansonsten dauert hier alles mächtig lang. Man müsste die entsprechenden und tauglichen Verbindungen vorerst entrieren, was keineswegs einfach ist, und wenn dies geglückt ist, dauert es noch immer eine gute Weile, ehe die Herrschaften sich entschließen einzugreifen. Die Bequemlichkeit ist hier zur höchsten Potenz erhoben. Am unbeliebtesten machst du dich, wenn du diese Bequemlichkeit zu stören versuchst, gleichgültig ob die betreffende Person beschäftigt ist oder nicht. Gerade der letztere Fall ist gefährlich. Wehe wenn du zu jemandem kommst, der gerade nichts zu tun hat und seelenvergnügt auf seinem Diwan schlummert, wobei nicht selten der Tisch als Stützpunkt für die armen, sehr in Anspruch genommenen Füße dient. (Hier geht nämlich kein Mensch, der es sich halbwegs leisten kann, mehr als 10 Minuten im Tage zu Fuß.)«

Bertha Franks Briefe an das Ehepaar Ippisch zeigen die andere, die emotionale Seite: »Ich habe hier schon unzählige bittere Tränen vergossen, manchmal glaube ich, dieses Leben nicht mehr weiter leben zu können, dann hoffe ich doch wieder, dass wir uns alle und recht bald in Wien sehen werden.«[140]

Sich als ernster Komponist zu etablieren, ist schier unmöglich. »Für Ausländer, also Emigranten, gilt überhaupt nichts«, schreibt Frank am 10. April 1941 an Ippisch. »Die werden mit aller erdenklichen Liebenswürdigkeit, Versprechungen und angeblicher Anerkennung auf die kälteste Art boykottiert, mit Ausnahme eventuell derjenigen, die schon früher hier aufgeführt und somit bekannt waren. Am leichtesten haben es die sogenannten Schlagerkomponisten, denn auf diesem Gebiete wird enorm viel produziert, da ja auch enorm viele Aufführungs- und somit, für den Verleger, Absatzmöglichkeiten bestehen.« Dass Frank selbst in Wien auch Schlager komponiert hat und dies vielleicht zu seinem Nutzen einsetzen könnte, kommt ihm offenbar nicht in den Sinn – doch vielleicht fühlt er sich schlichtweg zu alt: 14 Tage nach diesem Brief feiert er seinen 60. Geburtstag, nicht hoch geehrt in Wien, sondern vergessen in New York.

Bertha macht sich Gedanken über das Schicksal der in Europa zurückgebliebenen Menschen: »Der Gedanke, was für Tränen fließen in Europa und was für unsägliche Leiden diese Menschen mitmachen, tröstet und stärkt mich wieder in dem Glauben, dass wir doch zu dem auserwählten Volke gehören, denen das Glück beschieden ist, noch andere Zeiten zu erleben.« Interessant, dass sich Bertha zum »auserwählten Volke« zählt, denn sie stammt aus einer katholischen Familie. Die Emigration hat offenbar eine Verschiebung des Zugehörigkeitsgefühls mit sich gebracht.

Bertha erhält sich und Marco durch mühevolle Heimarbeit, damit er Zeit, Ruhe und Möglichkeit hat zu komponieren – dies tut er auch, Erfolge und Anerkennungen lassen jedoch auf sich warten. »Mein Mann hat jetzt auch sehr wenig zu tun, es ist nur ein Vegetieren, hoffentlich kommt baldigst etwas zum Abschluß, Aussichten sind vorhanden, bevor ich nicht einen Vertrag sehe, glaube ich an nichts.«[141]

Der ungebremste Hass bricht aus Bertha immer wieder heraus: »Trotz alle dem ist unser fester Wille auszuharren, damit wir es erleben, diese Bestien verrecken zu sehen, die soviel Menschenleid am Gewissen haben.«[142] Und genau ein Jahr später, nach der Kapitulation Italiens, schreibt sie an Mitzi Ippisch: »Jetzt ist mein sehnlichster Wunsch, baldigst auch den anderen Bluthund verrecken zu sehen, damit die Menschheit in Frieden leben kann.«[143]

Nach dem Ende des Krieges planen Marco und Bertha Frank ihre Rückkehr nach Wien. Eigentlich wollen sie den Staatsvertragsabschluss abwarten, doch das dauert ihnen viel zu lange. »In allen Berufszweigen fehlt es an Menschen. Mein einziger Wunsch ist, dass mein Mann wieder ruhig und zufrieden schaffen kann. Du hast keine Ahnung, wie viele zurückgehen – wir kennen alle – alle warten den Winter ab. Hier ist keine Möglichkeit künstlerisch vorwärts zu kommen.« Und Bertha zeichnet ein erschreckendes Bild von den gesellschaftlichen Tendenzen, die sie verspürt. »Die Emigranten werden mit aller Gewalt an die Wand gedrückt – auch ist der Antisemitismus größer hier als er drüben war, du hast keine Ahnung – wenn es da zu etwas kommt, dann war das drüben ein Kinderspiel – es ist nur eine Frage der Zeit – lange wird es nicht mehr dauern.«[144]

Der Musikkritiker Max Graf, ein Wiener Freund aus New York, gehört zu den ersten Remigranten und berichtet Erfreuliches, auch über sich selbst: »Er sagt, in Wien ist er wieder ein Kulturmensch – hier war er ein Proleta-

Der Komponist Marco Frank

rier – so ist es in Wirklichkeit.«[145] Und in demselben Brief prägt Bertha das lakonische Resümee: »Die allermeisten sterben hier an Herzschlag.«

Also zurück nach Europa. Am 10. November 1948 ist es soweit, voller Vorfreude besteigen Marco und Bertha Frank das Schiff Richtung alter Heimat. Der erste Empfang in Wien erscheint herzlich und wertschätzend. »Mein Mann wurde mit allen Ehren auf das herzlichste empfangen – alle seine Wünsche werden erfüllt – und ich kann dich versichern, dass er das, was er in 9 bitteren Jahren nicht erreicht hat, hier in kaum 14 Tagen erreicht hat. Alle seine Werke kommen zur Aufführung, er hat gar keine Schwierigkeiten, überall wollen sie helfen und ihn fördern.« Diese erste Begeisterung Berthas, die sie Franz Ippisch am 14. Jänner 1949 glücklich mitteilt, weicht schon bald einer großen Ernüchterung. Denn niemand hat auf den Remigranten gewartet, im Gegenteil. Marco Frank ist mittlerweile 67 Jahre alt und will noch einmal durchstarten. Doch die Zeit hat ihn auch musikalisch

Franz Ippisch
in jungen Jahren

KAFFEE-RESTAURANT DANK
IX., WÄHRINGER GÜRTEL 104 A

überrollt. Bitter muss er erkennen, dass seine tonale Sprache von neuen, radikalen Strömungen abgelöst wurde. Die neuen Komponisten lehnen das Tonale nicht nur ab, sondern strafen die als altmodisch geltenden Künstler mit Verachtung. Marco Frank wird vertröstet – vom Bundeskanzler, von den Direktionen der Staats- und der Volksoper. Jeder verspricht, seine Werke auf den Spielplan zu setzen, allein, es bleibt bei unverbindlichen Aussagen. Marco Frank unterrichtet bis 1951 Bratsche am Wiener Konservatorium, dann zieht er sich 70-jährig zurück und lebt »als freier Komponist«. 1954 erhält er von der Gemeinde Wien einen Kompositionsauftrag für ein Kinderstück, doch beklagt er sich in allen Briefen über die ungerechte Behandlung, die aus seiner Sicht verfehlte Kulturpolitik, die mangelnde Wertschätzung für Komponisten.

Die Hoffnungen auf ein besseres Leben in Wien erfüllen sich nicht, die alten Kollegen und Freunde sind in die ganze Welt zerstreut. 1957 sperrt eine Institution aus längst vergangenen Zeiten an der Volksoper zu: das Café Dank. »10 Jahre waren die Amerikaner drinnen und nach dem Staatsvertrag im Jahre 1955 hat es der junge Dank an die Volksoper verkauft, die es als Filiale für Proben benützen. Eigentlich gehört die Volksoper zu den Staatstheatern, das Orchester ist sehr groß, lauter junge Musiker – keiner mehr da von den alten.«[146]

Eine Wiener Mischung. Franz Ippisch

Wie wird ein Wiener oberster Chef der Militärkapellen in Guatemala? Nicht freiwillig, das steht fest. Franz Ippisch, 1883 geboren und somit zwei Jahre jünger als Marco Frank, kann auf eine ähnliche Karriere wie dieser zurückblicken. 30 Jahre angesehener Solocellist im Orchester der Volksoper, Anerkennung als Komponist – trotzdem kommt es 1934 zu einem Karriereknick. Die wirtschaftliche Situation in Wien verschlechtert sich zusehends und so nimmt er eine Stelle als Militärkapellmeister in Salzburg an – für den weiteren Verlauf seines Lebens eine bedeutende Entscheidung. Aber das weiß er zu diesem Zeitpunkt noch nicht.

Zeitungsartikel erscheinen über ihn und seine Werke, so widmet ihm Elsa Bienenfeld am 1. September 1933 ein Porträt in der Zeitschrift *Radio-Wien* und lässt auch seinen Werdegang Revue passieren: »Zu Hause und in der Kirche übten und liebten die Ippisch-Kinder den Gesang. Wie die Orgelpfeifen standen sie jeden Sonntag im Kirchenchor. Während er in die Mittelschule ging, machte sich Franz ans Cello, suchte und versuchte so lange, bis er mit dem Bogen Töne aus Saiten ziehen konnte: so wurde er Cellist. Es drängte ihn zur Musik.« Bereits als Student, unter anderem des Komponisten Franz Schmidt, spielt er im Volksopernorchester und erhält eine fixe Anstellung. 1913 entsteht ein Violinkonzert, das fünf Jahre später, »im Jahre des Kriegsendes, zur Uraufführung gelangte, und zwar in einem jener ehrgeizigen Symphoniekonzerte der Volksoper, die der Kapellmeister Karl Auderieth leitete.« Die Volksoper nimmt sich ihrer talentierten Musiker an und ermöglicht ihnen, in der Öffentlichkeit auch in anderen Funktionen Bekanntheit zu erlangen.

»Mitten in einem der dunkelsten und kältesten Winter der Nachkriegszeit« stellt der Verlag Doblinger in Wien seinen geladenen Gästen neue

Franz Ippisch, 1933

Werke vor – darunter auch ein Streichquartett, geschrieben von Franz Ippisch. »Der Erfolg war überraschend. Die klare, wohlgebaute und wohlklingende Musik gefiel, berührte angenehm.« Und sie setzt sich von den vielen atonalen Werken ab, »an denen man sich übersättigt hatte«. So heißt es weiter im Artikel Elsa Bienenfelds, die zu den ersten großen Anhängerinnen Arnold Schönbergs zählt. Die Kammermusik liegt Ippisch besonders am Herzen, vom Duo bis zum Sextett erprobt er verschiedene Besetzungen, seine Werke finden sich auf den Programmen renommierter Ensembles wie dem Rosé-Quartett. Oftmals erklingen in denselben Konzerten auch Werke seines Volksopernkollegen Marco Frank, mit dem ihn eine innige Freundschaft verbindet.

Unermüdlich bringt er seine musikalischen Gedanken zu Papier, schreibt auch Symphonien und Lieder. »Man ist«, erklärt Ippisch, »oft in eigentümlichen Stimmungen, die zur Vertonung drängen. Hat man das Glück, an solchen Tagen und Stunden ein Gedicht zu finden, in dem, wenn auch nur beiläufig, die gleiche innere Stimmung in Worte gefaßt ist, so entsteht ein Lied.«

Im Jahre 1906 heiratet er Marianne Finkelstein, liebevoll Mitzi genannt, im Wiener Stadttempel, nach jüdischem Ritus. Franz stammt aus einer katholischen Familie, doch seiner Braut ist es wichtig, die Ehe nach ihrem Glauben zu schließen. Nur wenige Monate später tritt sie aus der Kultusgemeinde aus – das Thema des jüdischen Glaubens liegt hinter ihr. So glaubt sie jedenfalls.

Ein Jahr später kommt ihr Sohn Franz junior zur Welt, alles geht seinen Lauf, auch wenn der Sohn im Rückblick in seinen unveröffentlichten und nur zum Teil erhaltenen Lebenserinnerungen *Würfelspiel ums Leben* meint: »So war mein Vater reichlich unreif und immer fürchterlich eifersüchtig. Vielleicht gab meine Mutter zu diesen Eifersüchteleien auch Anlass; sie war sicherlich sehr sittlich, später hätte man dies mit ›sex-appeal‹ benannt, und ich glaube mich nicht zu irren, wenn ich mich erinnere, dass sie so mancher ihrer früheren Verehrer auch noch als verheiratete Frau besucht hatte.«[147] Dies tut der jungen Ehe keinen Abbruch, Franz arbeitet fleißig und verbringt so manchen Sommer mit seiner Familie in wechselnden Kurorten, wo er in diversen Kapellen als Cellist engagiert wird.

Selbstverständlich ist dem Sohn die Musik in die Wiege gelegt, er erinnert sich, erstmals als Fünfjähriger in der Volksoper *Hänsel und Gretel* gesehen zu haben. In diesem Jahr kommt er auch in den Kindergarten in der Döblinger Hofzeile: »Dies brachte mich zum ersten Male mit der Religion in Berührung, aber wir alle waren ja römisch-katholisch.«[148]

Das Jahr 1914 bringt große Veränderungen, der Erste Weltkrieg bricht aus und Franz Ippisch muss einrücken. Die Familie bangt, dass er sofort an die Front versetzt wird. »Mein Vater war weniger begeistert und es gab auch noch viele mehr, die die Situation mit dem nötigen Ernste beurteilten, aber der Patriotismus der Massen überwältigte alles und es war klüger, den Mund zu halten.«[149]

Es geschieht ein »typisch österreichisches Wunder«, denn der Kommandant des Regiments liebt Musik und beauftragt Ippisch, ein Streichquartett zusammenzustellen – diese Musiker gelten als kriegswichtig und werden daher nicht an die Front versetzt.

Um die Familie zu erhalten, arbeitet nicht nur die Mutter, sondern auch der junge Sohn. Ihn verschlägt es an die Volksoper, er tritt dank seines Kindersoprans in kleinen Rollen in Märchenspielen auf und erhält zwei Kronen Gehalt pro Vorstellung. »Die Volksoper war natürlich ebenso wie die anderen Theater stets in Betrieb, sie waren eben zur Erhaltung der Moral der Wiener Bevölkerung, aber auch für die sich auf Urlaub befindenden oder leichter verletzten Soldaten immer wichtig.«[150] Franz Ippisch wird aus dem Militärdienst entlassen und kehrt an die Volksoper zurück. Zu seinen Kollegen und Freunden zählen der Konzertmeister Fritz Brunner und »der ehrgeizige und später auch als Opernkomponist bekannte Bratschist Marco Frank«[151]. Ab 1938 befinden sich die drei Freunde auf drei verschiedenen Kontinenten.

Die Jahre vergehen, der Sohn macht die Musik nicht zu seinem Beruf, sondern wendet sich der Chemie und Pharmazie zu. 1936 lernt er Grete Beyer kennen und heiratet sie noch im selben Jahr – zuvor kommt es zu einer aufschlussreichen Unterhaltung, denn wie Franz' Mutter war auch Gretes Mutter vor ihrer Eheschließung jüdisch und ließ sich erst vor der Trauung taufen. Aber es gibt einen Unterschied: Franz wird nach seiner Geburt getauft, Grete lässt sich erst vor ihrer Eheschließung im Jahr 1936 taufen. Noch spielt dies keine Rolle, doch nach der Machtergreifung 1938 wird dieses Faktum lebensbedrohlich: Durch die nun in Kraft tretenden Nürnberger Rassegesetze gilt auch Franz plötzlich als jüdisch – die junge Familie muss das Land verlassen, ebenso wie die Eltern Franz und Marianne Ippisch. »Meine Mutter empfand sich als die ›Schuldige‹, wenn mein Vater nun ihretwegen seine so gut gewordene Stellung verlieren sollte.«[152]

Am 6. April 1938 richtet Franz Ippisch einen Brief an Adolf Hitler – wie viele andere in der trügerischen Hoffnung, dass dieser ein Einsehen mit dem Einzelschicksal hat. Weit gefehlt.

»Mein Führer! Verzeihen Sie, mein Führer, dass ich Sie in diesen Tagen der äußersten körperlichen und geistigen Anstrengungen mit einer Bitte überfalle. Meine bis jetzt aufgefundenen Dokumente bekunden, dass ich sowohl väterlicherseits als auch mütterlicherseits rein arischer Abstammung bin.« Und er erklärt den familiären Hintergrund: Der Vater stirbt 1904 – Franz steht gerade vor der Beendigung seines Studiums am Konservatorium. »Ich hätte diese Studien nicht vollenden können, wenn sich meiner damals nicht eine Wiener jüdische Kaufmannsfamilie angenommen, die, selbst nicht sehr begütert, mir die Vollendung meiner Musikstudien ermöglicht hätte. Die einzige Tochter dieser Familie wurde im Jahre 1906 meine Frau; wir wurden zuerst standesamtlich und dann nach dem Übertritt meiner Frau zur katholischen Kirche katholisch getraut. Seither ist meine Frau eine treue Gattin, ein ausgezeichneter Kamerad in allen schwierigen Lebenslagen geblieben und hat sich stets, abgesehen von dem Geburtsfehler der semitischen Abkunft, als brave deutsche Frau bewährt. Unserem 1907 geborenen Kinde, ein Sohn, war sie eine ausgezeichnete Mutter und hat ihn zu einem braven und tüchtigen Mann erzogen. Ich selbst war fast 30 Jahre Mitglied der Wiener Volksoper und Musiklehrer und habe mir als Komponist (ich habe bisher 2 Symphonien, gegen 30 Kammermusikwerke, gegen 100 Lieder und viele kleinere Kompositionen geschrieben) einen geachteten Namen erworben, der in jedem modernen Musiklexikon aufscheint. Nach den vielen Zusammenbrüchen der Volksoper gelang es mir im Jahre 1934, eine Militärkapellmeisterstelle in Salzburg zu bekommen.

Nun kam das große geschichtliche Ereignis des 11., 12. und 13. März dieses Jahres. Wie standen wir alle im Banne Ihrer großen und genialen Tat. Aber wie entsetzt waren wir, als die Tage des ersten Jubels vorüber waren und wir sehen mussten, dass zwar ich wahlberechtigt bin, aber meine Frau, gebrandmarkt und als minderwertig infolge ihrer jüdischen Abstammung, beiseitestehen muss und an dem großen historischen April nicht bekunden darf, wie sehr auch sie einverstanden ist mit dem geeinten Deutschland.

Als ich heute Ihre Rede hörte, in der Sie, mein Führer, sagten, dass Ihnen um die Stimme jedes Einzelnen zu tun ist, der mitarbeiten will an der Weiterentwicklung des von Ihnen geschaffenen neuen Reiches, da entschloss ich mich, mich Ihnen, mein Führer, dem großmütigen und edlen Menschen, zu Füßen zu werfen und Sie zu bitten:

Tilgen Sie die unverschuldete Schmach der jüdischen Abkunft meiner Frau, damit sie am 10. April mit abstimmen darf. Sie erlangen dadurch in meiner Frau und meinen Nachkommen treue und begeisterte Mitarbeiter, die Sie ihr Leben lang dafür segnen werden.

Bitte, mein Führer, sprechen Sie ein Machtwort, und Sie machen dadurch zum glücklichsten Menschen den Sie abgöttisch verehrenden Franz Ippisch.«[153]

Auf diesen Brief erhält er nie eine Antwort.

Ein Bekannter, Dr. Rudolf Kraus, war lange Jahre in Wien Konsul von Guatemala. Er informiert Franz Ippisch, dass man in Guatemala einen fähigen Musiker für diverse führende Positionen suche, er möge sich an den Staatspräsidenten direkt wenden. Und es funktioniert: Am

30. November 1938 verlassen Franz und Marianne Salzburg, am 9. Jänner 1939 verlassen sie Wien, um sich via Hamburg nach Guatemala einzuschiffen. Eine Reise ins Ungewisse, in ein Land, über das in Europa kaum etwas bekannt ist. Der Sohn samt Familie findet vorerst Zuflucht in Holland, die Eltern schreiben Briefe voller Verzweiflung, sie sind des Spanischen nicht mächtig und kämpfen mit den Gegebenheiten, den neuen Sitten und Gebräuchen – und der Geldnot. Rasch etabliert sich Franz Ippisch, bereits wenige Wochen nach seiner Ankunft fungiert er als Direktor der Polizeimusik und des Konservatoriumorchesters – die Versprechungen erfüllen sich. Die Kinder erreichen Guatemala am 20. Juni 1939 – die ganze Familie ist gerettet.

Die Karriere des Vaters geht steil bergauf, 1940 ist er bereits Generaldirektor aller guatemaltekischen Militärkapellen, seine Werke werden aufgeführt und er entwickelt sich zu einem Botschafter mitteleuropäischer Musik, speziell von Richard Strauss. Am 27. Februar 1943 schreibt sein alter Freund Marco Frank aus New York: »Auf deine musikalischen Arbeiten übergehend muss ich sagen, dass du da allerhand leistest. Nach Till und Don Juan auch noch die Domestica? Das ist starker Tobak. Ein Mensch, welcher so komplizierte Arbeiten gleichsam nur aus dem Ärmel schüttelt, muss oder sollte sich doch jünger als jung fühlen. Also Schluss mit dem alten Ippisch. Derselbe ist in Wien zurückgeblieben und der Neue ist gleich einem Phönix in Guatemala, in diesem Falle nicht aus der Asche, sondern dem Schiff entstiegen.«

Nicht nur das Publikum, auch die Orchestermusiker müssen sich erst auf den neuen, wohl etwas exotisch wirkenden Dirigenten einstellen, was Marco Frank anerkennend feststellt: »Recht erfreulich ist es zu hören, wie deine Musiker mit dir gehen! Deine Taktik, ihnen Unbekanntes und Ungewohntes nahe zu bringen, ist auch ganz ausgezeichnet. Bravo!«[154]

Franz Ippisch etabliert sich und bleibt auch nach dem Ende des Krieges in Guatemala, im Gegensatz zu seinem Freund Marco Frank, der nach Wien zurückkehrt und von dort aus den weiteren Lebensweg des alten Freundes mitverfolgt. In Wien geschieht ihm ein Missgeschick, er verliert sein Notizbuch mit allen Kontakten und Adressen – fünf Jahre dauert es, bis Marco Frank wieder an Franz Ippisch schreiben kann. 50 Jahre sind vergangen, seit sie sich im Orchester der Volksoper kennengelernt haben.

Der Konzertmeister und die Sopranistin. Fritz Brunner und Paula Bäck

Zu Franz Ippischs Kollegen und Freunden zählt der »Sologeiger, der fröhliche und bei Sängerinnen und Ballettmädchen so beliebte Fritz Brunner«.[155] Dieser wird 1890 in Wien geboren, wächst in einem spannenden Elternhaus auf, zählt sein Vater Armin Brunner[156] doch zu den renommiertesten Journalisten der *Neuen Freien Presse*, wo er lange Jahre das Polizeireferat leitet – die vielen Erlebnisse verarbeitet er in Kriminalromanen. Auch Theaterstücke und Novellen verfasst er, aber einer Leidenschaft geht er ganz besonders begeistert nach: Er betreut zwölf Jahre lang die Rätselseite der *Wiener Blätter* mit unglaublicher Phantasie und Liebe zu Wortspielereien. So ersinnt er gereimte Scharaden aller Arten, aber auch »Initialen-Tauschrätsel«, Kreuzworträtsel, Silben- und Buchstabenrätsel, ein »Astronomisches Figurenrätsel«, »Defizit-Rätsel« – und während des Ersten Weltkrieges auch »Kriegsfürsorge-Silbenrätsel«. Allein die Namen erfreuen schon die Leser. Am 17. November 1929 erscheint sein letztes »Weihnachts-Preisrätsel«, geschmückt von Kerzen und Tannenzweigen. Genau darüber gibt die Zeitung traurig den plötzlichen Tod Armin Brunners bekannt – er hat mit »Tausenden von Rätselfreunden durch seine wertvollen Schöpfungen den innigsten Kontakt aufrecht erhalten«.

In einem so wortgewaltigen Haus wächst Fritz mit mehreren Geschwistern auf – und es verwundert nicht, dass auch ihn die Lust am Rätsellösen nicht mehr loslässt: So scheint sein Name 1936 in der Zeitschrift *Der Morgen* unter den Gewinnern eines Preisausschreibens auf. Fünf Schilling erhält er.[157]

Mit 14 Jahren beginnt Fritz mit dem Geigenstudium am Konservatorium, 1907 wird er Schüler des großen Eugène Ysaÿe in Brüssel. Bereits ein Jahr später wird er Konzertmeister des Volksopernorchesters, dem er 30 Jahre verbunden bleibt. Seine Karriere geht stetig nach oben, neben der Tätigkeit im Orchester tritt er auch zunehmend kammermusikalisch und solistisch auf. Im Rahmen eines Symphoniekonzertes des Volksopernorchesters spielt er die Uraufführung des Violinkonzertes von Franz Ippisch und »verhalf mit seinem hochentwickelten Geigenspiel einem Kollegen zu einem vollen Erfolg«, meldet das *Neue 8 Uhr-Blatt* am 23. Mai 1918. »Mit Fritz Brunner, seinem Orchesterkollegen und glänzenden Interpreten, wurde Franz Ippisch oft gerufen«, ergänzt die *Neue Freie Presse*.

Der junge Geiger
Fritz Brunner

Paula Bäck
Fritz Brunner als Konzertmeister der Volksoper

Paula Bäck an der Volksoper

Die Volksoper verhilft Fritz Brunner auch zu seinem privaten Glück: 1932 heiratet er im Stadttempel die Sopranistin Paula Bäck, die bereits seit 1922 an der Volksoper engagiert ist. Als Undine in der gleichnamigen Oper von Albert Lortzing bekommt sie 1926 freundliche Kritiken. Ihr Mann tritt ebenfalls auf die Bühne, so 1927 in einer Konzerteinlage des zweiten Aktes der *Fledermaus* gemeinsam mit Hermann Leopoldi und dem Volksopernballett.[158] Paula nimmt wie ihre Kollegin Ada Hecht an einer Rumänien-Tournee der Volksoper im Herbst 1928 teil.

Auch im Radio sind beide oftmals zu hören, so spielt das Quartett Fritz Brunner ein Mittagskonzert mit Operettenschlagern, in einem anderen Konzert steht ein Werk seines Kollegen und Freundes Franz Ippisch auf dem Programm. »Fritz Brunner, ein tüchtiger, vorzüglicher Musiker, hat als Mitwirkender des Abends Beethoven und Chopin gespielt.«[159]

Wiener Akademie in Brüssel mit Fritz Brunner und Paula Bäck

1930 bekommen Fritz und Paula ihre Tochter Grete, alles fügt sich gut. Grete, die sich später Greta nennt, erinnert sich, sie habe die Eltern wenig zu Gesicht bekommen: »Am Abend waren sie in der Oper, am Nachmittag herrschte Ruhe, dann gingen sie ins Kaffeehaus und ich blieb bei meinem Kindermädchen.«[160] Gäste empfängt Familie Brunner selten zu Hause, aber jeder weiß, wo das Ehepaar zu finden ist: Täglich ab drei Uhr nachmittags im Café Kremser, wo Fritz Brunner begeistert Karten spielt, bis es Zeit ist, zur Vorstellung aufzubrechen.

Musik spielt im Leben der Familie die Hauptrolle, das Kind erhält jedoch keinen Musikunterricht: 1938 muss sie achtjährig die Schule verlassen und in eine Schule für jüdische Kinder gehen. Zwei Jahre zuvor sind Fritz und Paula aus der jüdischen Gemeinde ausgetreten, Religion spielt im Leben der Familie keine Rolle mehr. Nun flüchten sie nach Belgien – Fritz hat aus seiner Studienzeit noch Kontakte und spricht fließend Französisch. Greta erinnert sich »an unseren Flug nach Belgien im Jänner 1939 mitten in der Nacht, es lag Schnee, überall waren Patrouillen und wir hatten große Angst, erwischt zu werden!«.[161]

In Brüssel betätigen sie sich im Rahmen des *Cercle Culturel Autrichien,* ein Plakat vom 29. März 1939, das sich erhalten hat[162], weist die beiden als Mitwirkende einer »Wiener Akademie« auf. Das Publikum setzt sich aus anderen Emigranten zusammen – Kultur stellt die letzte Verbindung zum früheren Leben dar.

Dieses fragile »Glück« nimmt am 10. Mai 1940 ein abruptes Ende. Die Deutschen überfallen die Benelux-Länder, alle »deutschen« Männer werden als »verdächtige« Ausländer sofort verhaftet und in französische Internierungslager transportiert. Fritz wird von Frau und Kind getrennt, Marco und Bertha Frank in New York berichten Franz Ippisch in Guatemala entsetzt darüber: »Fritz Brunner soll in Gurs-Frankreich im Konzentrationslager ganz verkommen und verblödet sein, voller Läuse, er will sich weder waschen noch spricht er ein Wort, seine Geige hat man ihm weggenommen, seine Frau und Kind sind von den Nazis verschleppt worden, das alles hat ihn verzweifelt gemacht. Ein bekannter Redakteur, der mit ihm in Gurs war, und der seit 1½ Jahren hier ist, hat es uns erzählt.« Erst 1944 dringen diese Details zu den Freunden durch. Fritz' Tochter Greta gibt Einblick in die Geschehnisse: Die Männer wurden »unter skandalösen Umständen in Viehwagons, ohne Wasser und Nahrungsmittel, zwei Tage lang in französische Lager deportiert«[163].

Paula bleibt mit der 10-jährigen Grete allein in Brüssel zurück, ohne jegliche Verdienstmöglichkeit. Ein Bekannter, der seine Frau verloren hat, stellt Paula als Haushälterin ein, sie bleibt bis zum Ende des Krieges in seinem Haushalt, obwohl ihr Arbeitgeber ein aus Hamburg geflüchteter jüdischer Industrieller ist, dem offenbar nichts geschieht, wie sich Greta erinnert. Das Mädchen wird zwei Jahre lang in einem katholischen Internat versteckt, bei einem Besuch zu Hause muss sie miterleben, wie die Gestapo an die Tür klopft und ruft: »Wir wissen, dass Sie da sind, wir kommen wieder!« Dieses Erlebnis schildern auch die ehemaligen Nachbarn Frau van Lint und Fernand Ooghe in einer Erklärung vom 10. Februar 1960: »Während des Krieges, 1940 bis 1945 haben wir mit Frau Paula Brunner in demselben Haus, d.h. Avenue Emile Bossaert, Brüssel gewohnt. Wir waren

Zeuge, daß die Gestapo oft gekommen ist, um Frau Brunner aus ihrer Wohnung zu holen. Sie läutete unaufhörlich an der Haustür, die Tag und Nacht zugeschlossen war und die nur von innen automatisch geöffnet werden konnte. Oft läutete die Gestapo bei anderen Mitbewohnern, um sich zu überzeugen, ob Frau Brunner in ihrer Wohnung war. Sie erhielt von uns nur die Auskunft, dort zu klingeln, wo sie hin will. Es ist selbstverständlich, daß wir Frau Brunner geholfen haben, die sich verstecken mußte und daher ihre Wohnung nicht verlassen konnte. Wir haben ihr Nahrung und Lebensmittelkarten beschafft.«[164] Greta erinnert sich gut an die beiden Nachbarn, Frau van Lint wohnte in der Wohnung darunter, Herr Ooghe vis-à-vis, er war der Vater ihrer besten Freundin. »Ich wusste nicht, dass er sich unserer Situation und der Probleme mit den Lebensmittelkarten bewusst war«[165], schreibt sie.

Fritz Brunner entgeht der Deportation nach Auschwitz, da er dem Kind des Lagerkommandanten in Gurs Geigenunterricht gibt – im Gegenzug setzt ihn dieser nicht auf die Deportationsliste. 1946 kehrt Fritz wieder nach Brüssel zurück, sechs Jahre lang hat er seine Familie nicht gesehen. »Ich fand meinen Vater am Bahnhof in Brüssel wieder«, schreibt Greta, »und war furchtbar enttäuscht, dass er sich zuerst in die Arme meiner Mutter stürzte und nicht in meine. Als ich klein war, habe ich meinen Vater angebetet. Er war seinerseits enttäuscht, statt des kleinen Mädchens, das er verlassen hatte, ein Mädchen von 16 Jahren zu finden.«[166]

Auch die Freunde in Übersee nehmen Anteil, 1945 kann Marco Frank erleichtert aus New York nach Guatemala berichten: »Hingegen ist Fritz Brunner, wie mir sein hier lebender Bruder, der als Arzt tätig ist, mitteilte, aus all den Wirrnissen und Gefahren in Frankreich mit heiler Haut davongekommen. Er lebt irgendwo in einer größeren Stadt, hat ein kleines Orchester und spielt sich so recht und schlecht durch. Natürlich will er hierher kommen, aber das ist derzeit nicht möglich, und dann würde er vom Regen in die Traufe kommen, denn die Verhältnisse am hiesigen Musikermarkt sind nichts weniger als gut. Auch könnte er mit seiner Kunst keineswegs reüssieren, denn Geiger seiner Art laufen hier zu Dutzenden herum und finden kein anständiges Engagement.«

New York bleibt ihm also verschlossen, auch in Belgien findet er keine Arbeit. Daher entschließen sich Fritz und Paula im Jahr 1952, nach Wien zurückzukehren. Fritz ist glücklich, mit den Wiener Philharmonikern auf-

Fritz Brunner nach dem Krieg. Ein gebrochener Mann

treten zu können, obwohl er genau weiß, »dass die alten Nazis weiterhin im Orchester spielten, doch für ihn war nur die Musik wichtig«, schätzt seine Tochter Greta die Lage realistisch ein. Paula hingegen singt nie mehr wieder.

Fritz Brunner stirbt 1958 in Wien, 20 Jahre nach seiner Vertreibung aus dieser Stadt. Paula kehrt zu ihrer Tochter nach Brüssel zurück und überlebt ihren Mann um 20 Jahre. Greta Brunner-Staudt lebt heute in Brüssel. Bis zum August 2018 hat sich noch nie jemand für das Schicksal ihrer Eltern interessiert.

Botschafter der Moderne

Kompromisslos und streitbar. Hans Holewa

Den Eindruck, den Gustav Mahler auf mich machte, möchte ich eines Tages auf andere machen.«[167] Hans Holewa hat große Ziele. Als junger Musikstudent in Wien stehen ihm alle Türen offen in dieser Zeit des Aufbruchs. Seine musikalische Ausbildung beginnt gerade nach dem Ende des Ersten Weltkrieges. Gustav Mahler ist zu diesem Zeitpunkt zwar schon tot, aber es gibt seine Anhänger, die seine Musik weiter pflegen. Ein zweiter Komponist prägt Hans Holewa ebenfalls, ist es doch sein größter Wunsch, Schüler Alban Bergs zu werden. Zu seinem großen Glück akzeptiert Berg – aber knapp vor der ersten Unterrichtsstunde stirbt der verehrte Komponist. Eine der vielen Enttäuschungen, die Hans Holewa im Laufe seines Lebens erfährt.

Från tysk höst till tysk vår lautet der Titel eines Buches von Henrik Rosengren aus dem Jahr 2013. Darin porträtiert er fünf Musiker im schwedischen Exil, einer davon ist Hans Holewa[168]. Ich kontaktiere seinen Sohn Mikael und erhalte Informationen und Porträtfotos des Vaters – ein Charakterkopf in verschiedenen Lebensepochen, dem sein starker Wille anzumerken ist. Er hat es sich nie leicht gemacht – und auch die Umstände der Zeit haben das Ihre dazu beigetragen.

Hans Holewa wächst mit fünf Geschwistern in einer typischen Wiener Kaufmannsfamilie auf, seine Erziehung steht noch ganz im Geist der Habsburgermonarchie, jenseits jeglichen zerstörerischen Nationalismus, gegen den Holewa zeit seines Lebens laut und deutlich auftreten wird.

Im Privaten geht er konventionelle Wege: 1930 heiratet er im Stadttempel Alice Kapellner, sie stammt aus demselben sozialen Umfeld, beide begeistern sich für neue Denkmodelle – doch ohne die Eheschließung in der traditionellen Weise zu begehen, wollen sie ihr Leben nicht führen. Obwohl sie sich der Religion in keiner Weise verbunden fühlen, treten sie erst in den 1960er-Jahren in Schweden aus der Kultusgemeinde aus.

Hans Holewa

Hans Holewa bewegt sich in intellektuellen Kreisen Gleichgesinnter und beteiligt sich an der Herausgabe der *Literarischen Monatshefte. Eine Zeitschrift junger Menschen*. Diese erscheinen erstmals im September 1929, das Vorwort verfasst niemand Geringerer als Stefan Zweig: »Lassen Sie sich die allerherzlichsten Glückwünsche zu Ihrem Unternehmen sagen. Ich bin fest überzeugt, daß man den wahrhaft geistigen Zustand jeder Jugend und jeder neuen Generation nicht in den großen Tageszeitungen und nicht in den soziologischen Betrachtungen der Wissenschaft erkennt, sondern einzig in den kleinen Zeitschriften der Jugend, die durch Aufopferung geschaffen und durch Hingabe erhalten werden. Dadurch wird eine solche Zeitschrift nicht nur der Jugend selbst notwendig, sondern ebenso uns, die wir sie verstehen und ihr mit unserem lebendigsten Anteil nahe bleiben wollen. Herzlichen Glückwunsch also zu Ihrem Beginnen, Mut und Ausdauer und noch einmal Mut!«[169]

Die Betreiber dieser neuen Zeitschrift betonen, dass diese »von jungen Leuten im Alter von 18 bis 20 Jahren herausgegeben wird«. Friedrich Torberg schreibt in der Ausgabe 8/9 des Jahres 1932 über »Die junge Generation« – höchst amüsant, wie ein 24-Jähriger so tut, als ob 20-Jährige einer völlig anderen Generation angehören.

Die Ziele der Herausgeber sind hehr: Im »Kreise der Jugend« soll für gute Literatur geworben werden, da die Kultur eine bedeutende Rolle spielt »in unserer Zeit, in der Hast der Tagesforderungen, im Wirbel der Meinungen und Standpunkte.« Hans Holewa erweitert das literarische Angebot der Gruppe durch musikalische Themen. Das Vorrecht der Jugend besteht in Radikalität, die Moderne wird ebenso beschworen wie linke Ideologie, der Hans Holewa sein Leben lang verbunden bleibt – auch dies wird ihm in Schweden Probleme bereiten.

Holewa macht erste Karriereschritte als Korrepetitor an der Volksoper, im Verlassenschaftsakt seines Vaters Leiser Holewa, der 1933 stirbt, gibt er als Beruf »Klavierlehrer«[170] an. Er kann nur wenige Jahre an der Volksoper arbeiten, sein starkes politisches Engagement für die Sozialdemokratie steht ihm nach dem Jahr 1934 im Wege: die Sozialdemokratische Partei wird verboten. Im schwedischen Exil wird Holewa in einem Artikel porträtiert: »Er wurde in Wien geboren, war aber immer überzeugt, dass es keine Rolle spiele, wo man geboren ist. Er ist international eingestellt und verabscheut Wien. Wiens Kulturleben war von je her durch Freunderlwirtschaft vergiftet, der er sich entzogen hat. Er ist Individualist.«[171]

Trotz der Schwierigkeiten entschließt er sich erst im September 1937, Österreich zu verlassen und nach Schweden zu gehen. Dort existiert ein starkes sozialdemokratisches Netzwerk, das Zuflucht und Hilfe bietet. Aus dem Zentrum der Moderne kommt Hans Holewa also in ein vergleichsweise verschlafenes Stockholm und ist seiner Zeit weit voraus. Im Gepäck hat er Anton Weberns *Vier Stücke für Violine und Klavier op. 7*, die er gemeinsam mit dem Geiger Sven Karpe in privatem Rahmen aufführt – es soll noch 15 Jahre dauern, bis Weberns Musik in Schweden öffentlich gespielt wird.

Schweden hat den radikalen gesellschaftlichen und politischen Umbruch nach dem Ersten Weltkrieg nur am Rande miterlebt, dieser hat in vielen anderen europäischen Ländern auch eine Radikalisierung der Künste mit sich gebracht. Musik und Malerei gehen völlig neue Wege in einer Zeit der Verunsicherung und des gleichzeitigen Neubeginns. Eine ähnliche Situation entsteht nach dem Ende des Zweiten Weltkrieges. Wieder entwickeln sich völlig neue künstlerische Ausdrucksmöglichkeiten, gerade in der Musik kommt es zu fast unversöhnlich-feindselig geführten Kämpfen zwischen Traditionalisten und Modernisierern. Diese Atmosphäre des Gegeneinanders bekommt auch Marco Frank in Wien zu spüren – seine Art des Komponierens wird als altmodisch abgetan. Merkwürdigerweise passiert dies auch Hans Holewa in Schweden, obwohl er die Moderne ins Land gebracht hat. Mit seiner deutlichen Haltung bleibt er ein Außenseiter, sieht er doch Schweden nur als Zwischenstation und will wie so viele andere weiter nach Amerika. Die Begründung formuliert er deutlich und wenig diplomatisch: Schweden sei musikalisch unterentwickelt.[172] Diese Ansicht äußert er bei diversen Gelegenheiten, kein Wunder, dass ihm die schwedischen Musikschaffenden reserviert gegenüberstehen. Er macht es sich eben nicht leicht.

1944 formiert sich die sogenannte Montagsgruppe in Stockholm rund um den Komponisten Karl-Birger Blomdahl. Musikalische Entwicklungen werden diskutiert, der Weg führt in die Moderne – einige Jahrzehnte später als in Wien und Berlin. Hans Holewa nimmt nur sehr selten daran teil, ihn schreckt die Radikalität dieser Gruppe ab.

Das schwedische Musikleben unterscheidet sich komplett vom mitteleuropäischen, denn der intellektuelle Hochmut der Vertreter der radikalen Moderne gegenüber tonaler, ja sogar populärer Musik greift in Schweden nur in sehr geringem Umfang. Hans Holewa landet also tatsächlich in einer völlig anders ausgerichteten Gesellschaft, in der die Trennlinie zwischen sogenannter U- und E-Musik nicht mit derselben Verbissenheit ausgefochten wird wie in Mitteleuropa. Tonale Werke werden nach 1945 nicht als rückständig und reaktionär betrachtet, sondern mit Ruhe und Gelassenheit als Teil der Musikentwicklung angesehen. Für einen Komponisten aus Österreich, der genau diese Akzeptanz »tonaler Musik« ablehnt, kann dies nur in die Isolation führen. Es gelingt ihm nicht einmal, das Interesse für Mahler zu wecken – und dieser entspricht in vielen Aspekten der spätromantischen Tradition.

Hans Holewa ist es ein Anliegen, die österreichische Kultur in Schweden bekannt zu machen, von Anfang an liegt ihm die Verbreitung der Zweiten Wiener Schule besonders am Herzen – die Zwölftonmusik ist für ihn ein Symbol für antinazistisches Engagement und bekommt so auch eine politische Komponente. 1949 führt er Arnold Schönbergs *Das Buch der hängenden Gärten* in einer Klavierfassung auf, sein Lebenskomponist bleibt jedoch Alban Berg.

Seine Tätigkeit in Schweden erstreckt sich vom anfänglichen Leben als Klavierlehrer bis zum Notenschreiber in der Musikbibliothek des schwedischen Radios – für Einwanderer bleibt es schwierig, adäquate Posten zu erhalten, diese bleiben in den meisten Fällen gebürtigen Schweden vorbehalten. Hans Holewa ist von Anfang an verdächtig. In seiner ersten Registrierung im

Hans Holewa in späteren Jahren

Jahr 1938 werden folgende Angaben aufgezeichnet: »Verheiratet. ›Komponist‹. Wohnt Kinnekullevägen 22 in Traneberg. Schreibt Notizen für Rosenberg. Jude.« Warum steht Komponist unter Anführungszeichen? Meinen die schwedischen Behörden, dass dies nur eine Deckidentität für einen politischen Agitator ist? Die schwedische Sicherheitspolizei behält ihn auf dem Radar, denn Ausländer mit betont linker Einstellung gelten als gefährlich.

Der Argwohn der schwedischen Behörden kostet Hans Holewas Bruder Erich das Leben. Er, der das vermeintlich sichere Schweden glücklich erreicht hat, wird am 29. September 1938 ausgewiesen, nicht einmal die Anwesenheit seines Bruders kann helfen. Erich wird 1942 aus dem französischen Lager Drancy nach Auschwitz deportiert. Er ist nicht der einzige von Hans' Geschwistern, der in den Vernichtungslagern sein Ende gefunden hat. Auch seine Schwester Erna kann nicht entkommen und wird 1942 in Minsk ermordet.

Noch 1975 weht Hans Holewa ein fremdenfeindlicher Wind entgegen. Der Musikkritiker Lars af Malmborg greift ihn direkt und aggressiv an – und zwar wegen eines Librettos, das Holewa verfasst hat und dessen sprachliche Qualität von Malmborg angezweifelt wird – 37 Jahre ist er zu diesem Zeitpunkt bereits in Schweden. »Ich finde, dass Holewa seinem neuen Land gegenüber Respekt zeigen könnte, indem er mit einem schwedischen Schriftsteller zusammenarbeitet, der weiß, wie man die schwedische Sprache verwendet.«[173] Holewa kontert pointiert: »Ich lebe hier seit fast 40 Jahren und habe schon lange nicht mehr das Gefühl, in einem ›neuen Land‹ zu leben.« Was für ein trauriges Resümee.

»Ein Empfinden tiefster allumfassender Sympathie ...« Heinrich Jalowetz

Bei meinem Besuch in Greensboro, North Carolina, lesen meine Gastgeber die Liste der in diesem Buch beschriebenen Personen und fragen entgeistert, wieso jemand ausgerechnet in Black Mountain, North Carolina, stirbt, 300 Kilometer westlich in den Appalachen gelegen. Die Frage führt zu einem College, das Treffpunkt vieler Intellektueller ist.[174] Die Beschreibungen klingen idyllisch: eine alte Holzvilla in den Wäldern, ein See mit dem bezeichnenden Namen Eden, ein Kollektiv aus Lehrern und Schülern, die im Zusammenleben lernen, Gemüse anpflanzen, schwimmen, gemeinsam kochen und essen. Der Komponist John Cage, der hier in den 1940er-Jahren unterrichtet, erinnert sich, dass in seine Vorlesungen keine Studenten kamen. »Aber ich saß dreimal am Tag an einem Tisch, an dem es Konversation gab. Diese Mahlzeiten waren die Klasse. Und es kamen Ideen dabei heraus.«[175]

Der unkonventionelle Altphilologe Andrew Rice eckt im amerikanischen College-System an und beschließt 1933, sein eigenes College zu gründen. Gemeinsam mit einigen Mitstreitern und Studenten findet er in Black Mountain den geeigneten abgelegenen Ort, um im Kollektiv neue Ideen zu entwickeln, jenseits von starren inhaltlichen Abgrenzungen. Eine Kunstschule entsteht, in der auch Naturwissenschaften einen selbstverständlichen Stellenwert einnehmen. Sein Kollege Theodore Dreier kontaktiert den renommierten Bauhaus-Künstler Josef Albers und verhilft ihm so zur Flucht aus Deutschland. Black Mountain entwickelt sich zu einer Anlaufstelle der künstlerischen Avantgarde, die in Deutschland und später auch in Österreich nicht mehr erwünscht ist.

Zu ihr zählt auch Heinrich Jalowetz, der am 27. Jänner 1939, von Rotterdam kommend, 57-jährig mit seiner Frau Johanna in New York eintrifft und sieben Jahre, bis zu seinem Tode im Jahr 1946, am Black Mountain College unterrichtet, ebenso wie seine Frau. Jalowetz zählt zur ersten Generation der Schüler Arnold Schönbergs und gehört gemeinsam mit Anton Webern, Alban Berg, Erwin Stein und Karl Horwitz dem engsten Kreis des Komponisten an. Schönberg setzt sich 1938 auch sehr dafür ein, dass sein Schüler Jalowetz aus Europa flüchten kann, und bittet Herbert Graf, der bereits an der Metropolitan Opera arbeitet, um Unterstützung: »Unter den vielen

Heinrich Jalowetz beim Unterricht

betroffenen aus Wien, befindet sich auch mein ehemaliger Schüler, mein Freund Dr. Heinrich Jalowetz. Jetzt ist eben seine Saison in Reichenberg abgelaufen, wo er alleiniger Opernchef war (2 Jahre lang) und er bezweifelt, dass der Direktor das Theater nächstes Jahr noch haben kann. Jedenfalls wird er den Nazis nicht genehm sein. Ich wäre Ihnen dankbar, wenn Sie etwas tun oder raten können. Wir müssen einander helfen in dieser Zeit. Man hört so grässliches aus Wien.«[176]

1908 heiratet Heinrich Jalowetz die Sängerin Johanna Groag, deren Bruder Jacques als Schüler von Adolf Loos zu einem renommierten Architekten der Moderne wird. Die Familie ist nicht unvermögend, sie besitzt eine Malzfabrik in Olmütz. Johanna studiert Gesang bei der gefeierten Marie Gutheil-Schoder, als Sängerin tritt sie selbst kaum auf.

Mit Anton Webern verbindet Heinrich Jalowetz eine innige Freundschaft: Auf ihrer Tour durch die Theaterwelt nehmen sie meist Engagements am selben Theater an, ihre Familien leben oft im selben Haus – 300 Briefe von Anton Webern an Heinrich Jalowetz sind erhalten und geben Gelegenheit, diese Freundschaft ein wenig von innen zu betrachten. Der Ton der Briefe ist vertraut, wie gesprochen, und es erstaunt, wie unverblümt Webern über Gefühle schreibt: »Warum antwortest Du mir nicht? Das ist nicht schön von Dir. In dem Briefe stehen doch wirklich Sachen, auf die Du antworten könntest! Warum thust Du es nicht? Es kränkt mich doch. Gar zu viel Wärme umgibt einen ja wohl nicht. Wie aber wenn sie auch dort ausbleibt wo man sie bestimmt erwartet. Mein Lieber, ich bin Dir nicht bös. Bestimmt nicht. Es schmerzt mich nur.«[177] Was für ein Zeichen innigster Freundschaft in einem an Hofmannsthal erinnernden, etwas schwülstigen Stil.

Webern und Jalowetz lernen einander bereits während des Studiums der Musikwissenschaft bei dem legendären Guido Adler kennen, gemeinsam studieren sie auch bei Arnold Schönberg und bleiben ihrem Lehrer ihr Leben lang freundschaftlich verbunden. Die Sommer verbringen Lehrer und Schüler oftmals gemeinsam, im Salzkammergut ebenso wie an der Ostsee. Die Lebenswege von Jalowetz und Webern verlaufen parallel, sie haben sogar am gleichen Tag, dem 3. Dezember, Geburtstag, Webern ist ein Jahr älter. 1908 promovieren sie beide und machen erste Schritte ins Berufsleben. Heinrich Jalowetz hat Glück und bekommt sofort einen Posten als Chordirektor an der Volksoper, und nach ein paar weiteren Stationen wird er 1910 als Zweiter Kapellmeister ans Stadttheater Danzig engagiert. Zugleich kommt auch Webern nach Danzig, als Kapellmeister-Assistent – beide Musiker haben in der Zwischenzeit geheiratet, die jungen Familien leben »in enger räumlicher Nähe«[178]. Ein Jahr später kündigt Webern und bekommt ein Engagement in Stettin als Kapellmeister. Es verwundert nicht, dass ihm Jalowetz 1912 dorthin in ebendieser Funktion nachkommt – die Familien wohnen sogar im selben Haus. Der Ausbruch des Ersten Weltkrieges legt erstmals einen Schatten über diese Freundschaft, verfällt Webern doch in die herrschende Kriegseuphorie, der Jalowetz überhaupt nichts abgewinnen kann. Jalowetz hat Glück und muss nicht einrücken, aber die wirtschaftliche Lage verschlechtert sich und er sieht sich nach einer neuen, besser bezahlten Stelle um, die er als Zweiter Kapellmeister am Deutschen Theater in Prag 1916 findet. Dessen Direktor heißt Alexander von Zemlinsky, die Wiener Künstler helfen einander. Ein Jahr später stößt auch

Anton Webern dazu – die Freunde sind wieder vereint und erleben das Kriegsende in Prag. Dann trennen sich ihre Wege einmal mehr: Jalowetz bleibt in Prag, Webern geht nach Wien, wohin ihm Jalowetz 1923 folgt. Der Kontakt bricht in der Zwischenzeit nicht ab, gegenseitige Besuche erfolgen, so auch 1920: »Ich habe mich wieder so wohl gefühlt in Deinem Haus, so vertraut mit allem und ich muß Dir sagen, daß sich mein Gefühl tiefster Freundschaft, das ich seit je her für Dich habe, in diesen Tagen des Wiedersehns nach langer Trennung, wieder um ein ganz Bedeutendes bereichert hat, daß wir zwei nun noch viel tiefer verbunden sind, daß wenn ich an Dich denke, mich ein Empfinden tiefster allumfassender Sympathie überwältigt.«[179]

1924 engagiert Fritz Stiedry, der neue musikalische Leiter der Volksoper, Heinrich Jalowetz an sein Haus – keine einfache Phase nach fünf Jahren Direktion Felix Weingartners. Eine von Stiedrys ersten Produktionen gilt der Uraufführung von Arnold Schönbergs Oper *Die glückliche Hand*, die er als Direktor des Hauses selbst dirigiert. Da das Werk nicht abendfüllend ist,

Arnold Schönberg erklärt Fritz Stiedry *Die glückliche Hand*, 1924

kommt im zweiten Teil Franz Schuberts *Der häusliche Krieg* zur Aufführung, dirigiert von Heinrich Jalowetz. Eine unglückliche Kombination, stehen doch alle Kräfte des Hauses für die Uraufführung im Einsatz, für Schubert bleiben wenige Kapazitäten übrig. Jalowetz muss sich mit einer eher durchwachsenen Kritik begnügen: Er »mag ein tüchtiger Dirigent sein«, schreibt die *Neue Freie Presse* am 16. Oktober. »Seine Bewegungen sind lebendig und ausdrucksvoll, aber er souffliert Worte statt Geist und trotz scheinbaren Temperaments kommt er mit seinen Zeitmaßen nicht recht vorwärts. Mag sein, daß ihm zu wenig Zeit zum Probieren übrig blieb.«

Fritz Stiedrys Direktion verläuft wenig erfolgreich, da es ihm nicht gelingt, genügend Geldgeber aufzutreiben. Die Orchestermusiker fordern tägliche Bezahlung, Kapellmeister Jalowetz wartet monatelang auf seine Gage – eine unlösbare Situation: Stiedry muss seine erste Saison vorzeitig beenden, Heinrich Jalowetz verliert seinen Posten und nimmt einen neuen als Erster Kapellmeister der Städtischen Bühnen Köln an. Dies bedeutet wieder eine lange Zeit der räumlichen Trennung von Anton Webern, die innere Verbundenheit bleibt bestehen. Spätestens 1933 tritt eine langsam spürbare Entfremdung ein, denn Webern erwärmt sich anfänglich für die Ideen des Nationalsozialismus. Trotzdem: Auf musikalischer Ebene ändert sich nichts an Jalowetz' Engagement für Weberns Werke.

Auch in Köln führt Familie Jalowetz ein gastfreundliches Haus, wie der Kölner Unternehmer Hans Ornstein schildert: »Nach Tisch, beim schwarzen Kaffee im Salon änderte sich der Ton. Ob es sich um Schönberg, Webern, Berg, um Krenek oder Bartók handelte, um Coopers Lederstrumpf, Freud oder Andersens Märchen, die universelle Bildung der Gesprächspartner, die leidenschaftliche Beteiligung jedes einzelnen an allen geistigen Manifestationen schaffte eine Atmosphäre, die mich stets aufs neue beglückte.«[180] Der erwähnte Ernst Krenek kommt 1927 nach Köln zur Premiere seiner Oper *Jonny spielt auf* und verkehrt ebenfalls im Hause des Dirigenten: »Unmittelbare Zuneigung und Freundschaft entstand zu Heinrich Jalowetz. Es ist schwer vorstellbar, daß jemand diesen reizenden, völlig konfusen und warmherzigen Kerl nicht hätte sympathisch finden können.«[181]

Dies finden die Kölner offenbar auch – bis 1933. Der »Makel« der jüdischen Geburt überdeckt jede Warmherzigkeit: Familie Jalowetz muss Deutschland verlassen und kehrt nach Wien zurück, wo die Aussichten alles andere als rosig sind. Sie finden Unterschlupf bei Eduard Jalowetz,

Der »reizende Kerl«
Heinrich Jalowetz

Heinrichs Onkel und Vormund – bereits mit 14 Jahren hat Heinrich den Vater verloren.

Die Situation gestaltet sich schwierig, heftige Diskussionen über Zukunftsaussichten folgen. Arnold Schönberg meint am 19. August 1933 in einem emotionalen Brief aus Paris an Heinrich Jalowetz: »Der Jude in der Diaspora benimmt sich wie ein geprügeltes Tier: Er umschmeichelt seinen Feind, will dessen Feindschaft nicht glauben und unterdrückt in sich selbst alle Feindschaft. Das muss anders werden!«[182]

Heinrich und Johanna Jalowetz befinden sich im März 1938 in Reichenberg, wo Heinrich am Theater tätig ist. Ihre Tochter Trude, die bereits seit 1933 in Holland lebt, schreibt am 14. März an die Eltern: »Wie sehr muß sich Vater kränken; der jetzt zum zweiten Mal abgeschlossen wird von vielem, was ihm teuer war.«[183] Seine zweite Tochter Lisa besucht am 11. März eine Aufführung im Wiener Burgtheater und muss miterleben, dass der gefeierte Werner Krauss beim Schlussapplaus den Arm zum Hitlergruß erhebt[184] – Ähnliches erzählt auch Hugo Wiener aus der Volksoper.

Der Dirigent Heinrich Jalowetz

Die Situation in der Tschechoslowakei spitzt sich zu, Heinrich und Johanna übersiedeln nach Prag mit dem Plan, nach Nordamerika zu gehen. Und sie begeben sich gen Westen, zu ihrer Tochter Trude nach Holland, wo sie gemeinsam Weihnachten 1938 verbringen. Ein Brief ihrer Kölner Freunde Erdmann lässt die innigen Gefühle jenseits aller rassistischen Nazi-Kategorien erahnen: »Lebt wohl, meine lieben, lieben Freunde!«, schreibt Irene Erdmann am 4. Jänner 1939. »Der Gedanke, dass Ihr so weit fortgeht, liegt als schwere Last auf meinem Herzen, und daß es immer unwahrscheinlicher wird, Euch wiederzusehen, ist eine stille Verzweiflung.«[185] Genau dies wird sich bewahrheiten. Auch Anton Webern wird Heinrich Jalowetz nie wiedersehen. Am 2. November 1945 schreibt Arnold Schönberg seinem ehemaligen Schüler Jalowetz: »Ich bin sehr entsetzt über unsern armen Webern. Das ist wohl sehr traurig, knapp vor einem wohlverdienten, sorgenfreien und ehrenvollen Lebensabend durch eine solche Bestie um alles betrogen zu werden!«[186] Aus einem Missverständnis heraus wird Anton Webern am 15. September 1945 in Mittersill von einem amerikanischen Soldaten erschossen. Auch im Tod bleiben die beiden Freunde verbunden: Knapp vier Monate später stirbt Heinrich Jalowetz am 2. Februar 1946 in Black Mountain an Herzversagen. Wie schrieb Bertha Frank: »Die allermeisten sterben hier an Herzschlag.«

Erfolgreich in der Neuen Welt

»Der Dirigent verschwindet, nur die Musik bleibt«. Fritz Stiedry

Der seit mehreren Jahren in Amerika tätige Dirigent Fritz Stiedry wurde vor einiger Zeit von Ministerialrat Dr. Egon Hilbert eingeladen, nach Österreich zurückzukehren und künstlerische Aufgaben auch im Rahmen der Bundestheater zu übernehmen«, berichtet der *Wiener Kurier* am 14. Juni 1946.

13 Jahre zuvor, am 16. März 1933, schreibt die Zeitung *Freie Stimmen*: »In Berlin wurde den Kapellmeistern Dr. Fritz Stiedry und Paul Breisach verboten, das Gebäude der städtischen Oper zu betreten.« Am 30. Juni 1946 wiederum berichtet Max Graf aus New York für die Zeitung *Neues Österreich*: »Doktor Stiedry und Breisach gehören zum Dirigentenstab der Metropolitan. Von den Dirigenten der Volksoper dirigieren Fritz Fall im Süden, Walter Herbert im Osten des großen Landes.« Stiedry und Breisach haben in den USA reüssiert. Warum sollten sie in das ausgebombte, besetzte, nicht freie, sondern zur Provinz degradierte Wien zurückkehren?

Zwei Wochen nach der Machtübernahme durch die Nationalsozialisten in Deutschland dirigiert Fritz Stiedry am 12. Februar 1933 Richard Wagners *Der fliegende Holländer* an der Städtischen Oper Berlin, der *Völkische Beobachter* berichtet in hymnischen Worten über diese Vorstellung, die direkt im Radio übertragen wird und auch in Österreich zu hören ist. Knapp danach muss Stiedry Berlin verlassen – ein Zeitungsartikel, geschrieben wesentlich später in Amerika von César Saerchinger, gibt die Details wieder: »Goering, Goebbels, and other Nazi bigshots sat behind him in menacing silence throughout a demonstrative storm of applause.« Ob sich dies wirklich so zugetragen hat? Die Folgen wirken realistischer: »Shortly after, a squad of SS men stomped into the theatre and literally removed Ebert and Stiedry from their offices – by the scruff of their necks.«[187] In Wien würde man sagen: am Krawattl gepackt. Fritz Stiedry lässt alles zurück, vor allem seine 5000 Bücher umfassende Bibliothek, und nimmt den ersten Zug nach Wien.

Wer war dieser Fritz Stiedry, der zuerst solche Begeisterung und dann solchen Hass auslöst? Großbürgerliche Kindheit im Umfeld der Rothschilds mit standesgemäßer Sommerfrische in Bad Ischl, Jus- und Musikstudium zur selben Zeit, »learning by listening« auf dem Galeriestehplatz der Wiener Staatsoper, Assistent von Gustav Mahler und auch Teil von dessen Freundeskreis. Eine sich großartig entwickelnde Karriere führt Stiedry an böhmische, polnische und deutsche Opernhäuser, bis er, von Mahler empfohlen, in Dresden bei Ernst von Schuch, einem der besten Operndirigenten seiner Zeit, landet. Die nächste Stufe erreicht Stiedry als Nachfolger von Leo Blech am königlichen Opernhaus Berlin – wir schreiben das Jahr 1914.

Zwei Themen treiben Stiedry an: die Opern Mozarts und die Kantaten Bachs. »Mozarts gesammelte Werke wurden Zeit seines Lebens sein Neues Testament, die von Bach sein Altes Testament.« Neben diesen Göttern gibt es auch noch andere: Wagner und Verdi, deren Gegensatz die Musikwelt der 1920er-Jahre bewegt. Verdi gilt in Deutschland als der Anti-Wagner, Franz Werfel, der gefeierte Schriftsteller, widmet Verdi im Jahr 1924 einen Roman: *Verdi. Roman der Oper* betitelt Werfel seine erfolgreiche Hommage an den Komponisten. Als musikalischen Korrektor zieht er Fritz Stiedry hinzu – über Alma Mahler-Werfel sind die beiden miteinander bekannt. Stiedry kann sich der Faszination nicht entziehen und liest mit großem Interesse Verdis Briefe. Diesem Komponisten muss er eine Bühne bieten – was für ein Glück, dass er gerade in diesem Jahr zum Direktor der Volksoper bestellt wird. Er hat große Pläne: Verdis selten gespielte Werke müssen bekannt gemacht werden, in neuer Übersetzung durch Franz Werfel selbst und in dramaturgischer Bearbeitung durch Fritz Stiedry.

Die finanziellen Schwierigkeiten holen ihn viel zu rasch auf den Boden der schnöden Realität zurück – sein großartiges Projekt kann er an diesem Haus nicht verwirklichen, trotz jeglicher gesellschaftlicher Hilfe, die Alma Mahler-Werfel eigentlich garantiert. Franz Werfel erzählt am 24. November 1924 in der *Bühne* von den gemeinsamen Plänen: »Was die Übersetzungen anlangt, so möchte ich weniger das Wort des Textes als das Gefühl der Musik ins Deutsche übertragen.«[188] Als erste Produktion plant das Duo *La forza del destino* – der deutsche Titel soll *Die Gewalt des Schicksals* lauten.

Fritz Stiedry auf der Suche nach dem Notausgang, 1924

An der Volksoper kann dieses Vorhaben nicht verwirklicht werden, doch das Interesse der deutschen Opernhäuser zeigt die Bedeutung dieser Idee: 43 Theater wollen dieses Werk spielen. Werfels Fassung von *La forza del destino* kommt 1926 an der Dresdner Semperoper unter der Leitung Fritz Buschs heraus – Busch und Stiedry werden einander wenige Jahre später an der Metropolitan Opera wieder begegnen. Die Verdi-Renaissance, die in Deutschland ausgelöst wird, endet nach der Machtergreifung durch die Nationalsozialisten nicht, der Name des Übersetzers scheint auf den Programmankündigungen nicht mehr auf. Die beiden musikalischen Wegbereiter müssen Deutschland 1933 verlassen. Stiedry ist zu diesem Zeitpunkt bereits seit vier Jahren als Nachfolger von Bruno Walter Chefdirigent der Städtischen Oper Berlin, nun eröffnet sich eine neue Chance: Er geht als künstlerischer Leiter zu den Leningrader Philharmonikern mit einer Gage in US-Dollar. Wieso gerade dorthin?

Nach der kurzen Episode an der Volksoper nimmt Stiedry verschiedene Engagements an und reist siebenmal in die Sowjetunion, um Orchester in Leningrad, Moskau, Kiew und anderen Städten zu dirigieren – westliche Musiker sind in diesen Jahren willkommen, noch herrscht eine aufgeschlossene und intellektuelle Atmosphäre. Auf seiner ersten Reise in die Sowjetunion 1925 besuchen ihn zwei junge Musiker im Künstlerzimmer und fragen, wie er denn zu Anton Bruckner stehe. Die Antwort gefällt, und Stiedry wird in die offenbar etwas esoterisch angehauchte Bruckner- und Mahler-Gesellschaft in Leningrad eingeführt. Einer der beiden jungen Musiker heißt Dmitri Schostakowitsch, dessen erstes Klavierkonzert Fritz Stiedry in Leningrad 1933 uraufführen wird. Noch hat der Dirigent alle Freiheiten, Werke nach seinem Gutdünken auf das Programm zu setzen: Von Johann Sebastian Bachs *Johannespassion* – der ersten Aufführung seit der Revolution 1917 – bis zu Arnold Schönberg spielt Stiedry, was ihm lieb und teuer ist, unbegrenzte Proben stehen ihm zur Verfügung, Geld spielt offenbar keine Rolle. Auch ideologisch werden ihm keine Grenzen gesetzt, *Falstaff* geht ebenso über die Leningrader und Moskauer Bühnen wie *Die Entführung aus dem Serail* oder *Die verkaufte Braut* – keine typisch marxistischen Stücke.

Dann folgt das Jahr 1936, das die russische Musiklandschaft komplett verändert: An Dmitri Schostakowitsch wird ein Exempel statuiert, um die gesamte russische Avantgardekunst auszulöschen. Im Jahr 1934 wurde seine Oper *Lady Macbeth von Mzensk* uraufgeführt, ein großer internationaler Erfolg. Stalin selbst besucht im Jänner 1936 eine Aufführung in Moskau, die Folge ist der berühmte *Prawda*-Artikel *Chaos statt Musik*, der Schostakowitschs Musik und somit die gesamte Avantgarde verurteilt und den Komponisten selbst zum Volksfeind abstempelt. Seine Musik sei »*grob, primitiv und vulgär*« und werde vor allem von der »*ausländischen Bourgeoisie*« geschätzt – die internationalen Erfolge werden ins Gegenteil umgemünzt.

Fritz Stiedry probiert in diesen Monaten gerade Schostakowitschs vierte Symphonie, die Uraufführung findet nicht mehr statt, der politische Druck nimmt zu. Eine Saison bleibt der Dirigent noch in der Sowjetunion, im Herbst 1937, nach seinem Sommeraufenthalt in Bad Ischl, kehrt er nicht mehr dorthin zurück.

Er wendet sich nach Westen: Am 4. Februar 1938 trifft er, von Le Havre kommend, in New York ein. Der 55-jährige Künstler muss sich ein weiteres

Fritz Stiedry bei der Probe an der Metropolitan Opera. Foto von Sedge LeBlang

Mal neu orientieren. Und dies gestaltet sich alles andere als einfach, wie er Arnold Schönberg in einem Brief vom 24. Dezember 1939 schildert. »Ich bin, was mich anlangt, ziemlich pessimistisch. Wir leben sehr einfach; gleichwohl habe ich grosse Sorgen, ob wir in diesem Jahr finanziell durchkommen werden. Dabei kann ich mich über sogenannten Erfolg nicht beklagen, bin aber vollkommen seitwärts der tonangebenden Clique, zu alt, um bei den gewissen alten Damen Honneurs zu machen, zu unelastisch, um bei den Racketeer-Agenten mich so oder so einzuweimperln.«[189]

Arnold Schönberg gehört ebenfalls zum engeren Kreis Fritz Stiedrys, dessen Frau, die Sängerin Erika Stiedry-Wagner, oftmals Schönbergs Werke interpretiert – ein intensiver künstlerischer und intellektueller Austausch besteht schon seit früheren Zeiten in Wien.

Trotz des resignativen Resümees der ersten Jahre im Exil kann Fritz Stiedry Erfolge verzeichnen, wird er doch nach nur wenigen Wochen musikalischer Leiter des 1936 eigens gegründeten Kammerorchesters der New

Fritz Stiedry in einer Besprechung mit seinem Assistenten Joseph Blatt über die Produktion von *Così fan tutte*, 1952

Yorker New Friends of Music, die zahlreichen Emigranten einen Job bieten. »Das ist ein absoluter Ausnahmefall, der Mann hat ungewöhnliches Glück gehabt«, schreibt die Journalistin Toni Stolper am 4. April 1938 an den sich noch in Wien befindlichen Komponisten Karl Weigl. »Dennoch wäre auch das nie zu machen gewesen, wenn er nicht zufällig gerade im richtigen Augenblick präsent gewesen wäre.«[190]

Die New Friends of Music treffen einander jeden Sonntagnachmittag um fünf Uhr in der New Yorker Town Hall zwischen der Matinee und dem Abendprogramm, »and they hear the most ›highbrow‹ programs in New York whole concerts in which only the little heard chamber music of the masters is performed«[191]. »Highbrow« bedeutet natürlich anspruchsvoll, also keine leichte Kost für zwischendurch, ganz im Sinne Fritz Stiedrys.

Für dieses Kammerorchester nehmen 1500 junge Musiker aus dem ganzen Land an Probespielen teil, 40 Personen wählt Stiedry aus, davon fünf

Fritz Stiedry probt *Das Rheingold* an der Met. Foto von Louis Melancon

Frauen und vier Teenager. Die Altersgrenze beträgt 24 Jahre – ein ambitioniertes Jugendorchester also. 16 Konzerte bringt die erste Saison, die mit Johann Sebastian Bachs Brandenburgischen Konzerten beginnt. »One of the most important events of this musical season« nennt *The Brooklyn Daily Eagle* das Eröffnungskonzert und weist auf die unübliche Möglichkeit hin, das erste, dritte und fünfte Brandenburgische Konzert hören zu können. »Town Hall was crowded with an audience which had bought out the house months ago«[192], und die Radiostation NBC bietet denen, die keine Karten mehr ergattern konnten, die Möglichkeit, das Konzert mitzuerleben. Fritz Stiedry selbst kann zufrieden sein, »an admirable selection as director of this group« sei er und besticht mit »an authority of manner and an intimacy of conducting«[193]. Zeitungen in ganz Amerika berichten über dieses Debüt, das Stiedry schlagartig bekannt macht. Und er ergreift die Chance, in Amerika unbekannte Werke unter das Volk zu bringen – wieder einer dieser

Fritz Stiedry widmet seinem Freund Peter Paul Fuchs ein Foto (links). Die Met hingegen verwendet das offizielle Foto von Sedge LeBlang (rechts).

Pioniere, dieser musikalischen Botschafter wider Willen. Sogar in Iowa berichtet die Zeitung *The Des Moines Register* mit dem wissenden Titel *Exile Brings »Lost« Haydn Music to U.S.*[194] über eine Aufführung in New York Anfang 1939.

Daneben dirigiert Fritz Stiedry auch immer wieder in Chicago und startet 1946 noch einmal neu durch: Der nunmehr 63-Jährige wird an die Metropolitan Opera engagiert, sein Debüt feiert er am 15. November 1946 mit *Siegfried*. Schon an der Volksoper hat er 1925 mit *Tristan und Isolde* seinen Einstand gegeben, Wagner begleitet ihn neben so vielen anderen Komponisten sein Leben lang. Und auch so manche Freundschaft bleibt bestehen, so mit Franz Werfel und dessen Frau Alma, der er zu ihrem 70. Geburtstag gar eine Oper widmet: *Der gerettete Alcibiades*.

Ab 1950 avanciert Stiedry unter dem neuen Direktor Rudolf Bing zum Dirigenten dessen Vertrauens. Alle wesentlichen Neuproduktionen leitet er, schon bei Bings Eröffnungspremiere: *Don Carlo* mit dem unvergleichlichen Jussi Björling im November 1950. Er macht das New Yorker Publikum mit selten gespielten Werken bekannt: Nach unglaublichen 23 Jahren Absenz vom

Spielplan leitet er 1951 erstmals wieder eine Aufführung von *Così fan tutte*, in der englischen Version *Women Are Like That* genannt. Ein Geschenk ist die überlieferte Aufzeichnung, ein weicher Klangteppich lässt das Sängerensemble wie auf Moos schreiten. Und plötzlich wird die Beschreibung des Kritikers Virgil Thomson verständlich: »Wenn Stiedry dirigiert, verschwindet der Dirigent und nur die Musik bleibt.«

Der Zar der Oper. Kurt Herbert Adler

Tiefe Einblicke in die Welt der San Francisco Opera und in das Leben Kurt Herbert Adlers geben 1800 Seiten transkribierte Interviews mit diesem. Gebunden in drei Büchern, stehen sie in der Bancroft Library an der University of California in Berkeley. Es hat große Vorteile, in Zeiten der Digitalisierung zu leben – denn so haben Forscher auf der ganzen Welt die Möglichkeit, diese Interviews, die sich in keiner österreichischen Bibliothek befinden, mit einem Klick auf den Computer zu speichern und sich in eine bunte, aufregende und spannende Welt zu begeben.

Sich der Persönlichkeit Adlers zu nähern, ist ein komplexes Unterfangen. Auch sein Sohn kann mir nicht wirklich helfen: »Ich kann zu Ihrem Thema leider nichts beitragen. Wie im dreibändigen ›Oral History‹ zu erkennen ist, hat sich mein Vater wenig und ungern in seiner europäischen Vergangenheit aufgehalten. Diese Abneigung hing sicherlich mit seinem prinzipiellen, zielgerichteten ›Vorwärtsdrang‹ in allen Gebieten zusammen. Dazu, vermute ich, gab es zwei Personen in seiner Biographie, die in den Vereinigten Staaten problematisch gewesen wären. Hervorzuheben, dass sein Onkel, Otto Bauer, Chefideologe der Austro-Sozialistischen Partei gewesen ist, hätte sich im besonderen anti-kommunistischen Zeitalter seiner Anfänge in Amerika auf seine Staatsbürgerschaft fatal auswirken können. Dass seine Mutter, Ida Bauer, die Patientin in Freuds ›Fall Dora‹ gewesen ist, war damals gewiss nicht gesellschaftsfähig. Später erwähnte er wiederholt Otto Bauer, kurz aber stolz; vom ›Fall Dora‹ wollte er nichts wissen. Ich bedauere sehr, dass ich Ihnen nicht helfen kann, noch mehr, dass ich so wenig weiß. Mit den besten Grüßen, Ihr Ronald Adler«.[195]

Kurt Herbert Adler beim Unterricht, 1980

Eine symptomatische Antwort. Das Schweigen der Eltern lässt die Kinder ratlos zurück – dies gilt für alle Beteiligten, auf welcher Seite auch immer sie gestanden sind.

Aber es finden sich doch Hinweise, denen es wert ist nachzugehen. Kurt Herbert Adler erzählt in den erwähnten 1800 Interviewseiten, von denen sich gerade einmal 50 Seiten mit dem Leben vor der Vertreibung 1938 befassen, wenig von der Familie. Zum einen erstaunt die folgende Aussage: »I had some Jewish blood from my mother's side.« Eine typische Aussage für die liberale Wiener Gesellschaftsschicht, der die Familien Adler und Bauer angehören. Religiös ist man schon lange nicht mehr, pflegt aber trotzdem die Traditionen, daher heiraten die Eltern Ernst Adler und Ida Bauer am 6. Dezember 1903 im Wiener Stadttempel. Am 2. April 1905 kommt Kurt Herbert zur Welt und wird am 15. Juni gemeinsam mit seinen Eltern evangelisch getauft, Pate ist der Bankier und Musikliebhaber Dr. Felix Stransky. Für die Nationalsozialisten gilt Adler als jüdisch, trotzdem sagt er im Interview auf die Frage, warum er denn kein Anhänger der Nazis gewesen sei:

»I really didn't want to join the army, which I would have had to do. I didn't have enough Jewish blood that they wouldn't have drafted me.«[196] Ob er das wirklich so glaubte?

Zugleich erzählt Adler, dass sein Vater im Hause des großen Schauspielers Adolph Ritter von Sonnenthal aufwächst, da er seine Eltern früh verloren hätte. Auch das stimmt nur bedingt: Der kleine Ernst ist beim Tod seiner Mutter drei Jahre alt, der Vater Ignaz lebt noch Jahrzehnte, trotzdem wird der Bub in die Obhut des Bruders seiner Mutter, eben des berühmten Adolf von Sonnenthal, gegeben. Mit dessen Sohn Felix wächst Ernst nun wie ein Bruder auf – Felix' Tochter Luzi wird später den Komponisten Erich Wolfgang Korngold heiraten, der die Filmmusik in Hollywood auf ein völlig neues Niveau hebt. Eigenartigerweise kommt der Name Korngold in den 1800 Seiten kein einziges Mal vor, obwohl doch die Musik ebenso verbindet wie die Familie. Fehlendes sagt also auch sehr viel aus.

Im Juli 2018 erscheint zeitgerecht während der Recherchen zu diesem Buch der Roman *Ida*[197], geschrieben von Kurt Herbert Adlers Enkelin Katharina Adler. Was für ein Geschenk, denn er führt ins Innerste einer Familie, die mit vielschichtigen Problemen kämpft. Katharina Adler trifft den Ton dieser Gesellschaftsschicht und gibt im Gespräch Antworten auf viele Fragen.[198] Kurt Herbert Adler lehnt es sein Leben lang ab, in eine Opferrolle gedrängt zu werden oder auch Vorteile aus seiner jüdischen Herkunft zu ziehen – in seiner Selbstdefinition gilt er als getaufter Christ, was er ja auch ist. Erst Hitler setzt die Taufe außer Kraft, das akzeptiert Adler wie so viele andere Menschen in dieser Situation nicht, aber er muss sich beugen.

Kurt Herbert Adlers Kindheit entspricht den Usancen, trotz eines eher ungewöhnlichen Elternhauses: Sein Vater Ernst widmet sich wenig erfolgreich dem Komponieren, seine Mutter Ida erhält als emanzipierte freidenkende Frau die Familie und betreibt einen Bridge-Club – das neue Spiel fasziniert die Menschen und bietet die nötige finanzielle Basis für ein angenehmes Leben. Walter Herbert, dessen Wege sich mit Kurt Herbert Adler an der Volksoper wie auch in Amerika kreuzen werden, schafft es sogar zum Bridge-Weltmeister.

Bildung steht im Mittelpunkt, bereits mit sechs Jahren erhält Kurt Französischunterricht und erinnert sich, dass die Familie einige Jahre nur Französisch gesprochen habe – wieder so eine Geschichte, die wohl nur bedingt zutrifft, denn zugleich beginnt er mit der Schule, natürlich auf Deutsch. Auch Englisch- und später Italienischunterricht erhält er – Fähigkeiten, die ihm im Laufe seines Lebens noch sehr helfen.

In Amerika behält Kurt seinen Wiener Akzent – dieses Faktum findet auch Eingang in die Vorbemerkung zu den transkribierten Interviews: »When the interviews were finished, the process of transcribing begun, a difficult task because of the German accent and syntax, and when Mr. Adler saw the transcriptions, he was not pleased.«[199] Und einmal mehr kommt der Gedanke, dass auch er dies wie so manch einer seiner Kollegen – bewusst oder unbewusst – als Relikt seiner Herkunft gesehen hat. Denn für einen musikalischen Menschen wie Adler wäre es ein Leichtes gewesen, in 50 Jahren die Sprachmelodie der Umgebung anzunehmen.

Seine Mutter Ida, geborene Bauer, geht in die Geschichte der Psychotherapie ein. Als »Fall Dora« und eine der ersten Patientinnen Freuds – bei der Schilderung des Falles und der Behandlungsmethode kommt einmal mehr die Frage auf, ob dies dem jungen Mädchen wirklich geholfen hat. Sie bricht die Therapie jedenfalls ab – und Freud nimmt dies persönlich. Man fragt sich, ob es ihm in seiner Anfangszeit um die Patientinnen oder vielleicht doch eher um seine Reputation geht.

Der Sohn Kurt studiert in Wien Musik, dann zieht es ihn in die Welt hinaus – was wie immer bedeutet: in die Provinz. Die Hauptstadt akzeptiert nur Talente, die sich mühsam in der Provinz einen Namen gemacht haben. In Adlers Fall bedeutet das: Kaiserslautern. Dort lernt er auch seine erste Ehefrau, die Sängerin Trudl Möllnitz aus Leipzig, kennen, sie ist hier als »Spielaltistin« engagiert. Sie heiraten 1932, Trudl tritt an Wiener Kleinkunstbühnen auf, an der Volksoper sind ihre Auftritte nicht nachzuweisen, obwohl Adler dies erwähnt.

1938 wird die Ehe annulliert. »Well, when I decided to go to Chicago, she opposed leaving Europe, and so she didn't go with me.«[200]

Auch seine Zeit an der Volksoper streift Kurt Herbert Adler. 1933, er ist 28 Jahre alt, kehrt er von einem Sommerengagement in Meran nach Wien zurück und stellt sich an der Volksoper vor. Diese untersteht dem neuen Direktoren-Duo Karl Lustig-Prean und Jean Ernest, die frischen Wind in das immer wieder knapp vor dem Konkurs stehende Haus bringen wollen und müssen. Aber es gelingt ihnen nicht, denn die Stadt Wien ist nicht bereit, dem Haus unter die Arme zu greifen, die Volksoper bleibt ein

rt Herbert
ler an seinem
hreibtisch, 1964,
d bei der Probe
Tristan und
olde, 1980

schwankender Riese, der kaum sichere Posten bieten kann. Dementsprechend wird Adler auch vorerst abgewiesen, nach seiner Erinnerung wird ihm letztendlich ein Posten als Assistent mit miserabler Bezahlung angeboten. Er nimmt an und seine erste Tat ist es, mit dem Chor für *Fidelio* zu proben. Adler erzählt, dass er am Nachmittag desselben Tages in die Direktion gerufen wird, denn der Chordirektor Fritz Weidlich sei so begeistert gewesen, dass er ihn nun als Assistent verlangt habe. »They doubled the fee – which is pretty good for one day.« Bald darf Adler Vorstellungen dirigieren, so auch Gounods *Faust*, in dem jeder Sänger in seiner Sprache singt – eine damals durchaus übliche Praxis.

Im Sommer 1936 bekommt Adler die Chance, als Assistent Arturo Toscaninis bei den Salzburger Festspielen in der Produktion von *Die Meistersinger von Nürnberg* mitzuwirken, gemeinsam mit drei anderen aufstrebenden Talenten: Erich Leinsdorf, Georg Solti und László Halász. Letzterer ist Kollege an der Volksoper und späterer Begründer der New York City Opera.

Danach findet Kurt Herbert Adler ein Engagement in Reichenberg, wo Heinrich Jalowetz tätig ist, nach dem März 1938 wird es auch dort zu gefährlich. Adler flüchtet, wie auch Jalowetz, nach Rotterdam und trifft 33-jährig am 18. September 1938 in New York ein – in der Tasche eine Einladung für ein Engagement in Chicago.

Er bemüht sich, seiner Mutter Ida die Ausreise zu ermöglichen, dies gestaltet sich sehr schwierig. Sie flüchtet nach Frankreich zu ihrem Bruder und gelangt erst am 24. September 1941 via Casablanca endlich nach New York, wo sie nur vier Jahre später, am 21. Dezember 1945, stirbt.

Kurt Herbert Adlers Karriere geht steil bergauf – von Chicago geht er nach San Francisco, das ihm zur neuen Wirkungsstätte wird. Sein Repertoire vergrößert sich, ebenso die Erfahrungen, mit Sängern zu arbeiten und Rollen einzustudieren. Auftritte in New York und Chicago führen ihn auch immer wieder in den Osten der USA, bis Adler endlich seinen Platz findet: die San Francisco Opera, die er von 1953 bis 1981 leitet und zu einem der bedeutendsten Opernhäuser der Welt macht.

Er definiert sich über seine Tätigkeit als Operndirektor, diese stellt er über alles andere. Bei ihm debütiert Europa: Nach dem Ende des Krieges ist es endlich möglich, europäische Sängerinnen und Sänger nach Amerika zu engagieren, das Publikum verlangt nach neuen Stimmen, großartigen Entdeckungen und unbekannten Werken. Die ideale Ausgangsposition für Kurt Herbert Adler, der dazu beiträgt, das amerikanische Opernwesen zu professionalisieren, beginnend bei den Orchestern, den Chören und eben auch bei den Solistinnen und Solisten: Leontyne Price zeigt sich in San Francisco in späteren Paraderollen wie Aida. Luciano Pavarotti singt das »Nessun dorma« in *Turandot* zum allerersten Mal ebenfalls hier. Birgit Nilsson, Leonie Rysanek, Elisabeth Schwarzkopf, Anja Silja, Ingvar Wixell, Geraint Evans, Giuseppe Taddei, Jess Thomas beginnen hier und kommen immer wieder zurück – wegen Adler. Auch der Regisseur Jean-Pierre Ponnelle debütiert in San Francisco, das ihm zu einer zweiten Heimat wird.

»Er war stark, eigensinnig, hinterhältig, zärtlich, elegant, fürsorglich, rachsüchtig, argumentativ, rücksichtslos, bestimmt, egomanisch, charmant, liebevoll, sentimental und extrem erfolgreich.«[201] Mit dieser Meinung über Kurt Herbert Adler steht die große Leontyne Price wohl nicht allein da. Und doch beinhaltet gerade diese Aufzählung in ihrer Kürze ein ganzes Leben. »I didn't have the time to be sweet and nice. Maybe not the personality, but certainly not the time.« Die Zeit braucht Adler für anderes: Er erstellt einen

Kurt Herbert Adler mit dem Regisseur Jean-Pierre Ponnelle, 1979

Konzert im Golden Gate Park, 1978: Plácido Domingo, Katia Ricciarelli und Kurt Herbert Adler

Spielplan, engagiert Künstler mit einem genialen Gespür für Talente, die er klug aufbaut und nicht verheizt. Und er muss sich unermüdlich um die Gunst der Sponsoren bemühen – ein Spagat zwischen Kunst und Wirtschaft, den er mühelos bewerkstelligt. Das Ergebnis – oder besser die unzähligen Ergebnisse – können sich sehen lassen. Welche Fülle an aufstrebenden Talenten, welche Begeisterung des Publikums – und welch spendable Mäzene. Dies alles immer von Kämpfen, Konflikten begleitet – Kurt Herbert Adler geht ihnen nicht aus dem Weg, im Gegenteil. »Kurt Herbert Adler had the distinction of being called tyrannical, dictatorial, autocratic, but he was never boring.«[202] Und das ist wohl das Geheimnis seines Erfolges.

Das Phantom der Oper. Walter Taussig an der Met

Eine vielversprechende Karriere startet 1927 mit der Absolvierung der Wiener Musikakademie: Der gerade 21-jährige Walter Taussig stammt aus einer gutsituierten Wiener Familie, sein Vater Josef ist Kaufmann und Journalist, seine Mutter Paula Taussig-Roth zählt zu der Generation emanzipierter Frauen, die früh beruflich tätig sind. Sie unterrichtet an der neu entstandenen Kunstschule für Frauen und Mädchen und zeichnet als Leiterin der Technik für den Bereich Kunststickerei, Klöppeln etc. verantwortlich. Auch ihre Schwester Helene engagiert sich in dieser Einrichtung, ebenso wie ihre berühmte Tante, die Malerin Tina Blau – sie hat die Kunstschule gegründet. In diesem Geist wachsen Walter und seine Schwester Herta auf, in einem Haushalt voller Kultur und Musik. Walter besucht das Akademische Gymnasium und zugleich die vis-à-vis gelegene Musikakademie, hier studiert er Harmonielehre, Komposition und Klavier bei Franz Schmidt – gemeinsam mit Kurt Herbert Adler und Herbert von Karajan –, Oboe bei Alexander Wunderer und Dirigieren bei Robert Heger.

Walters Wunschziel ist eine Karriere als Dirigent, und er beginnt klein: Vorerst arbeitet er als Assistent an der Musikakademie und debütiert mit dem Orchester und Berlioz' Konzertouvertüre *Carneval romain*. Dann beginnt die Ochsentour durch die deutsche Provinz – bis 1933. Deutschland ist ihm nun plötzlich verschlossen, er kehrt nach Wien zurück und bewegt sich im Dunstkreis der Volksoper. Auf Tourneen nach Konstantinopel und Kairo teilt er sich die Dirigate mit Walter Herbert, einem Kollegen an der Volksoper. Das *Neue Wiener Journal* berichtet am 14. Jänner 1934 aus Konstantinopel über die Aufführungen von *Im weißen Rössl, Die Csárdásfürstin* und *Gräfin Mariza*: »Zu dem Erfolg trug ganz besonders der junge talentierte Wiener Kapellmeister Walter Taussig bei, dessen Leistungen am Dirigentenpult von Publikum und Presse voll gewürdigt wurden.«

Ein Jahr später wird er als Kapellmeister an die Volksoper engagiert, wo er unter anderem Jara Beneš' Singspiel *Der gütige Antonius* im Jahr 1936 »flott« leitet, wie die Zeitung *Der Morgen* schreibt. Noch erscheint sein Name selten in den Zeitungen, seine Karriere nimmt gerade erst ihren Anfang.

Wie so viele seiner Kollegen engagiert sich auch Walter Taussig für Angelegenheiten der Volksbildung – kein Wunder bei dieser Familie, die

Walter Taussig in jungen Jahren. Das offizielle Bild der Metropolitan Opera

sich bereits seit drei Generationen um das Gemeinwohl bemüht. Im Volksheim Ottakring dirigiert er *Der Barbier von Sevilla* und *La Bohème* zu sehr günstigen Eintrittspreisen, um den Menschen den Zugang zu Oper zu ermöglichen.[203]

Im Oktober 1937 bricht Walter Taussig gemeinsam mit dem Wiener Opernstudio zu einer sechsmonatigen Tournee nach Nordamerika auf – fast hat man den Eindruck einer wahren Pionierfahrt, denn nicht nur die großen Städte stehen auf dem Plan, sondern auch kleinere, in denen bis zu diesem Zeitpunkt noch nie Operngastspiele stattgefunden haben. Gerade in diesem Bereich werden nur wenige Monate später zahlreiche Österreicher einen bedeutenden Beitrag zur Verbreitung europäischer Musik leisten – unfreiwillig. Im Dezember 1937 gibt Walter Taussig mit *Così fan tutte* in Bloomington, Illinois, sein Amerika-Debüt. Diese Oper steht auch bei der Abschiedsvorstellung am 11. März 1938 in der Carnegie Hall auf dem Programm. Beim Verlassen der Konzerthalle werden die österreichischen Musiker von Zeitungsberichten schockiert – ihre Heimat existiert nicht mehr. Walter Taussig hat nur ein Visitor Visa und kann nicht bleiben, er muss zurück nach Europa reisen. Auf dem Schiff erhält er ein Telegramm

Walter Taussig dirigiert.

seiner Eltern, das ihn auffordert, Freunde in Paris zu besuchen – ein unmissverständlicher Hinweis, nur ja nicht nach Wien zurückzukehren. Walter Taussig geht also nach Paris – ein halbes Jahr des Hungerns erwartet ihn, wie er sich später in Interviews erinnert. Seine Schwester Herta kann bereits im Dezember 1938 nach England fliehen, die angehende Mathematikerin[204] rettet ihr Leben als Hausmädchen – ein üblicher Weg für junge Frauen, den Nazis zu entkommen. Die Eltern müssen noch weitere Monate in Wien ausharren, erst am 17. Mai 1939 melden sie sich ab und machen sich ebenfalls auf den Weg nach England, wo Taussigs Vater Josef 1943 stirbt. Ein Jahr später erreichen Paula und Herta New York und sind endlich wieder mit Walter vereint.

Dieser erhält im Oktober 1938 ein Visum für Kuba, da ihm ein Cousin, der in Amsterdam lebt, die Schiffspassage bezahlt.[205] In den fünf Tagen seines Aufenthalts in Havanna hat Walter Taussig die Möglichkeit, das Havana Philharmonic Orchestra zu dirigieren. Am 6. November 1938 reist er ab und kommt einen Tag später in Miami an. Seine Tochter Lynn merkt an, dass er in der alten humanistischen Tradition in Wien Latein und Griechisch gelernt hat – Englisch ist ihm vor seiner Flucht völlig fremd.[206]

Die Karriere, die so hoffnungsvoll in Wien begonnen hat, findet ein Ende, Taussig muss sich umorientieren und den Wunsch, Dirigent zu werden, ad acta legen. Wesentlich größere Chancen hat er vorerst als Korrepetitor, wieder muss er durch das Land touren. Für zwei Saisonen leitet er das Opera Department des College for Music in Bay View, Michigan, er arbeitet als Assistent von Fritz Busch in New York, als Assistent von Emil Cooper in Montreal, an den Opern Chicago und San Francisco. Zwischendurch kommt er immer wieder nach New York und bewegt sich in den Emigrantenkreisen, die sich der Wiener Operette widmen – so leitet er die Chöre in den Produktionen von *Der Zigeunerbaron* und *Der Bettelstudent* im Jahr 1942. In diesem Jahr heiratet er Lore Elkan – sie stammt aus Berlin, Walters Eltern haben sie in England kennengelernt und so eine Ehe gestiftet, die 61 Jahre hält. Die Frage, ob ihr Mann oft über seine Jahre in Wien erzählt hat, verneint sie – ein weiterer Mosaikstein, wie die Künstler in der Emigration mit ihrem Schicksal umgegangen sind.[207]

1945 leitet er Teile von *Die Fledermaus* und *Der Zigeunerbaron*, doch die große Dirigentenkarriere winkt nicht: Walter Taussigs Stärke liegt in einem anderen Bereich. 1949 wird er an die Metropolitan Opera engagiert als »Coach, Musical Stage Assistent, Organist and Assistent of the Chorus Master« für 20 Wochen von 7. November 1949 bis 26. März 1950 mit einem Gehalt von wöchentlich 139,40 Dollar. All diese Informationen finden sich in einem verzauberten Raum, dem Archiv der Metropolitan Opera. Dort scheint die Zeit stillzustehen, dunkle Räume sind gefüllt mit Artefakten aller Arten, Büsten, Papiertheatern und Gemälden. Und unzählige Mappen mit Informationen liegen Seite an Seite, Verträge, Fotos, aber auch Presseberichte, Korrespondenzen und anderes. Ein Schatz, der da ziemlich im Verborgenen blüht.

Die Metropolitan Opera wird, wie so viele andere Kulturinstitutionen in Amerika in diesen Jahren, geprägt und getragen von Europa, 1949 besteht das Ensemble ausschließlich aus europäischen Künstlern. 1988 ist nur mehr Walter Taussig übrig. Die Amerikaner nehmen nun die Stelle der Europäer ein, die das amerikanische Kulturleben, das Publikum wie den Geschmack grundlegend geändert haben. In den ersten Jahren seines Wirkens werden an der Met *Die Meistersinger von Nürnberg* gespielt, jedoch so gekürzt, dass gerade einmal »excerpts from highlights« zu hören sind. Dies ändert sich radikal, das Publikum akzeptiert und liebt die neue

Der beliebte Coach so vieler Künstler

Herangehensweise, das Repertoire und die europäische Art, Oper zu machen.

Am Beginn seines Engagements muss Walter einen ziemlich ausführlichen Fragebogen, der eigentlich auf Sänger zugeschnitten ist, für das Pressebüro ausfüllen – die Fragen erscheinen zum Teil sehr originell, sehr persönlich. Ein anderer Zugang zur Presse, der Berufliches mit Privatem fast gleichstellt, ganz anders als aus Europa gewohnt. Denn hier hätte wohl niemand nach Lieblingskaffeehäusern oder Restaurants gefragt, ebenso wenig nach lustigen Anekdoten aus der Jugend unter dem Motto »Where did you spend the most colorful part of your student years – can you describe it briefly?« Und seine Antwort ist eine öfter erzählte Anekdote: »I was at the same time at the Gymnasium in the mornings – liable to have to stand in the corner any moment – and at the Academy in the afternoon, where I was being addressed with all the dignity of a higher college-student as ›Herr‹ Taussig.«[208]

Auch die Fragen, in welchem Stil die Wohnung eingerichtet ist, ob es »unusual decorative accessories in your home« gibt oder er je einen Preis bei einem Sportwettbewerb gewonnen hat, scheinen nicht so ganz zu den

Themen der Metropolitan Opera zu passen, Showbusiness verlangt eben nach Privatem. Und wir erfahren auch, dass Walter Taussig 164 cm groß ist, 68 Kilo wiegt und grüne Augen hat.

Die Antwort auf die Frage »What is your ultimate goal?« stimmt traurig: »To become a conductor without the word ›assistant‹ attached to it.« Denn dieses Ziel wird er nicht erreichen. Dafür nimmt seine Karriere eine überraschende Wendung und macht ihn einzigartig und für viele Sänger und Sängerinnen unverzichtbar: Er widmet sein Leben dem Korrepetieren, als Coach studiert er vor allem das deutsche Repertoire mit allen Größen der Opernwelt ein. Eine bedeutende Aufgabe, die ihn aber selten vor den Vorhang holt, seine Arbeit wird in den Leistungen von Kirsten Flagstad, Jussi Björling und Birgit Nilsson offenbar. Vor allem Nilsson verehrt er – eine Zuneigung, die auf Gegenseitigkeit beruht. Die Sängerin ist 1965 für ihre erste Elektra an der Wiener Staatsoper engagiert, zuvor singt sie diese Rolle in Stockholm. Nach der Aufführung erhält Lore Taussig einen Brief: »Dear Mrs. Taussig, I have a confession to make. I've had a child with your hus-

»At 90, a Party, Then Back to Work«

band. It is my most beautiful child and is called Elektra. I know it is from him, because I have had nobody else. I would like to have many other children with him.«[209] Auch Plácido Domingo vertraut auf Walter Taussig, mit dem er unter anderem den Parsifal einstudiert.

Und es zieht ihn nach Österreich zurück: Von 1964 bis 1982 wirkt er als Assistent von Karl Böhm bei den Salzburger Festspielen. In einem Interview gibt er zu, dass dies nicht immer einfach ist mit dem Hintergrundwissen über die politische Haltung der Kollegen. Er differenziert: Karl Böhm wird zu einem guten Freund, die Beziehung zu seinem Studienkollegen Herbert von Karajan bleibt distanziert.

Walter Taussig wird zu einer Legende. Generationen an Sängerinnen und Sängern gehen durch seine so wienerische Schule, in der er sein ganzes Wissen um die großen Traditionen weitergibt. Unermüdlich steht er im Dienst der Künstler, ein Artikel in der *New York Times* im Jahr 1998 trägt die Überschrift: »At 90, a Party, Then Back to Work«.[210] Fünf Jahre später stirbt er in New York: »Coaches sind die unsichtbaren Motoren jedes Opernhauses, für das Publikum nur in der Reflexion sichtbar«, steht in einem Nachruf.

Die New York City Opera und László Halász

Ein Mann, der schwer zu fassen ist. Die Menschen, die ihn kannten, äußern ihre Meinung eher reserviert. Schwierig sei er gewesen, die heutige #MeToo-Debatte hätte ihn in große Schwierigkeiten gebracht. Sein Sohn, mit dem ich telephoniere, ist gerade dabei, alle Schachteln, die den Nachlass seines Vaters beinhalten, durchzuschauen – es sei viel zu viel, meint er. László Halász war eben ein Macher mit einer steilen Karriere.

Geboren 1905 in Debrecen, studiert er an der Budapester Musikakademie bei Koryphäen wie Béla Bartók, Ernst von Dohnanyi, Leo Weiner und Zoltán Kodály – wieder ein Musiker, der in sich einen großen Teil europäischer Musikgeschichte trägt, um ihn später weiterzugeben. Als brillanter Pianist startet er durch – doch sein eigentliches Ziel ist das Dirigieren. Und das erreicht er rasch: 1928 wird er Assistenzdirigent an der ungarischen Staatsoper, zwei Jahre später bereits Assistent von George Szell an der Deutschen Oper in Prag, 1933 bis 1936 arbeitet er als Kapellmeister und Korrepetitor an der Volksoper – zur selben Zeit sind Kurt Herbert Adler Chordirektor, Fritz Fall und Walter Herbert Erste Kapellmeister und Jean Ernest Direktor der Volksoper. Sie alle werden nur wenige Jahre später das Musikleben in Amerika prägen.

László Halász will weiter, mehr lernen, mehr Eindrücke bekommen: 1935 und 1936 wirkt er als Assistent Arturo Toscaninis und Bruno Walters bei den Salzburger Festspielen, auf dem Programm stehen Verdis *Falstaff*, Mozarts *Die Entführung aus dem Serail*, Glucks *Orfeo ed Euridice*, Wagners *Die Meistersinger von Nürnberg* und Hugo Wolfs *Der Corregidor* – ein breites Repertoire, gerade richtig für den jungen, ehrgeizigen Dirigenten. Auch Arturo Toscanini erkennt das große Talent und engagiert ihn als Assistenten für das eigens für Toscanini gegründete NBC Orchestra in New York. Dort trifft László Halász am 7. November 1936 gemeinsam mit seiner gerade angetrauten Ehefrau Kazimiera Nebenzahl ein. Ihre Existenz wird später während seiner zweiten Ehe totgeschwiegen, wie sein Sohn George erzählt: »This was a secret kept from my sister and me until I was 30 years old! She had an affair with his best friend. I was told she committed suicide. He took me on the first and only trip with him to Vienna, Budapest, and Germany. He then told me about his first marriage while my mother told my sister. Shocked, it brought me closer to my father. He was 80 then.«[211]

In Amerika kann sich Halász in Ruhe etablieren – im Gegensatz zu seinen Kollegen, mit denen er an der Volksoper gearbeitet hat, verlässt er aufgrund dieses Engagements Europa frühzeitig.

Zuerst vermittelt ihm Toscanini einen Job als Chorleiter der St. Louis Opera Company – in diesen Jahren haben nur wenige Städte ein eigenes Opernhaus, Opernkompanien übernehmen diese Rolle und touren durch das Land. Missouri ist ein Südstaat mit all den damit einhergehenden Problemen, vor allem Rassenunruhen, die bis heute zu Reisewarnungen führen. Zugleich befinden sich in St. Louis auch zwei renommierte Universitäten, die dem jungen Dirigenten ein gewisses intellektuelles Umfeld bieten. 1937 muss Halász gleich ins kalte Wasser springen: Der Dirigent Leo Blech, 1925 kurzfristig Direktor der Volksoper in Wien, dann Generalmusikdirektor an der Staatsoper Unter den Linden in Berlin, fällt aus – Halász nutzt die Gunst des Einspringers und dirigiert mit großem Erfolg *Tristan und Isolde* mit der großen Kirsten Flagstad, die in späteren Jahren von Walter Taussig gecoacht

Ein Meister der Selbstinszenierung: László Halász

werden wird. Weitere Opernkompanien werden auf ihn aufmerksam, Halász dirigiert im Jänner 1938 in Philadelphia *Lohengrin* und *Walküre* – zur selben Zeit macht Walter Taussig mit der Salzburg Opera Guild dort Station.

1939 wird aus der St. Louis Opera Company die Grand Opera, ein eigenes Opernhaus – Halász' Einsatz macht sich bezahlt, nun ist er künstlerischer und musikalischer Direktor und nutzt sein europäisches Wissen, um unbekannte Werke wie Zoltán Kodálys Singspiel *Háry János* auf den Spielplan zu setzen. Als genialer Schachzug erweist sich, dass er Sänger der Budapester Oper für diese Produktion engagiert. Unglaublich: Im Juli 1939 reist er in die Tatra, ins polnisch-tschechische Grenzgebiet, um dort die ungarische Sängerin Livia Dubay zu treffen und gleich zu engagieren. In der Zeitung *St. Louis Post-Dispatch* ist am 29. August 1939 ein Foto werbewirksam abgedruckt, die Bildunterschrift lautet: »The mountains in the background are Polish territory.« Am 2. August 1939 schifft er sich in Danzig wieder nach New York ein – nur einen Monat später bricht der Krieg aus.

Halász engagiert einen Chor, das Vorsingen leitet er selbst – die Stars holt er in enger Zusammenarbeit mit der Metropolitan Opera. 1939 besetzt er eine Aufführung der *Walküre* mit Met-Stars wie Lauritz Melchior, Marjorie Lawrence und Irene Jessner. Die Fricka gibt eine junge Wienerin, die erst 19-jährige Hertha Glatz, die vor den Nazis ebenso geflüchtet ist wie Dezsö Ernster, der den Hunding darstellt. Beide waren wie Walter Taussig mit der Salzburg Opera Guild auf Tournee – alle wissen voneinander und helfen den anderen, einen neuen Job zu finden.

Zwei Jahre lang tourt Halász als Gastdirigent durch Amerika und Kanada, bei seinem Debüt in Montreal setzt er wieder ein Werk Kodálys auf das Programm – auch Halász wird zum Promoter europäischer Musik in der Welt. Ende September 1940 macht er sich mit dem Chor aus St. Louis auf den Weg nach Havanna, um am dortigen Opernfestival teilzunehmen. Zu dieser Zeit hält sich auch Walter Taussig in Havanna auf – die Wege der beiden Dirigenten kreuzen sich oft. Ein Jahr später wird Halász gebeten, eine Opera Company in Havanna aufzubauen – seine Karriere geht steil bergauf.

1941 kommt er per Flugzeug in Miami, Florida, an – das Einreiseformular lässt tief blicken, denn es muss angegeben werden, ob man des Lesens und Schreibens mächtig ist. Andererseits wird auch nach Sprachkenntnissen

László Halász mit seiner
ersten Frau Kazimiera Nebenzahl
auf dem Weg von Europa nach
Amerika im August 1939

MUNICIPAL OPERA HOUSE—SAINT LOUIS

AINT LOUIS
PERA COMPANY

Y GOLTERMAN .... GENERAL DIREC OR

OPERA HOUSE

VE SUBSCRIPTION PERFORMANCES OF

RAND OPERA

Fall Season, 1937

WEDNESDAY EVENING, DECEMBER 1, at 8:15

Tristan Und Isolde

Opera in three acts by WAGNER ..... in German

stan .... Paul Althouse
g Mark .... John Gurney
de .... Kirsten Flagstad
rvenal .... Francis Row
lot .... E. A. Dammrich
ngane .... Sonia Sharnova
Shepherd .... Guy Golterman, Jr.
Sailor's Voice .... E. A. Dammrich

Conductor, Laszlo Halasz

Das Debüt mit *Tristan und Isolde*
am 1. Dezember 1937

gefragt, Halász gibt diese mit Englisch, Ungarisch, Italienisch und Deutsch an – in dieser Reihenfolge.

1943 beschließt der New Yorker Bürgermeister Fiorello H. LaGuardia, ein Opernhaus zu begründen, das zu niedrigen Preisen die Leute anlocken und mit diesem Genre vertraut machen soll. Als Direktor wird László Halász engagiert – dies wird nun seine Lebensaufgabe, in die er sich mit ganzer Verve hineinstürzt. Und die braucht er auch: Das Budget ist minimal, die Erträge bei Eintrittspreisen zwischen 75 Cent und 2 Dollar überschaubar. Und doch: Das Experiment funktioniert. Halász engagiert junge Künstler für eine verschwindend geringe Gage, hat aber offenbar einen besonders guten Riecher für aufstrebende Talente: Viele Sänger werden ihm bereits in der ersten Saison von der Met abgeworben – und so wird die New York City Opera zur Talenteschmiede der großen Häuser. Ein anderer Direktor würde wohl auf bekannte und vertraute Werke setzen, um das Haus zu füllen, nicht so László Halász: Er spielt Unbekanntes, Neues, Modernes. Was für ein Risiko, das sich aber in vielerlei Hinsicht bezahlt macht. Die erste Premiere gilt Richard Strauss' *Ariadne auf Naxos*, schon etwas ungewöhnlich. »No music event this fall has brought such loud, sustained cheers from an audience or such unanimously warm praise from critics as the New York City Opera Company's production of Richard Strauss' ›Ariadne auf Naxos‹«, schreibt W. G. Rodgers in der *Tampa Tribune* am 20. Oktober 1946. 30 Jahre nach der Uraufführung ist es die erste Aufführung dieser Oper in New York City. »The performance had the benefit of László Halász's fine conducting.« *The Cincinnati Enquirer* berichtet ebenfalls: »The occasion marked an historical landmark in New York music for which all opera lovers must have felt grateful.«[212] Und eine Entdeckung von Halász begeistert besonders: Polyna Stoska, die selbstverständlich auch rasch den Weg an die Met einschlägt. Es gibt ein einziges *Ariadne*-Gastspiel in Montreal, die Stadt ist sehr stolz, diese außergewöhnliche Produktion zu bringen.

Mit einer anderen Premiere am 31. März 1949 begibt sich Halász auf völlig neue Wege: Auf dem Programm steht *Troubled Island* von William Grant Still, dem ersten afroamerikanischen Opernkomponisten Amerikas. Was für ein Durchbruch! Die Oper handelt von einem schwarzen Sklaven in Haiti, der sich an die Spitze der Sklaven stellt und sie in die Freiheit führt. Ein jüdischer Emigrant setzt sich für den Freiheitskampf der Afroamerikaner ein.

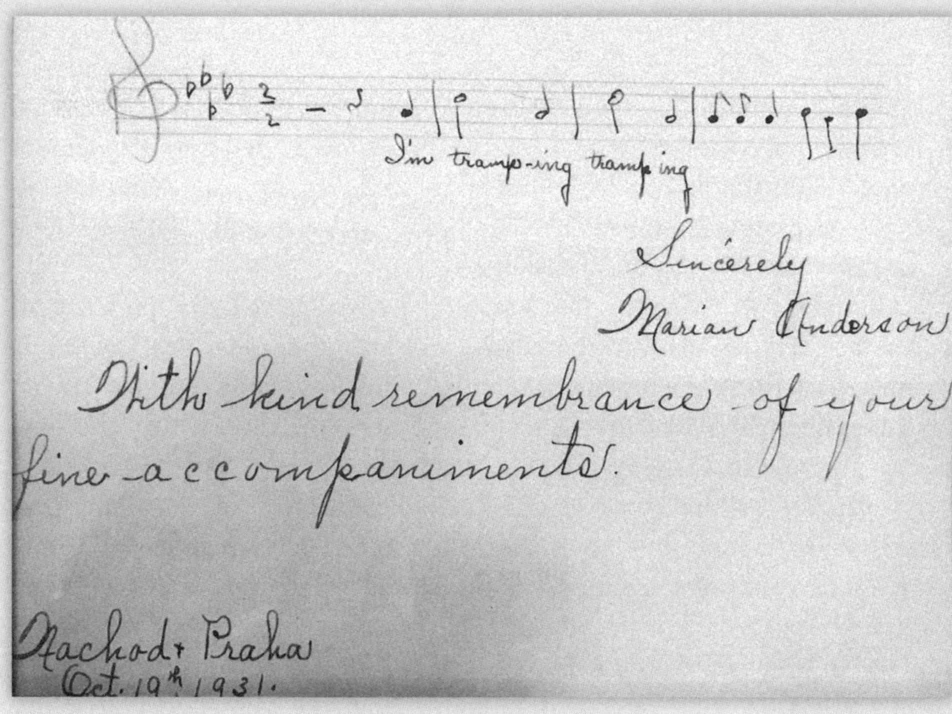

Die große Marian Anderson kennt László Halász bereits aus Europa, hier eine Widmung aus dem Jahr 1931.

»›Troubled Island‹ is most timely in a world torn by the inner strife of a cold war«, heißt es in einer Rezension am 9. April 1949. Und: »Most important, it is Mr. Still's wedge in the door of opera and as great as he is, he will surely excel in the future.«[213] Aber es gibt auch Gegenwind, wenn in einer Rezension mit starkem rassistischen Unterton bereits in der fetten Überschrift steht: »Written by Negroes.«

1945 debütiert der erste schwarze Bariton und erste Darsteller des Porgy in *Porgy and Bess*, Todd Duncan, an der New York City Opera, gefolgt von Robert McFerrin, Bobby McFerrins Vater, der 1949 sein Debüt feiert und 1955 als erster schwarzer Sänger an die Met engagiert wird – eine weitere Revolution. Im selben Jahr tritt mit Marian Anderson auch die erste schwarze Sängerin an der Met auf, die weltberühmte Sängerin verzauberte das Wiener Publikum bereits 20 Jahre zuvor mit Auftritten im Wiener Konzerthaus und an der Staatsoper.

1951 gelingt Halász der nächste Coup, die Uraufführung von David Tamkins *The Dybbuk*, eine Oper, die in die Tiefen der ostjüdischen mystischen

Traditionen eintaucht und musikalisch ein wenig an Benjamin Britten erinnert. Die Presse reagiert enthusiastisch – und so ist auch dieses Experiment gelungen. »Of the American compagnies only the New York City Center seems enterprising enough to present a new work«, schreibt Betty A. Dietz in *Dayton Daily News* am 7. Oktober 1951.

Und doch eckt Halász an. Der Vorstand der New York City Opera nimmt gegen ihn Stellung, die Künstler beschweren sich über die rüden Umgangsformen, außerdem legt er sich mit der mächtigen Gewerkschaft an. Das ist zu viel. Die New York City Opera trennt sich von Halász, der nun eine zweite Karriere als Plattenproduzent beginnt.

1945 heiratet er die kanadische Cellistin Suzette Forgues, den Geburtsort ihres Sohnes George bestimmt die Mutter nach interessanten Kriterien: »My mother did not want me to be born in Germany. My father went out and purchased a map of the world and asked my mother where she would like me to be born. Antibes, France was her decision. We lived in Grasse until I was 5.«[214] Der Vater spricht wenig über die Vergangenheit seiner Familie, Religion spielt für ihn keine Rolle – und so berührt die Frage seines Sohnes, ob sein Vater denn jüdisch gewesen sei, sehr. Er sei völlig areligiös gewesen, sogar am Totenbett habe er das Gespräch mit einem Priester verweigert. Im September 2018 erfährt der Sohn, 17 Jahre nach dem Tod seines Vaters, dessen ursprüngliche Religion.

»Black is beautiful«. Der unermüdliche Operngründer Walter Herbert

Man muss sich die Atmosphäre Anfang der 1960er-Jahre in den amerikanischen Südstaaten vorstellen. Die schwarze Bürgerrechtsbewegung verschafft sich immer mehr Gehör, neonazistische Bewegungen wie der Ku-Klux-Klan greifen Menschen an, die Stimmung ist aufgeladen, die Morde an Präsident John F. Kennedy, dessen Bruder Robert Kennedy und Martin Luther King erschüttern die Welt. Die schwarze Bevölkerung erkämpft sich langsam, mühsam und oft unter Lebensgefahr ihre Rechte: das Recht, an der Universität zu studieren, zu wählen und im kulturellen Bereich eine Ausbildung zu erhalten.

In Mississippi befindet sich die schwarze Bevölkerung in einer äußerst prekären Situation – keine Jobs, keine Aussichten, keine Zukunft. Und gerade in diesem ärmsten Staat Amerikas soll die Musik Mut machen. Eine Missionsschwester setzt sich dafür ein, jungen Opernsängern eine Plattform zu bieten. Ambitioniert, aber nicht außergewöhnlich, würde man glauben. Ihr Engagement gilt ausschließlich schwarzen Sängern und Sängerinnen. Und bei näherer Überlegung wird man nachdenklich: Wie viele schwarze Sänger haben in den vergangenen Jahrzehnten im internationalen Opernbusiness reüssiert? Nicht sehr viele.

Die Missionsschwester Elise holt sich musikalische Hilfe in Person von Walter Herbert, der die New Orleans Opera geleitet hat und zu diesem Zeitpunkt der Houston Grand Opera und der San Diego Opera vorsteht. Gemeinsam gründen sie Opera-South, die erste All-Black Opera Company.[215] 1938 wurde der 40-jährige Walter Herbert nach sieben Jahren als Chefdirigent der Volksoper hinausgeworfen – der einst verfolgte Jude setzt sich nun für diskriminierte Schwarze ein, womit er sich selbst in Gefahr bringt, erinnert die Situation in den amerikanischen Südstaaten in den 1960er-Jahren doch in vielen Details an die 1930er-Jahre in Europa.

Walter Herbert, der eigentlich Seligmann heißt, geboren 1898 in Frankfurt, zieht es als jungen Musiker nach Wien, zum Studium bei Arnold Schönberg – einer der vielen Schüler, die die Werke des Lehrers in die Emigration mitnehmen. Sein Debüt erfolgt 1925 in Bern, ab der Saison 1932/33 wird er von Direktor Leo Kraus an die Volksoper engagiert. Herberts Herz schlägt nicht nur für die Oper, Berühmtheit erlangt er auch als Bridgespieler, die sogenannte »Herbert-Convention« ist nach ihm benannt. Er gehört dem österreichischen Nationalteam an und gewinnt 1937 die erste Weltmeisterschaft.[216]

Von Wien aus reist er nach Japan und Ägypten, um dort die europäische Musik bekannt zu machen – ein Drang, der ihn sein ganzes Leben lang antreibt. Am 17. März 1936 erreicht er von Bremen kommend New York, sein Beruf wird mit »Bandmaster« angegeben und in der Spalte »Nationalität« steht »german« – noch sind die Zeiten nicht angebrochen, als »hebrew« plötzlich zur Nationalität wird. Er reist weiter nach Japan, wo er erkrankt, wie die Wiener Zeitungen sogleich berichten. Sein behandelnder Arzt heißt übrigens Dr. Marcel von Jacobi, wohl kein gebürtiger Japaner. Das Programm der Konzerte sollte einer wahren Werbetour für österreichische

»Walter Herbert, der neue Bridge-Weltmeister, Opernchef der Wiener Volksoper, Vera Charnasse, die bekannte Pariser Schriftstellerin, Franz Höbling vom Wiener Burgtheater, die sich zum Kurgebrauch in Bad Pistyan aufhielten« (von rechts). *Wiener Magazin* im Oktober 1937

Musik entsprechen. Berg und Schönberg stehen genauso auf dem Spielplan wie Korngold, Krenek und Mahler, Bruckner und Johann Strauß. Doch Herberts Erkrankung verhindert die Tournee, alle Auftritte müssen abgesagt werden.

Zuvor verabschiedet er sich vom Wiener Publikum, die Presse bezeichnet ihn als hochbegabten Dirigenten: »Als feinexotische Blüte dieses herrlichen Tonzaubers erklang ein Stück altjapanischer Hofmusik, von der beseelten Hand des Dirigenten als Miniature par excellence geformt. Zur Überfahrt nach dem Fernen Osten – Japan rüstet für Walter Herbert. Nach seiner Rückkehr wird er in Österreich immer willkommen sein und hoffentlich noch Großes erreichen!«[217]

Er kehrt erst im November 1936 nach Wien an die Volksoper zurück und begibt sich im Jänner 1937 auf eine sechswöchige Tournee der Staatsoper nach Kairo und Alexandrien. Nach seiner Rückkehr an die Volksoper im April 1937 ist er bald nicht mehr willkommen und verlässt Österreich gerade noch rechtzeitig ein weiteres Mal: Am 4. Februar 1938 erreicht er wieder New York, wo er sich nun eine neue Existenz aufbaut und zu einem unermüdlichen Neuerer wird – was für eine Energie muss dieser Mann gehabt haben!

Er bleibt nicht in New York, sondern geht nach San Francisco, um von dort aus den Südwesten Amerikas zu erobern. So wie die ersten Pioniere das Land in Besitz nahmen, wird Walter Herbert zu einem wahren Pionier der Oper. 1943 berichtet der *Aufbau* über eine Novität in San Francisco: *The Rose Masque*. Dahinter verbirgt sich zur Freude der dort lebenden Österreicher *Die Fledermaus* in einer neuen Revuefassung unter der musikalischen Leitung von Walter Herbert, »dem die Strauss-Walzer nur so aus dem Handgelenk flogen«.[218]

Bald darauf wird Walter Herbert für elf Jahre Direktor und Dirigent an der New Orleans Opera und verfolgt konsequent die Idee, unbekannte Werke ins Repertoire zu nehmen. So macht er das Publikum mit Richard Strauss' *Der Rosenkavalier* genauso bekannt wie mit *Salome* – als Europäer ist man erstaunt, dass diese für uns so selbstverständlichen Werke im New Orleans der 1940er-Jahre unbekannt sind. Es liegt ihm am Herzen, dem Publikum Opern, die noch nicht zum Repertoire zählen, zu präsentieren – nach einer langen Phase, in der New Orleans kein eigenes Opernhaus betrieb, hat Herbert viel aufzuholen. *Otello* oder *Tristan und Isolde* begeistern das Publikum ebenso wie das Engagement von großen, zum Teil europäischen Sängern und Sängerinnen wie Jussi Björling, Kirsten Flagstad und Astrid Varnay – ein weiterer Kulturtransfer, der in allen großen Häusern Amerikas zu beobachten ist. Europa hält in vielfältiger Art und Weise Einzug in Amerikas Kulturleben. Walter Herbert landet 1948 einen Coup und präsentiert dem begeisterten Publikum den aufstrebenden Mario Lanza als Pinkerton in *Madama Butterfly* – eine Besonderheit, macht Lanza doch seine spätere große Karriere im Film und ganz selten auf der Bühne.

Ein Mann mit solcher Power macht sich nicht nur Freunde – und so kommt es in New Orleans zu einem gewaltigen Konflikt zwischen zwei unerbittlichen Parteien pro und contra Herbert. Er sei ein friedliebender

Mensch, berichtet *The Shreveport Times* am 7. Juni 1954. »Diplomatisch verließ er die Stadt, während der Opernkrieg geführt wurde.« Shreveport bleibt dem Dirigenten verbunden, denn auch dort begründet er eine eigene Opernkompanie und kommt seinem Bildungsauftrag nach: Am 30. November 1959 erlebt das Publikum zum allerersten Mal Richard Wagners *Die Walküre*.

Walter Herbert zieht es weiter, er will etwas bewegen und Neues schaffen. Und so gründet er 1955 die Houston Grand Opera in Texas – was für ein enormer Aufwand steckt dahinter, aus dem Nichts ein Opernhaus samt Ensemble aus dem Boden zu stampfen. In seiner ersten Saison stehen zwei Opern auf dem Programm: *Salome* und *Madama Butterfly*. Mozarts Werke fehlen hingegen in seinen Spielplänen. Bis zum Jahr 1972 bleibt er der Vater dieses Kindes, aber dies reicht ihm nicht: Er leitet zugleich die Central City Opera in Denver, 1600 Kilometer oder zwei Flugstunden entfernt.

Zehn Jahre später erweitert Walter Herbert sein Betätigungsfeld Richtung Westen und gründet ein weiteres Opernhaus in San Diego, wo seit 1950 die Opera Guild Opernproduktionen aus San Francisco nach San Diego bringt. 1965 entsteht ein neues Theater, das Civic Theatre mit nahezu 3000 Plätzen. Und diese müssen gefüllt werden. Kein Problem für Walter Herbert: Man hat das Gefühl, dass er sich immer größere Herausforderungen sucht. Eröffnet wird das neue Haus mit *La Bohème* – zehn Jahre, bis zu seinem Tod, bespielt er das Haus mit großem Erfolg.

Und schließlich die unglaubliche Pionierleistung in Jackson, Mississippi. Mit jungen Sängerinnen und Sängern, die von drei schwarzen Colleges gesponsert werden, studiert er jährlich eine Oper ein: Es beginnt 1971 mit *Aida*, darauf folgt *Turandot*, im nächsten Jahr *Carmen*, dann *Otello* und 1975, im Jahr seines Todes, *Der fliegende Holländer*. Nicht gerade die leichteste Kost – aber warum sollte es sich ein Mann seines Kalibers irgendwann leicht machen? Bis zum Ende bleibt er unermüdlich, engagiert und voller Kraft. Die Kritiken würdigen seinen Einsatz und die Leistungen der jungen Künstler, von denen einige große Karriere machen und wohl immer wieder an diesen vorwärtsstrebenden Dirigenten und Ausnahmekünstler denken.

Walter Herberts Debüt mit *La Bohème. The Shreveport Times*, 4. November 1968

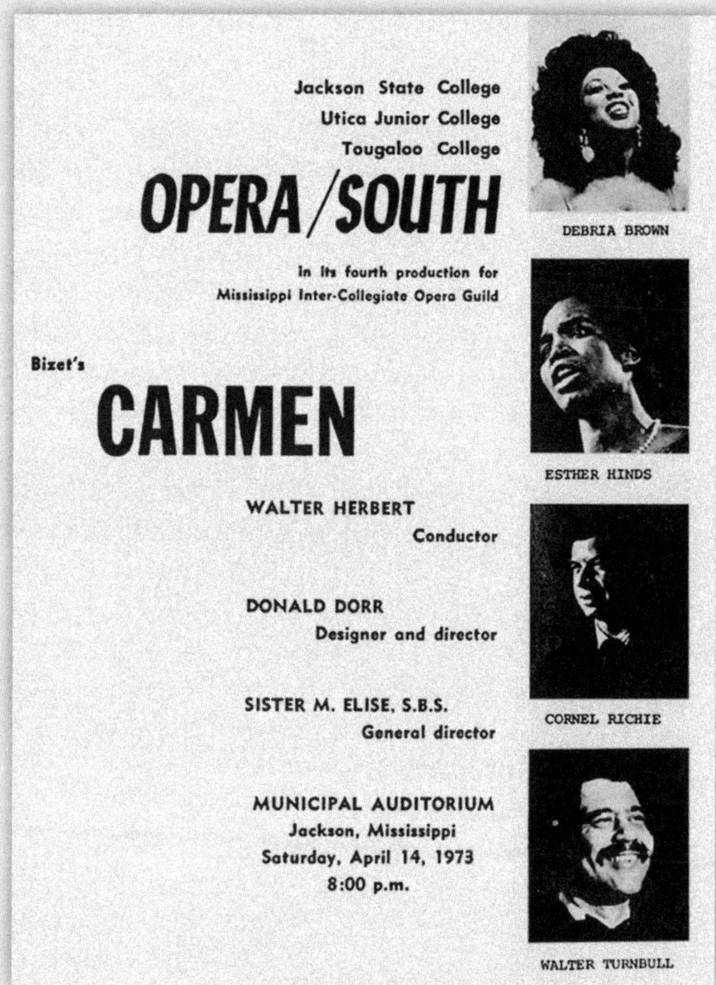

Walter Herbert dirigiert *Carmen* mit einem »All-Black Cast«, 1973.

»We met at the Met«. Peter Paul Fuchs

Die Wege von Peter Paul Fuchs, einem jungen Korrepetitor aus Wien, und Elissa Milet Levi, einer jungen Balletttänzerin aus New Orleans, kreuzen sich 1940 an der Metropolitan Opera in New York. 78 Jahre später erzählt die nunmehr 99-jährige Elissa Fuchs, die heute in Greensboro, North Carolina. zu Hause ist, aus ihrem Leben – und von ihrem Mann, dessen Karrierebeginn Wien und die Volksoper darstellen.

In ihrem Appartement empfängt sie mich, umgeben von Fotos und Erinnerungen. Und von ihrem Hochzeitskleid, das ihre Schwiegermutter 1949 aus goldenem Garn gestrickt hat. Ein Regal beinhaltet Bücher und Bilder, die ihrem Mann Peter gehörten – Wien in einer Nussschale. »Mein Mann war bis in die Tiefe seines Herzens ein Wiener«[219], erzählt Elissa.

Am 30. Oktober 1916 kommt in Wien ein Bub zur Welt – drei Wochen lang ist er noch der Untertan Kaiser Franz Josephs, dieser stirbt am 21. November. Peters Vater Adolf Fuchs ist angesehener Arzt mit großer Begeisterung für Musik, »einem großen Herzen und bissigem Humor«[220] – so charakterisiert ihn sein Sohn. Die Mutter Marianne Ruzicka ist eine ausgezeichnete Pianistin und auch die erste Lehrerin ihres Sohnes. Ihr Vater Alois spielt begeistert Cello, Geige, Klavier und Flöte, studiert Jus und macht sich als Anwalt einen Namen. Er stammt aus Böhmen, aus der Nähe von Iglau. Und dies führt zu einer der schönsten Familienanekdoten: Während des Studiums kommt Alois Ruzicka immer wieder nach Hause auf Besuch, eines Tages spricht ihn sein Nachbar, ein Gastwirt, an und bittet ihn um Rat: »Ich habe einen Sohn, der verrückt nach Musik ist. Den ganzen Tag spielt er Klavier. Ich weiß nicht, ob er Talent hat, aber Sie sind ein so guter Musiker, würden Sie ihn vielleicht anhören und mir Ihre Meinung sagen?« Selbstverständlich hilft der junge Student aus Wien gerne und rät dem Vater dringend, seinem Sohn eine musikalische Ausbildung zu ermöglichen. Und so legt Alois den Grundstein für die große Karriere Gustav Mahlers. Diese Geschichte erfüllt die Familie bis heute mit großem Stolz.

Peter wächst also umgeben von Musik auf. Jeden Sonntag gibt es Kammermusik, der Vierjährige hat schon seine Lieblingsstücke: einen Tanz aus dem ersten Akt des *Freischütz* und einen Walzer aus dem ersten Akt der *Fledermaus*. Der Sechsjährige wird von seiner Mutter erstmals in die Oper geführt – »natürlich« in ein Stück von Richard Wagner. Und sie blei-

Das Passbild des sehr jungen Peter Paul Fuchs, 1937

ben bis zum Schluss. Er singt zu Opernplatten und dirigiert vor dem Spiegel, in der Schule studiert er im Geheimen während des Mathematikunterrichts Beethoven-Quartette. Mit seiner Mutter spielt er vierhändig Arrangements vieler Symphonien – eine Grundlage, von der er in späteren Jahren zehren kann.

Er besucht das Gymnasium und studiert gleichzeitig am Konservatorium – eine Parallele zum acht Jahre älteren Walter Taussig, der an der Musikhochschule Unterricht nimmt. Klavier und Geige stehen ebenso auf dem Studienplan wie Musiktheorie und Dirigieren, zu seinen wichtigsten Lehrern zählen Felix Weingartner, eine Zeit lang Direktor der Volksoper, und Josef Krips, dessen jüngerer Bruder Heinrich sich ebenfalls die ersten Sporen an der Volksoper verdient. Karl Weigl, der Theorie-Lehrer, wird zum Freund, die Pianistin Leonie Gombrich, Mutter des berühmten Kunsthistorikers Ernst Gombrich, bezeichnet Peter Paul Fuchs als »piano teacher of genius«.

1924 zieht Familie Fuchs zu Familie Ruzicka in die Mahlerstraße 7, eine geräumige Wohnung mit sieben Zimmern, die gleichermaßen als Anwaltskanzlei, Arztpraxis und Wohnung genützt werden – und zu Peters unendlicher Freude nur zwei Minuten von der Staatsoper entfernt ist.

Peter beendet sein Studium 1935 – nun sollte ihm die Welt der kleinen deutschen Bühnen offenstehen, um Erfahrungen zu sammeln. Die Fragen der Agenten, ob er denn bereit sei für Deutschland, muss er verneinen, denn als Jude bleibt ihm dieser Weg versperrt. Er erhält eine Stellung als Korrepetitor an der Volksoper und wechselt rechtzeitig an das Deutsche Theater in Brünn – im März 1938 befindet er sich dort, in großer Sorge um seine Eltern, die er als »virtual prisoners in Vienna« bezeichnet. In seinem Pass befindet sich ein Vermerk: »Die Änderung des Wohnortes von Wien auf Brünn wurde amtlich berichtigt. Brünn, 12. März 1938«. Andere waren ab diesem Tag in Wien gefangen.

Am 7. Juni gelangt er in die Schweiz, acht Wochen darf er bleiben. Am 6. September findet sich ein eigenartig anmutender Eintrag im Pass: »Der Geltungsbereich des Passes wird auf sämtliche Staaten der Erde erweitert. Deutsches Generalkonsulat Mailand.« – mit Hakenkreuzstempel. Er verlässt die Schweiz und wartet in Neapel auf sein amerikanisches Einreisevisum, das am 1. Dezember endlich eintrifft. Peter schifft sich nach London ein, das er drei Wochen später verlässt – in diesen wenigen Tagen trifft er dort eine alte Freundin aus Wien, Louise Granichstaedten, die er kurzentschlossen in Hampstead heiratet, gegen den Willen der Eltern. Man kann sich den Grund dafür vorstellen: Dem Entwurzelten bietet dieses Mädchen ein gewisses Gefühl von Heimat. À la longue reicht dies nicht für eine Ehe, die gemeinsamen Jahre sind unglücklich, obwohl zwei Buben geboren werden. Das sentimentale Festhalten an der Vergangenheit ist zu wenig für eine Ehe auf Augenhöhe, bietet allerdings ein wenig Sicherheit in Zeiten der enormen Unsicherheit. Louise hat noch kein Visum für Amerika, sie folgt ihrem Mann fünf Monate später, am 22. Mai 1939.

Im Gepäck hat Peter einen Empfehlungsbrief seines Lehrers Felix Weingartner: »Peter Paul Fuchs was a pupil of my school for conductors at the Conservatory of Basle. He was one of the best. Very gifted as conductor he knows profoundly well the musicale literature. He is assiduous and diligent and has made remarkable progress in the time I have worked with him. I give to Peter Paul Fuchs my warmest recommendations.« Dieser Brief, schon ganz löchrig und fragil, hängt auch heute noch gerahmt in Elissa Fuchs' Appartement – eine kostbare Erinnerung.

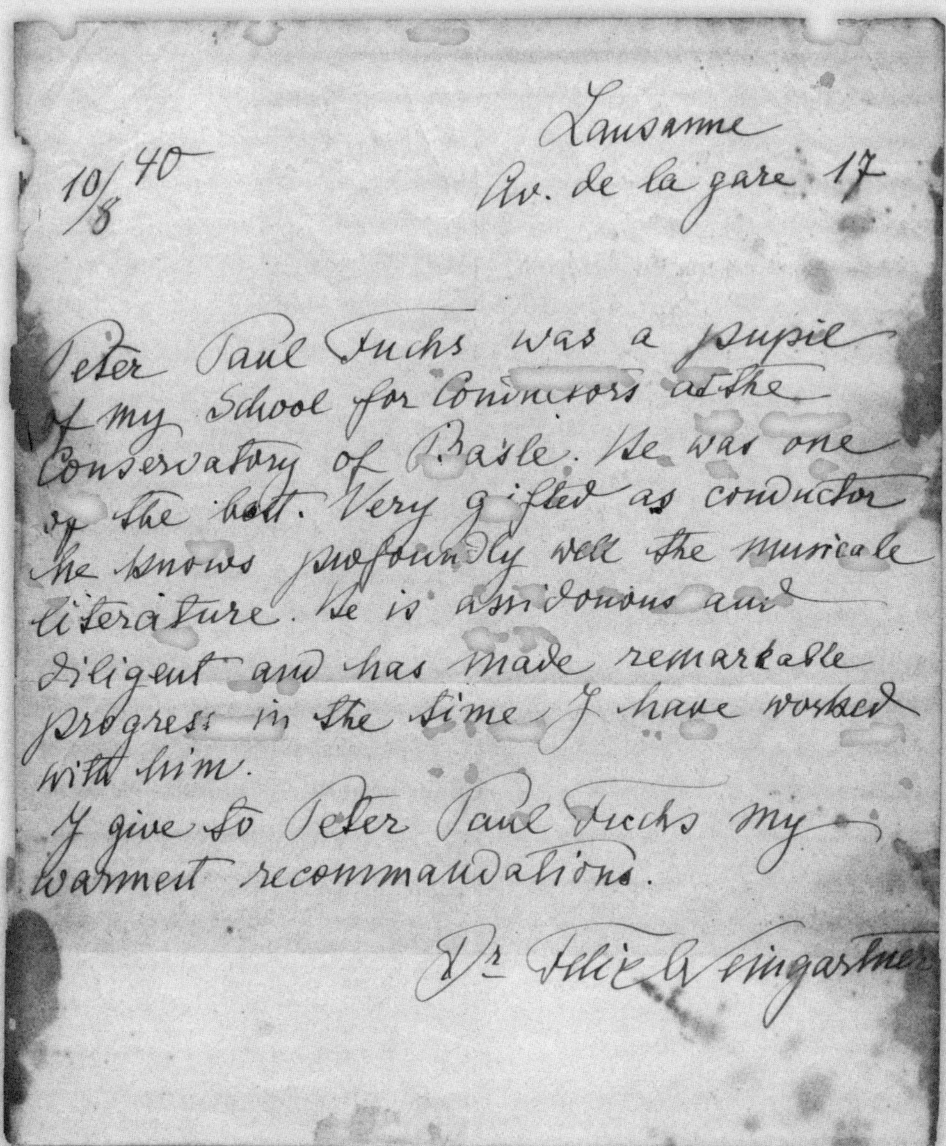

Lausanne
10/8 40
Av. de la gare 17

Peter Paul Fuchs was a pupil of my School for Conductors at the Conservatory of Basle. He was one of the best. Very gifted as conductor he knows profoundly well the musicale literature. He is assiduous and diligent and has made remarkable progress in the time I have worked with him.
I give to Peter Paul Fuchs my warmest recommandations.

Dr Felix Weingartner

Felix Weingartners Empfehlungsschreiben

»Jeder, der Klavier spielen konnte, hatte eine musikalische Brücke«, meint Elissa im Gespräch. Musik ist eine internationale Sprache und erleichtert die Integration in der neuen Umgebung: Menschen mit Berufen, die der Sprachkenntnisse bedürfen, sehen sich viel größeren Problemen ausgesetzt. In New York verhilft ein Freund zu ersten Jobs als Klavierlehrer und Begleiter für Balletttruppen, 1940 wird Peter als Ballett-Pianist mit einem Wochenlohn von 75 Dollar an die Metropolitan Opera engagiert. Sie ist in New York erste Anlaufstation, viele der geflüchteten Musiker finden hier einen Job, jedenfalls für den Anfang, als Sprungbrett – und daraus ergeben sich lebenslange Verbindungen. Kurt Herbert Adler, Walter Herbert, Walter Taussig, László Halász, Fritz Stiedry und eben auch Peter Paul Fuchs kennen einander von der Volksoper und treffen einander nun wieder an der Met, um von hier aus ihre unterschiedlichen, aber immer höchst erfolgreichen Karrieren zu starten. Man ist versucht zu sagen, dass sie das Land kulturell kolonialisieren.

In der Zwischenzeit wächst die Sorge um die Eltern. Sie können in ihrer Wohnung in der Mahlerstraße 7 bleiben, doch von den sieben Zimmern steht ihnen nur mehr eines zur Verfügung – die anderen werden von einer Nazi-Organisation genutzt. Adolf Fuchs erzählt seinem Sohn, dass er als Arzt Vorteile habe. Nach einer privilegierten Behandlung klingt das nicht gerade.

Mariannes Nichte Annie Polzer-Bindermann übersetzt 1935 Pearl S. Bucks *Die erste Frau und andere Novellen* ins Deutsche und erhält so ein Affidavit von der berühmten Schriftstellerin. Auf diesem Weg kommen auch Adolf und Marianne aus Wien heraus. Am 22. August 1939 melden sie sich aus Wien ab und reisen nach Liverpool – Marianne wird später von den entsetzlichen Erlebnissen berichten: Das Ehepaar darf eine Zahnbürste, Wäsche zum Wechseln und jeweils fünf Dollar in bar mitnehmen – so wie alle anderen Reisenden. Am ersten Kontrollpunkt der Gestapo wird schärfstens kontrolliert und nach geschmuggelten Wertgegenständen, Geld, Edelsteinen gesucht – diejenigen, bei denen etwas gefunden wird, werden abgeführt. Marianne Fuchs erinnert sich noch Jahrzehnte später an die entsetzlichen Schreie der Verzweiflung und Todesangst.

Am 5. September 1939 treffen Adolf und Marianne in New York ein. Sie sind gerettet. Mariannes Bruder Ernst, Rechtsanwalt wie sein Vater, stirbt 1941 im Konzentrationslager Buchenwald. Mariannes Schwester Emma, verheiratet mit dem angesehenen Arzt Dr. Ignaz Bindermann, wird ein Jahr später von Wien nach Riga deportiert – Marianne verliert beide Geschwister. Adolfs Bruder Josef, ebenfalls Rechtsanwalt, kann nach Schweden flüchten, wo er 1946 stirbt.

Adolf versucht, 58 jährig, noch einmal als Arzt Fuß zu fassen, doch die Auflagen sind zu hoch, die Sprache fremd – er stirbt am 22. Oktober 1946, nur wenige Monate nach seinem Bruder im weit entfernten Stockholm. Marianne, die ihr Sohn als schüchtern und zurückhaltend bezeichnet, muss ihr Leben selbst in die Hand nehmen. Sie findet einen Job als Klavierlehrerin in einer Musikschule und startet zum ersten Mal selbst durch. Bis 1960 lebt sie allein in New York, nach ihrer Pensionierung zieht sie in die Nähe ihres Sohnes. Zu ihrem 89. Geburtstag im Jahr 1978 erscheint in der *Greensboro Daily News* eine Hommage mit dem Titel *Her Life Is Filled With Beautiful Music*. Musik bestimmte ihr Leben von Beginn an, Kammermusik gehörte zu den Selbstverständlichkeiten an Wochenenden und natürlich spielten auch ihre Geschwister ein Instrument. »In ihrem charmanten Akzent erzählt sie, wie der Zweite Weltkrieg ihr Leben verändert hat. Wien zu verlassen war herzzerreißend, denn Menschen, die in Wien geboren waren, sollten auch dort bleiben.«

Peter Paul Fuchs etabliert sich in New York, die Metropolitan Opera bietet ihm erste Sicherheit und eine neue Liebe. Er trifft die Balletttänzerin Elissa Minet Levi, 1949 heiraten die beiden nach seiner Scheidung von Louise. Ein neuer Lebensabschnitt beginnt, der in ganz andere Städte und Orte des großen Kontinents führt.

Das Verlobungsfoto von Elissa Minet Levy und Peter Paul Fuchs, 1949

Zuvor wird er zum Militär eingezogen und als Übersetzer für italienische Kriegsgefangene eingesetzt. Seine Sprachkenntnisse kommen ihm nun zugute, spricht er neben Deutsch und Englisch doch auch Italienisch, Französisch, Russisch und Tschechisch, um Opern besser einstudieren zu können.

Ab dem Sommer 1946 arbeitet er beim Tanglewood-Festival, einem ganz außergewöhnlichen Ort, an dem junge Musiker die Möglichkeit erhalten, Erfahrungen zu sammeln, neue Werke kennenzulernen und Kontakte zu knüpfen.

Die Oper San Francisco ist das nächste Ziel. Viel höher dotiert, bietet sie wesentlich bessere Verdienstmöglichkeiten. Außerdem befindet sich dort ein ehemaliger Kollege aus der Volksoper: Kurt Herbert Adler. Noch ist er Assistent, wird das Haus aber 30 Jahre lang erfolgreich leiten. Peter Paul Fuchs zieht also in den Westen, wo gänzlich andere Zustände herrschen, für einen Europäer vorerst unglaublich, dauert die Opernsaison in diesen Jahren in San Francisco gerade einmal fünf Wochen! Bis heute gibt es keinen durchgängigen Spielplan, zwischen Jänner und Juni finden keine Aufführungen statt – ein gänzlich anderes System als in Europa.

Den Rest des Jahres arbeitet Peter Paul Fuchs weiter an der Met, 1950 zieht er in den Süden: Die Louisiana State University beruft ihn als Leiter der Opernabteilung – eine völlig neue Herausforderung. 26 Jahre wird er in Baton Rouge am Ufer des Mississippi bleiben und echte Pionierarbeit leisten. Fünf Jahre später übernimmt er das Baton Rouge Symphony Orchestra. Als Lehrer, Korrepetitor, musikalischer Leiter und Dirigent eröffnen sich ihm unzählige Möglichkeiten, Gastengagements führen ihn in andere amerikanische Städte ebenso wie nach Europa – auch nach Linz und Innsbruck, aber niemals mehr nach Wien.

1957 meint seine Mutter Marianne in einem auf Englisch verfassten Brief: »As long as you have to stay down south, you are acting as a kind of missionary on behalf of great music.«[221] Sie trifft den Nagel auf den Kopf, denn Peter Paul Fuchs hat wahrlich viel zu tun: Er macht das Publikum mit Mozarts Opern bekannt – »not too popular in that region«, stellt er fest. Beethoven und Mahler stehen ebenso auf dem Programm wie Operetten, ein besonderes Anliegen sind ihm auch zeitgenössische Produktionen. Giancarlo Menotti spielt er ebenso wie Hermann Reutter, der auch selbst Meisterklassen abhält.

Peter Paul Fuchs bei der Arbeit im Souffleurkasten

Peter Paul Fuchs besucht mit seiner Frau Wien, erstmals 1955, noch während der Besatzung. »This was a sentimental journey for me«, erinnert er sich. Wien hat sich gewandelt, die Zerstörungen sind sichtbar, aber auch die Bemühungen um Modernisierung. »The city has retained it's special charm in the coffeehouses, the salesladies in the shops, the beautiful, slim young ›Mädchens‹.« Er besucht auch die Volksoper und blickt zurück zu seinen Anfängen dort. Die Volksoper hatte immer als der arme Cousin der Staatsoper gegolten, nun hat sie sich zu einem Haus ersten Ranges gemausert mit Produktionen, die den ehemaligen Korrepetitor des Hauses begeistern, so auch 1991 Schostakowitschs *Lady Macbeth von Mzensk*. Jahr für Jahr verbringen Peter und Elissa Silvester gemeinsam mit Peters altem Freund Leo Müller in Wien – die Verbindung zur alten Heimat hängt stark an persönlichen Beziehungen.

Im Jahr 1954 kann Peter Paul Fuchs samt Familie mithilfe eines Fulbright-Stipendiums‹ mit einem sehr interessanten Forschungsauftrag ein

Jahr nach Deutschland reisen: Er soll beurteilen, wie sich das Opernwesen im Nachkriegsdeutschland entwickelt. Eine spannende Aufgabe, die ihn in viele Städte führt, auch nach Ostberlin an die Komische Oper. Seine kleine Tochter Debora lernt in diesem Jahr Deutsch – besser als seine Frau, wie diese verschmitzt erzählt. Peter spricht mit seiner Tochter Deutsch – die Sprache liegt ihm am Herzen, er bringt sie nicht in Verbindung mit dem geschehenen Grauen, im Gegensatz zu so vielen anderen Emigranten, die die Sprache radikal ablegen und ablehnen.

1976 verlassen Peter und Elissa Baton Rouge und lassen sich in Greensboro, North Carolina, nieder, eine sehr grüne Stadt mit patriotisch-stolzer Bevölkerung inmitten von Erinnerungen an Schlachten, Kriegshelden und Gedenkstätten – ein Kernland des Sezessionskrieges. Ein konservatives Publikum also, das Peter Paul Fuchs nun als musikalischer Leiter des Greensboro Symphony Orchestras mit neuen Werken bekannt machen möchte. Nicht nur das Publikum bleibt skeptisch, auch bei Orchestermit-

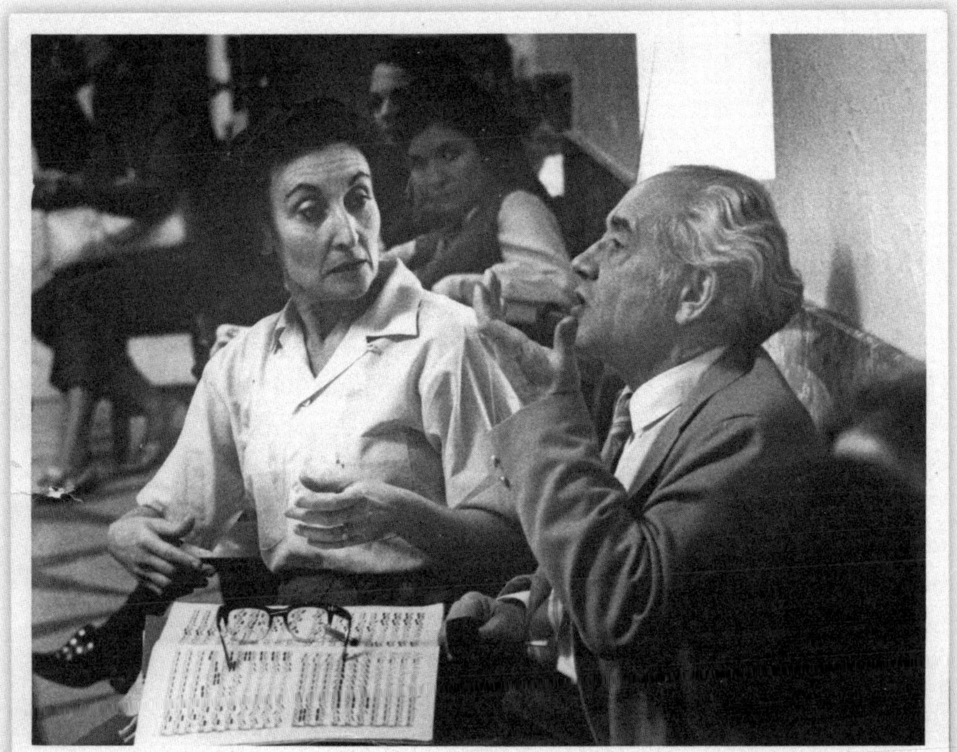

Peter Paul und Elissa bei der Arbeit in den 1970er-Jahren

gliedern muss er Überzeugungsarbeit leisten – und ist stolz darauf, viele Menschen zu bekehren und Neugier zu wecken. Alban Bergs Violinkonzert steht ebenso auf dem Programm wie Gustav Mahlers Symphonien und so manch zeitgenössisches Werk, immer in einer behutsamen Mischung. Und doch: Seine wahre Liebe gilt der Oper, insbesondere der italienischen, ebenso Benjamin Brittens Werken. »But Wagner was his god«, sagt Elissa mit einer gewissen Verklärtheit in der Stimme. Sie besuchen einige Male Bayreuth und treffen Wieland und Wolfgang Wagner, mit denen sie sich anfreunden. Eine weitere interessante Facette dieses Lebens.

Sein Kompositionslehrer in Wien, der legendäre Karl Weigl, hat schon in den Studienjahren die atonale Musik radikal abgelehnt und selbst im spätromantischen Stil komponiert – die Werke seines Schülers Peter Paul Fuchs taxiert er stereotyp: viel zu atonal. Denn dieser findet neben seinen vielen Verpflichtungen auch noch Zeit, selbst Werke zu schreiben, die Aufführungsmöglichkeiten erweisen sich jedoch als dünn: »Das Leben eines ernsten Komponisten ist – wenigstens in Amerika – ein Graus, eine lange Reihe von Abweisungen, Enttäuschungen und nicht gehaltenen Versprechen.«[222]

Auch zwei Bücher verfasst Peter Paul Fuchs: *The Psychology of Conducting* und *The Music Theater of Walter Felsenstein* als Reverenz an den großen Theaterregisseur und Direktor der Komischen Oper Berlin, die Peter und Elissa in den 1950er-Jahren regelmäßig besuchen. Sie wohnen im Westen und fahren für die Vorstellungen in den Osten – immer wieder eine gewöhnungsbedürftige Situation. Den legendären Walter Felsenstein lernt Peter in Boston kennen, wo der große Theatermacher einen Vortrag hält, Peter wird als Übersetzer engagiert und ist fasziniert von dessen großer Persönlichkeit. Felsenstein möchte, dass die Sänger nicht nur singen, sondern auch spielen – eine neue Idee. Außerdem schätzt Felsenstein die Werke von Peter Paul Fuchs und gibt ihm die Chance, seine Oper *White Agony* auf der Bühne der Komischen Oper zu sehen.

Europa und dessen Traditionen prägen Peter Paul Fuchs' Leben und Wirken bis zuletzt – und auch er legt seinen österreichischen Akzent nie ab, obwohl ihn die deutschen Kollegen an der Met am Beginn seiner amerikanischen Karriere damit aufziehen. Er bleibt eine Erinnerung an seine Herkunft.

An der University von Greensboro liegen Peters Papiere, Dokumente, eine unpublizierte Autobiographie, Fotos und Noten, viele davon selten

Elissa Minet Levy Fuchs heute: mit 99 Jahren immer noch Ballerina

oder gar nicht gespielt. Seit 2009 bin ich die erste Forscherin, die dieses Leben, gebannt auf unterschiedliches Papier, betrachtet und durchblättert. Und Elissa bewahrt das Andenken ihres Mannes in ihrem Appartement, über dem Sofa ein Gemälde von Salzburg, im Bücherregal viele deutschsprachige Bücher, Schallplatten und Kassetten, Familienfotos. Ein Stück Wiener Atmosphäre hat sich in Greensboro, North Carolina, bis heute erhalten.

Lebensdaten der Künstler

Kurt Herbert Adler	2.4.1905 Wien · 9.2.1988 San Francisco
Jara Beneš	5.7.1897 Prag · 10.4.1949 Wien
Kurt Breuer	29.8.1896 Wien · 20.12.1960 New York
Fritz Brunner	22.9.1890 Wien · 28.9.1958 Wien
Paula Brunner, geb. Bäck	10.12.1898 Wien · 1978 Brüssel
Jean Ernest (Glückmann)	30.7.1888 Jassy · 1.1974 New York
Fritz Fall	25.7.1899 Baden · 24.11.1974 Washington DC
Victor Flemming (Fleminger)	3.7.1886 Wien · 10.1944 KZ Auschwitz
Marco Frank (Frankl)	24.4.1881 Wien · 29.4.1961 Wien
Peter Paul Fuchs	30.10.1916 Wien · 26.3.2007 Greensboro/North Carolina
László Halász	6.6.1905 Debrecen · 26.10.2001 Port Washington New York
Ada (Chudesa) Hecht geb. Spiro	31.1.1886 Zawichost/Polen · 10.1944 KZ Auschwitz
Walter Herbert Seligmann	18.2.1898 Frankfurt am Main · 9.1975 San Diego
Kurt Hesky	20.6.1904 Lundenburg · 29.3.1961 Rio de Janeiro
Hans Holewa	26.5.1905 Wien · 26.4.1991 Stockholm
Franz Ippisch	18.7.1883 Währing bei Wien · 20.2.1958 Guatemala
Heinrich Jalowetz	3.12.1882 Brünn · 2.2.1946 Black Mountain/North Carolina
Karl Josefovics	11.2.1906 Wien · 1993 London
Alexander Kowalewski	7.8.1889 Łódź · 31.5.1948 Wien
Leo Kraus	22.5.1890 Wien · ? Argentinien
Henry Joseph Krips	10.2.1912 Wien · 25.1.1987 North Adelaide Australien
Karl Lustig-Prean	20.1.1892 Prachatitz/Böhmen · 22.10.1965 Wien
Fritz Löhner-Beda	24.6.1883 Wildenschwert/Böhmen · 4.12.1942 KZ Auschwitz
Harry Neufeld	7.9.1907 Wien · ? Brasilien
Kurt Pahlen	26.5.1907 Wien · 24.7.2003 Lenk/Schweiz
Friedrich Schreiber	13.2.1879 Böhmisch Leipa · 11.6.1968 London
Fritz Stiedry	11.10.1883 Wien · 9.8.1968 Zürich
Eugen Strehn	6.2.1883 Güssing · 1977 Bogotá
Walter Taussig	9.2.1908 Wien · 31.7.2003 New York
Hugo Wiener	16.2.1904 Wien · 14.5.1993 Wien

Anmerkungen

1 Bertha Frank an Franz Ippisch, 23.2.1948. Teilnachlass Franz Ippisch, Wienbibliothek

2 Die Volksoper. Das Wiener Musiktheater (Wien 1998)

3 Alfons Wallis, Schriftsteller und Journalist, 1.9.1898 Wien – 9.1967 New York

4 Ida Sinek, verh. Albert Gärtner, Schauspielerin, 12.10.1888 Wien – 23.8.1965 New York

5 Karl Michael May (eigentlich Mayer), 9.8.1893 Wien – 19.4.1943 Madrid

6 Wiener Salonblatt, 6.11.1932, S. 15

7 Die Revue *Im 7. Himmel,* Morgen, 29.9.1930, S. 6

8 Neues Wiener Journal, 4.9.1932, S. 29

9 Neues Wiener Journal, 6.12.1931, S. 16

10 Neues Wiener Journal, 18.8.1937, S. 10

11 Hugo Wiener, Zeitensprünge (Wien 1991), S. 140

12 Wiener, Zeitensprünge, S. 140f

13 Wiener, Zeitensprünge, S. 190

14 Hugo Wiener in »Contra – Kabarett und Kleinkunst«. Zitiert in Karin Sedlak, »Heiterkeit auf Lebenszeit …?« Hugo Wiener und seine Wirkungsstätten. Ein Beitrag zur Kabarett- und Exilforschung (Wien 2009) Dissertation, S. 237

15 Christian Klösch, Regina Thumser, From Vienna. Exilkabarett in New York 1938 bis 1950 (Wien 2002), S. 106f

16 From Vienna, S. 107

17 From Vienna, S. 113

18 Alisa Douer, Ursula Seeber (Hg.), Wie weit ist Wien. Lateinamerika als Exil für österreichische Schriftsteller und Künstler (Wien 1995), S. 195, und Handbuch des deutschsprachigen Exiltheaters 1933–1945, Band 2 (München 1999), S. 920

19 Wiener, Zeitensprünge, S. 147

20 Der Humorist, 10.8.1911, S. 6

21 Über *Wiener Blut* in Stuttgart. Der Humorist, 10.6.1912, S. 6

22 Neues Wiener Journal, 13.1.1924, S. 30

23 Neuigkeits-Welt-Blatt, 27.4.1926, S. 4

24 Siglinde Bolbecher, Kolumbien. In: Alisa Douer, Ursula Seeber (Hg.), Wie weit ist Wien. Lateinamerika als Exil für österreichische Schriftsteller und Künstler (Wien 1995), S. 173ff

25 Der Aufbau, 21.11.1941, S. 14

26 Illustrierte Kronen-Zeitung, 2.8.1935, S. 5
27 Formular »Überseeische Auswanderung im Jahre 1939«. www.ancestry.com
28 Gazeta de Noticias, 16.11.1947, S. 5
29 Correio da Manhã, 31.10.1948, S. 27
30 Neues Wiener Journal, 28.7.1936, S. 4
31 Wiener Morgenzeitung, 28.2.1922, S. 4
32 Diario de Noticias, 31.5.1951, S. 4
33 Correio da Manhã, 6.4.1961, S. 11
34 Karl Josefovics in: Almanach der Wiener Theater. Almanach der österreichischen Bundestheater. 1935/36, 3. Heft (Baden bei Wien 1935), S. 46ff
35 Die Neue Zeitung, 23.2.1932, S. 5
36 Der Morgen, 5.10.1936, S. 6
37 Der Morgen, 8.11.1937, S. 8
38 Neues Wiener Journal, 20.10.1934, S.11
39 Arbeiter Zeitung, 24.3.1933, S. 8
40 Kleine Volkszeitung, 5.12.1931, S. 7
41 Neue Freie Presse, 5.12.1931, S. 7
42 Adalbert Rosenzweig, Mit der Südbahn von Brünn nach Währing. Oder: Der »Fall« Volksoper. In: Der Morgen, 18.4.1932, S. 8
43 Neues Wiener Journal, 1.5.1934, S. 18
44 Das kleine Volksblatt, 18.2.1938, S. 10
45 Die Zeitung, 19.8.1941, S. 3
46 Drawings for the Theatre. Habimah 1918–1978 (Tel Aviv 1978)
47 Lustig-Preans Lachendes Panopticum (Frankfurt/Main 1952), S. 263f
48 Lustig-Prean, S. 51
49 Lustig-Prean, S. 131
50 Lustig-Prean, S. 134
51 Lustig-Prean, S. 137
52 Neues Wiener Journal, 31.8.1920, S. 3
53 Max Graf in: Der Morgen, 11.10.1920, S. 5
54 Neues Wiener Journal, 7.10.1920, S. 3
55 Lustig-Prean, S. 147
56 Lustig-Prean, S. 225f
57 Lustig-Prean, S. 243
58 Lustig-Prean, S. 245
59 Lustig-Prean, S. 263f
60 Lustig-Prean, S. 263f
61 Karl Lustig-Prean an die »Bewegung Freies Deutschland«, Ende 1943. Zitiert in: Izabela Maria Furtado Kestler, Rivalisierende österreichische Gruppen im brasilianischen Exil. In: Zeitgeschichte November/Dezember 2000, Heft 6, S. 408
62 Wiener Morgenzeitung, 17.3.1921, S. 21

63 Der Humorist, 27.10.1922, S. 4

64 Lustig-Prean, S. 244f

65 Peter Panholzer, Christiane Reich-Rohrwig (Hg.), Ernst Freiherr von Nadherny, Erinnerungen aus dem alten Österreich (Wien 2009)

66 Verlassenschaftsakt Alexander Kowalewski, gest. 7.8.1948. Wiener Stadt- und Landesarchiv, BG Döbling, A4/2-2A, 351/1948

67 Stadttheater Verdi – Geschichte eines Theaters an der Grenze (1918–1943). In: Hefte zur Bozner Stadtgeschichte, 3. Band. Herausgegeben von Massimo Bertoldi und Angela Mura 2014

68 https://www.wien.gv.at/rk/historisch/1948/juni.html

69 https://www.wien.gv.at/rk/historisch/1948/juni.html

70 Wiener Zeitung, 17.8.1947, S. 3

71 Wiener Kurier, 5.7.1947, S. 5

72 Neues Wiener Journal, 2.12.1919, S. 7

73 Illustrierte Kronen-Zeitung, 14.1.1932, S. 7

74 Illustrierte Kronen-Zeitung, 14.1.1932, S. 7

75 Neues Wiener Journal, 29.1.1932, S. 6f

76 Wiener Zeitung, 31.1932, S. 7f

77 Dies dürfte sich 1933 abgespielt haben. Vorgesehener Dirigent ist Walter Herbert. Premiere: 27.4.1933

78 Kurt Pahlen, Ja, die Zeit ändert viel! (Stuttgart 2001), S. 224f

79 Pahlen, S. 224f

80 Gerechtigkeit 29.4.1937, S. 12

81 Pahlen, S. 240

82 Der deutsche Telegraf, 9.7.1938, S. 5

83 Er meint wohl Ottakring.

84 Pahlen, S. 253

85 Pahlen, S. 253

86 Pahlen, S. 254

87 Der deutsche Telegraf, 23.8.1938, S. 5

88 Silvia Glocer, Melodías del destierro. Músicos judíos exiliados en la Argentinia durante el nazismo (1933–1945) (Buenos Aires 2016), S. 186

89 Comité Austriaco, 1. Rundschreiben 92.29142. Zitiert in Anne Saint Saveur-Henn, Zukunftspläne für Österreich aus der Sicht der Lateinamerikaemigranten, in: Zeitgeschichte 6 (Wien 2000), S. 397ff

90 Wiener Zeitung, 12.4.1947, S. 4

91 Wiener Kurier, 5.4.1947, S. 5

92 Wiener Kurier, 16.4.1947, S. 3

93 Pahlen, S. 419

94 http://botstiber.org/about/

95 Gespräch mit Henry Krips, Wien, Juni 2018

[96] Neues Wiener Journal, 2.4.1931, S. 13
[97] Neues Wiener Tagblatt, 4.4.1931, S. 10
[98] Neues Wiener Journal, 19.2.1932, S. 8
[99] Neues Wiener Journal, 5.6.1932, S. 28
[100] The Boston Globe, 25.2.1938, S. 15
[101] The Boston Globe, 24.2.1938, S. 16
[102] Corsicana Daily Sun, 22.2.1939, S. 7
[103] The Paris News, 30.4.1939, S. 13
[104] Daily News, New York, 20.5.1944, S. 251
[105] Wiener Kurier, 6.3.1946, S. 4
[106] Neues Österreich, 13.3.1946, S. 2
[107] Wiener Kurier, 28.8.1946, S. 4
[108] Weltpresse, 2.9.1946, S. 6
[109] Österreichisches Staatsarchiv/AdR/BMF/AHF 469. Ich danke Dr. Barbara Sauer sehr herzlich für die Zurverfügungstellung der Akten bezüglich Friedrich Schreiber.
[110] Die Bühne, 26.2.1925, S. 6
[111] Sonn- und Montags-Zeitung 18.2.1929, S. 3
[112] Friedrich Schreiber an den Fonds zur Hilfeleistung an politisch Verfolgte, die ihren Wohnsitz und ständigen Aufenthalt im Ausland haben (Hilfsfonds), 2.8.1956
[113] Prager Tagblatt, 30.11.1904, S. 8
[114] Wiener Zeitung, 27.9.1914, S. 9
[115] Die Bühne, 26.4.1925, S. 56
[116] Illustrierte Kronen-Zeitung 6.7.1929, S. 10
[117] Manfred Hecht, My four lives. Memoires of a singing psychoanalyst (Ariadne Press 1999), S. 12
[118] Wiener Salonblatt, 29.3.1931, S. 15
[119] Hecht, S. 13
[120] Hecht, S. 13
[121] Hecht, S. 8
[122] 15.7.1940. Hecht Collection, Leo-Baeck-Institut
[123] 17.3.1941
[124] 15.7.1940
[125] 26.9.1940
[126] 28.7.1940
[127] 12.10.1940
[128] 13.11.1940
[129] 6.12.1940
[130] 13.11.1940
[131] Richard Wagner, *Tannhäuser*
[132] 15.7.1940

[133] Edith Hahn-Beer, Ich will leben! Briefe und Dokumente einer Wiener Jüdin (Münster 1996), S. 83f
[134] 12.5.1941
[135] Manfreds Frau Marie Engel
[136] Karel Berman, zitiert in Stephan Stompor, Künstler im Exil (Frankfurt 1994), S. 208
[137] Karel Berman, zitiert in Stompor, S. 208
[138] Isidor Fell an Manfred Hecht, 20.9.1945, Wickenburggasse 10, Folder 1 letters and telegrams. LBI. United States Holocaust Memorial Museum Archives, RG-10.066.*01 Isidor Fell letter. Isidor Fell an seinen Sohn, Theresienstadt 31.5.1945: »Max und Ada sind leider nach Polen gegangen, weil Ada jünger als 65 war.«
[139] Neues Wiener Journal, 19.4.1925, S. 16
[140] 5.11.1940. Teilnachlass Franz Ippisch, Wienbibliothek
[141] 1.7.1942
[142] 1.7.1942
[143] 29.7.1943
[144] 2.10.1946
[145] 23.2.1948
[146] 6.3.1957
[147] Franz Ippisch, Würfelspiel ums Leben (Guatemala 1977/78), S. 2. Unpubliziert und nur zum Teil erhalten. Exilbibliothek im Literaturhaus Wien
[148] Würfelspiel, S. 8
[149] Würfelspiel, S. 12
[150] Würfelspiel, S. 14
[151] Würfelspiel, S. 14
[152] Würfelspiel, S. 65
[153] Franz Ippisch an Adolf Hitler, 6.4.1938. Zit. in: Henrik Eberle (Hg.), Briefe an Hitler. Ein Volk schreibt seinem Führer. Unbekannte Dokumente aus Moskauer Archiven – zum ersten Mal veröffentlicht. (Bergisch Gladbach 2007)
[154] 16.4.1944, Marco Frank an Franz Ippisch. Wiener Stadt- und Landesarchiv
[155] Würfelspiel, S. 14
[156] Verwehte Spuren. Deutschsprachige jüdische Schriftsteller aus Mähren (München/Nikolsburg 2001). Ausstellungskatalog, S. 16
[157] Der Morgen, 27.7.1936, S. 11
[158] Neue Freie Presse, 14.4.1928, S. 8
[159] Neues Wiener Tagblatt, 24.2.1931, S. 9
[160] E-Mail von Greta Brunner-Staudt, 30.8.2018
[161] E-Mail von Greta Brunner-Staudt, 31.8.2018
[162] Dokumentationsarchiv des Österreichischen Widerstandes
[163] E-Mail von Greta Brunner-Staudt, 30.8.2018
[164] Dokumentationsarchiv des österreichischen Widerstands, Österreicher im Exil. Belgien. 1938 – 1945. Bearbeitung: Ulrich Weinzierl (Wien 1987)

[165] E-Mail von Greta Brunner-Staudt, 31.8.2018

[166] E-Mail von Greta Brunner-Staudt, 30.8.2018

[167] Henrik Rosengren, Från tysk höst till tysk vår (Lund 2013), S. 237

[168] Erst nach Abschluss der Lektüre stellte ich fest, dass das Buch 2016 auch auf Deutsch erschienen ist: Henrik Rosengren, Fünf Musiker im schwedischen Exil (Neumünster 2016)

[169] Stefan Zweig in: Literarische Monatshefte. Eine Zeitschrift junger Menschen. 1. Jahrgang, Nr. 1, 30.9.1929

[170] Verlassenschaftsakt Leiser (Leopold) Holewa, gest. 1.7.1933. Wiener Stadt- und Landesarchiv, BG Innere Stadt, A4/2-2A, 397/1933

[171] Unbekannter Artikel, zitiert bei Rosengren, S. 241

[172] Claes Witthoff, Sammanträffande med Alice Holewa 910811, Hans Holewa-Arkiv, zitiert bei Rosengren, S. 232

[173] Lars af Malmborg, Apollos dilemma. In: Nutida Musik 1974/75, zitiert bei Rosengren, S. 273

[174] Eugen Blume, Matilda Felix u. a. (Hg.), Black Mountain. Ein interdisziplinäres Experiment 1933–1957 (Berlin 2015). Ausstellungskatalog der Nationalgalerie Berlin

[175] Zitiert bei Petra Kipphoff, Das Experiment in den Wäldern. In: Neue Zürcher Zeitung, 6.8.1915

[176] Arnold Schönberg an Herbert Graf, 12.6.1938. Arnold Schönberg Center Wien

[177] Ernst Lichtenhahn (Hg.), Anton Webern, Briefe an Heinrich Jalowetz (Mainz 1999), S. 55

[178] Albrecht Pohlmann, Modell, Künstlerin und »wahre Eva«. Das abenteuerliche Leben der Trude Guermonprez (Halle an der Saale 2003), S. 22

[179] Pohlmann, S. 56

[180] Zitiert bei Pohlmann, S. 31

[181] Ernst Krenek, Im Atem der Zeit. Erinnerungen an die Moderne (Hamburg 1998), S. 600f

[182] Zitiert bei Pohlmann, S. 83

[183] Zitiert bei Pohlmann, S. 122

[184] Siehe das Interview mit Lisa Aronson Jalowetz: https://vimeo.com/67699862

[185] Zitiert bei Pohlmann, S. 125

[186] Arnold Schönberg Center, Wien

[187] César Saerchinger, Fritz Stiedry. From Mahler to the Met (o. D.) Archiv der Metropolitan Opera

[188] Die Bühne, 24.11.1924, S. 29

[189] Arnold Schönberg Center, Wien

[190] Toni und Gustav Stolper Collection, Leo-Baeck-Institut New York

[191] Democrat and Chronicle, 18.3.1938, S. 16

[192] The Brooklyn Daily Eagle, 24.10.1938, S. 6

[193] The Brooklyn Daily Eagle, 30.10.1938, S. 36

194 The Des Moines Register, 17.1.1939, S. 1
195 E-Mail von Ronald Adler, 8.6.2018
196 Kurt Herbert Adler and the San Francisco Opera (1994). https://archive.org/details/adlersfcaopera01adlerich. Vol. 1, S. 46
197 Katharina Adler, Ida (Reinbek bei Hamburg 2018)
198 Gespräch mit Katharina Adler am 11.8.2018
199 Kurt Herbert Adler, Vol. 1, S. x
200 Kurt Herbert Adler, Vol. 1, S. 48
201 Kurt Herbert Adler, Vol. 2
202 Kurt Herbert Adler, Vol. 2
203 Österreichisches Volkshochschularchiv, http://archiv.vhs.at/vhsarchiv-home.html
204 Herta Taussig, verheiratete Freitag, 6.12.1908 Wien – 25.1.2000 Roanoke City, Virginia. Mathematikerin.
205 Walter Taussig im Interview mit Ira Siff, Opera News, April 2001
206 E-Mail von Lynn und Lore Taussig, 16.7.2018
207 E-Mail von Lynn und Lore Taussig, 16.7.2018
208 Fragebogen 1949, Archiv der Metropolitan Opera, auch im Interview mit Ira Siff, Opera News, April 2001
209 New York Times, 2.8.2003, S. 13
210 New York Times, 1.3.1998, S. 29
211 E-Mail von George Halasz, 5.9.2018
212 The Cincinnati Enquirer, 3.11.1946, S. 69
213 The Pittsburgh Courier, 9.4.1949, S. 19
214 E-Mail von George Halasz,, 5.9.2018
215 Ben E. Bailey, Opera/South: A Brief History. In: The Black Perspective in Music, Vol. 13, No. 1 (Frühling 1985), S. 48–78
216 Zu den Bridge-Pionieren in Österreich siehe die Erinnerungen von Rixi Markus, A Vulnerable Game. The Memoirs of Rixi Markus (London 1988)
217 Gerechtigkeit, 5.3.1936, S. 12
218 Aufbau, 3.9.1943, S. 16
219 Gespräche mit Elissa Fuchs im Juli 2018, Greensboro, North Carolina
220 Peter Paul Fuchs, Autobiographie (Greensboro 1995). Unpubliziert. University of North Carolina, Greensboro, Peter Paul Fuchs Papers
221 University of North Carolina, Greensboro, Peter Paul Fuchs Papers
222 University of North Carolina, Greensboro, Peter Paul Fuchs Papers

Quellen und Literatur

Gespräche und Korrespondenz

Katharina Adler
Ronald Adler
Marc Aronson
Greta Brunner-Staudt
Elissa Fuchs
George Hallasz
Mikael Holewa
Christina Ippisch
Henry Krips
Lore und Lynn Taussig

Archive

Archiv der Metropolitan Opera, New York
Leo-Baeck-Institut, New York. Hecht Collection
Österreichische Nationalbibliothek. ANNO und Handschriftensammlung
Österreichisches Staatsarchiv
Public Library of Performing Arts, New York
University of California, Berkley. Kurt Herbert Adler and the San Francisco Opera
University of North Carolina, Greensboro. Peter Paul Fuchs Papers
Wienbibliothek. Handschriftensammlung
Wiener Stadt- und Landesarchiv

(Auto-)Biographien

Leif Aare, Maestro. Sixten Ehrling. En dirigent och hans epok (Stockholm 1995)
Katharina Adler, Ida (Reinbek bei Hamburg 2018)
Manfred Hecht, My Four Lives. Memories of a Singing Psychoanalyst (Riverside 1999)
Franz Ippisch, Würfelspiel ums Leben (Guatemala 1978) Typoskript, Exilbibliothek, Literaturhaus Wien
Josef Krips, Ohne Liebe kann man keine Musik machen. Erinnerungen (Wien 1994)
Ernst Krenek, Im Atem der Zeit. Erinnerungen an die Moderne (Hamburg 1998)
Lustig-Preans Lachendes Panopticum (Frankfurt/Main 1952)
Rixi Markus, A Vulnerable Game. The Memoirs of Rixi Markus (London 1988)

Kurt Pahlen, Ja, die Zeit ändert viel. Mein Jahrhundert mit der Musik (Stuttgart 2001)
Peter Panholzer, Christiane Reich-Rohrwig (Hg.), Ernst Freiherr von Nadherny, Erinnerungen aus dem alten Österreich (Wien 2009)
Hugo Wiener, Zeitensprünge (Wien 1991)

Sekundärliteratur

Almanach der Wiener Theater. Almanach der österreichischen Bundestheater. 1935/36, 3. Heft (Baden bei Wien 1935)
Eugen Blume, Matilda Felix u. a. (Hg.), Black Mountain. Ein interdisziplinäres Experiment 1933–1957 (Berlin 2015). Ausstellungskatalog der Nationalgalerie Berlin
Dokumentationsarchiv des österreichischen Widerstands, Österreicher im Exil. Belgien. 1938–1945. Bearbeitung: Ulrich Weinzierl (Wien 1987)
Alisa Douer, Ursula Seeber (Hg.). Wie weit ist Wien. Lateinamerika als Exil für österreichische Schriftsteller und Künstler (Wien 1995)
Drawings for the Theatre. Habimah 1918–1978 (Tel Aviv 1978)
Exil in Argentinien. Zwischenwelt (Oktober 2011)
Peter Paul Fuchs, The Music Theater of Walter Felsenstein (New York 1975)
Peter Paul Fuchs, The psychology of Conducting (New York 1969)
Izabela Maria Furtado Kestler, Rivalisierende österreichische Gruppen im brasilianischen Exil. In: Zeitgeschichte November/Dezember 2000, Heft 6. S. 405ff
Silvia Glocer, Melodías del destierro. Músicos judíos exiliados en la Argentina durante el nazismo (1933–1945) (Buenos Aires 2016)
Handbuch des deutschsprachigen Exiltheaters 1933–1945 (München 1999)
Christian Klösch, Regina Thumser, From Vienna. Exilkabarett in New York 1938 bis 1950 (Wien 2002)
Ernst Lichtenhahn (Hg.), Anton Webern, Briefe an Heinrich Jalowetz (Mainz 1999)
Walter Pass, Gerhard Scheit, Wilhelm Svoboda (Hg.), Orpheus im Exil. Die Vertreibung der österreichischen Musik von 1938 bis 1945 (Wien 1995)
Albrecht Pohlmann, Modell, Künstlerin und »wahre Eva«. Das abenteuerliche Leben der Trude Guermonprez (Halle an der Saale 2003)
Ursula Prutsch, Inszenierungen aus der Ferne: Die Rolle von Österreich-Bildern für und von Emigranten. In: Moritz Csáky, Klaus Zeyringer (Hg.), Inszenierungen des kollektiven Gedächtnisses. Eigenbider, Fremdbilder (Innsbruck 2002) S. 171ff
Henrik Rosengren, Från tysk höst till tysk vår. Fem musikpersonligheter i svensk exil i skuggan av nazismen ich klla kriget (Lund 2013)
Anne Saint Saveur-Henn, Zukunftspläne für Österreich aus der Sicht der Lateinamerikaemigranten, in: Zeitgeschichte 6 (Wien 2000)
San Francisco Opera. The Adler Years 1954–1981 (San Francisco 1981)
Achim Schrader, Karl Heinrich Rengstorf (Hg.), Europäische Juden in Lateinamerika (St. Ingbert 1989)

Alfredo José Schwarcz, Trotz allem ... Die deutschsprachigen Juden in Argentinien (Wien 1995)
Karin Sedlak, »Heiterkeit auf Lebenszeit ...?« Hugo Wiener und seine Wirkungsstätten. Ein Beitrag zur Kabarett- und Exilforschung (Wien 2009) Dissertation
Friedrich Stadler (Hg.), Vertriebene Vernunft II. Emigration und Exil österreichischer Wissenschaft (Wien 1988)
Stadttheater Verdi – Geschichte eines Theaters an der Grenze (1918–1943). In: Hefte zur Bozner Stadtgeschichte, 3. Band. Herausgegeben von Massimo Bertoldi und Angela Mura 2014
Stompor Stephan, Künstler im Exil. In Oper, Konzert, Operette, Tanztheater, Schauspiel, Kabarett, Rundfunk, Film, Musik- und Theaterwissenschaft sowie Ausbildung in 62 Ländern. 2 Bände (Frankfurt 1994)
Die Volksoper. Das Wiener Musiktheater (Wien 1998)
Horst Weber, Manuela Schwarz (Hg.), Quellen zur Geschichte emigrierter Musiker 1933–1950, Band I Kalifornien (München 2003)
Horst Weber, Stefan Dress (Hg.), Quellen zur Geschichte emigrierter Musiker 1933–1950, Band II New York (München 2005)
Kay Weniger, Zwischen Bühne und Baracke. Lexikon der verfolgten Theater-, Film- und Musikkünstler 1933–1945 (Berlin 2008)
Gladis Wiener Blumenthal, In the Land of the Gauchos. The history of the Jewish German immigration (Brasilia 2001)
Robert M. Wlaschek (Hg.), Kunst und Kultur in Theresienstadt (Gerlingen 2001)

Bildnachweis

Archiv der Volksoper Wien (16, 57), Imagno/Austrian Archives (19, 99 rechts), ANNO/Österreichische Nationalbibliothek (21, 26, 36, 37, 39, 42, 61 oben, 63 links, 90, 119, 174), Bildarchiv Österreichische Nationalbibliothek (23, 33, 40, 61 unten, 63 rechts, 64, 67, 71 rechts, 74, 75, 83, 145), Museum der Stadt Bad Ischl (29), Wiener Stadt- und Landesarchiv, historische Meldeunterlagen, Prominentensammlung (31), KHM-Museumsverband, Theatermuseum Wien (44, 50, 51, 71 links, 77, 94, 97, 117 unten, 139), www.familysearch.org: Brasil, Cartões de Imigração (1900–1965) Group 4, 004910303, Bild 18 (Kurt Hesky, 1939) (46), Archiv Marie-Theres Arnbom (55, 91, 148, 169 rechts, 177 unten), Henry Krips (81), Boston Globe (85), Österreichisches Staatsarchiv/AdR/BMF/AHF 469 (89), Manfred Hecht (99 links), Rudolf Wlaschek, Kunst und Kultur in Theresienstadt, Gerlingen 2001 (108–109), Bildarchiv Österreichische Nationalbibliothek/Foto Fayer (116, 117 oben), Greta Brunner-Staudt (125, 126, 130), Dokumentationsarchiv des Österreichischen Widerstands (127), Mikael Holewa (132, 135), Marc Aronson (137, 141, 142), Archiv der Metropolitan Opera (147, 149, 150 rechts, 160, 163), Peter Paul Fuchs Papers, University of North Carolina, Greensboro (150 links, 179, 181, 183, 185, 186, 188), San Francisco Opera, The Adler Years, San Francisco 1981 (152, 155, 157, 158), Lore und Lynn Taussig (161, 164), George Halasz (167, 169 links, 171), The Shreveport Times (177 oben)

Sollten, trotz intensiver Recherche und Rechteklärung durch die Volksoper, Personen oder Institutionen Rechte an verwendeten Abbildungen beanspruchen, werden diese gebeten, sich nachträglich mit der Volksoper Wien in Verbindung zu setzen.

Namenregister

Abraham, Paul 22f, 42, 45, 66
Adler, Ernst 152
Adler, Guido 138
Adler, Ida geb. Bauer 152, 154, 156
Adler, Ignaz 153
Adler, Katharina 11, 13, 153
Adler, Kurt Herbert 12f, 151–158, 166, 182, 184
Adler, Ronald 11, 13, 151
Adler, Trudl geb. Möllnitz 154
Albers, Josef 136
Andersen, Hans Christian 69, 140
Anderson, Marian 171
Arnold, Ernst 26, 42
Aronson, Lisa geb. Jalowetz 141
Ascher, Leo 45, 95
Aslan, Raoul 89
Auderieth, Karl 62, 118

Bach, Johann Sebastian 144, 146, 149
Bartók, Béla 83, 140, 165
Bauer, Julius 48
Bauer, Otto 19, 151
Beer, Edith 104
Beethoven, Ludwig van 126, 179, 184
Behrend, Ernst 24
Bemberg, Hermann 62
Benatzky, Ralph 24, 34, 36, 38, 43, 45, 66
Beneš, Jara 19, 20, 22–25, 29f, 38, 45, 53, 97, 159
Berg, Alban 80, 131, 134, 136, 140, 174, 187
Berg, Armin 28, 41
Berlioz, Hector 159
Berté, Heinrich 95
Beyer, Grete 121
Bienenfeld, Elsa 111, 118f
Bindermann, Emma geb. Ruzicka 182
Bindermann, Ignaz 182
Bing, Rudolf 150
Bizet, Georges 62
Björling, Jussi 150, 164, 175
Blau, Tina 159
Blech, Leo 144, 166
Blomdahl, Karl-Birger 134
Blumenthal, Oscar 44
Böhm, Karl 165
Botstiber, Dietrich W. 78
Botstiber, Hugo 78
Brandt, Geza 19
Brecht, Bert 73
Breisach, Paul 62, 143
Breuer, Kurt 20, 25–34
Breughel, Pieter 47
Britten, Benjamin 172, 187
Bruckner, Anton 12, 146, 174
Brunner, Armin 124
Brunner, Fritz 19, 121, 124–130
Brunner-Staudt, Greta 13, 127–130
Brunner, Paula geb. Bäck 19, 96, 124–130
Busch, Fritz 145, 162

Cage, John 136
Carol II. König von Rumänien 64f
Charnasse, Vera 174
Chopin, Frédéric 126
Cooper, Emil 162
Cooper, James Fenimore 140
Corvinus, Lorenz 19

Dannbacher, Erika 26
Deczey, Ernst 82
Dietz, Betty, A. 172
Dohnanyi, Ernst von 165
Dollfuß, Engelbert 59, 113
Domingo, Plácido 158, 165
Dreier, Theodore 136
Dubay, Livia 168
Duncan, Todd 171
Dvořák, Antonín 83, 87

Ebert, Carl 143
Elise, Schwester 173
Engel, Franz 66

Erdmann, Irene 142
Ernest, Hedwig 62f
Ernest, Jean (Glückmann, Hans) 18, 24f, 38, 49, 59, 62–65, 74, 154, 166
Ernster, Deszö 168
Evans, Geraint 157
Eysler, Edmund 66, 95f

Fall, Fritz 82–88, 143, 166
Fall, Gustav Heinrich 83
Fall, Leo 82, 84, 87, 96
Farkas, Karl 32, 34, 36, 45, 66
Fedák, Sári 41
Feldhammer, Jacob 48f
Fell, Isidor 110
Felsenstein, Walter 187
Fischer, Betty 89, 95, 97
Flagstad, Kirsten 164, 166, 175
Flemming, Johanna geb. Franta 93, 98
Flemming, Victor (Fleminger, Victor) 20, 22, 93–98
Fodor, Ladislaus 44
Forgues, Suzette 172
Frank, Bertha geb. Sturm 10, 111–118, 128, 142
Frank, Marco (Ratzes, genannt Fränkl, Markus) 10, 111–119, 121, 123, 128f, 133
Frauendienst, Hans 25
Freud, Sigmund 11, 140, 151, 154
Friedmann, Armin. 26
Friml, Rudolf 78
Fröhlich, Herbert 41
Fuchs, Adolf 178, 182
Fuchs, Debora 186
Fuchs, Elissa geb. Milet Levi 11, 13, 15, 178, 180f, 183, 185–188
Fuchs, Josef 182
Fuchs, Louise geb. Granichstaedten 180, 183
Fuchs, Marianne geb. Ruzicka 178, 182
Fuchs, Peter Paul 12, 15, 86, 178–188
Furtwängler, Wilhelm 55
Fußperg, Gustav 19

Gehr, Eric 41
Geiger, Gyula 26
Geiringer, Gustav 98
Georg, Rita 78
Gerron, Kurt 107
Gessner, Adrienne 98
Girardi, Alexander 52
Girardi, Anton Maria 52
Glatz, Hertha 168
Gluck, Christoph Willibald 166
Goebbels, Joseph 143
Goetz, Hermann 62
Gombrich, Ernst 179
Gombrich, Leonie 179
Göring, Hermann 143
Grabbe, Christian Dietrich 48
Graf, Herbert 136
Graf, Max 56f, 115, 143
Granichstaedten, Bruno 22, 37, 95f
Groag, Jacques 137
Grünbaum, Fritz 24, 27
Güden, Hilde 20, 93
Gutheil-Schoder, Marie 137
Gyimes, Wilhelm 27

Hadamovsky, Eugen 24
Halász, George 11, 13, 166, 172
Halász, László 12, 156, 165–172, 182
Hansen, Max 45, 78
Hardt-Warden, Bruno 25
Hecht, Ada 13, 19, 22, 98–110, 126
Hecht, Manfred 13, 98–110
Hecht, Marie geb. Engel 106
Hecht, Maximilian 98–110
Heger, Robert 159
Hellmesberger, Josef 48
Herbert, Walter (Seligmann, Walter) 12, 49, 59, 83, 86, 143, 153, 159, 166, 172–177, 182
Herz, Peter 78
Hesky, Kurt 13, 20, 43–46
Hilbert, Egon 143
Hitler, Adolf 53f, 58f, 121, 153
Höbling, Franz 174
Hofmannsthal, Hugo von 138
Holewa, Alice geb. Kapellner 131
Holewa, Erich 135
Holewa, Erna 135
Holewa, Hans 12f, 131–135
Holewa, Leiser 133
Holewa, Mikael 13, 131
Holzer, Josef 96
Hörbiger, Attila 26
Horwitz, Karl 136
Huppert, Hubert 68

Imhoff, Fritz 28f
Ippisch, Christine 12f
Ippisch, Franz 10, 13, 77, 95, 111–114, 116, 118–124, 126, 128
Ippisch, Franz jun. 120f
Ippisch, Grete geb. Beyer 121
Ippisch, Mitzi (Marianne) geb. Finkelstein 10, 111f, 115, 120f, 123

Jacobi, Marcel von 173
Jalowetz, Eduard 141
Jalowetz, Heinrich 136–142, 156
Jalowetz, Johanna geb. Groag 136f
Jalowetz, Trude 141f
Jarno, Georg 35
Jeritza, Maria 54
Jessner, Irene 168
Josefovics, Fanny 53
Josefovics, Fritz 53
Josefovics, Karl 15, 20, 46–53
Josefovics, Maria 53

Kadelburg, Gustav 44
Kaiser, Ludwig 19
Kálmán, Emmerich 23, 36, 42, 66 96
Karajan, Herbert von 159, 165
Karpath, Ludwig 56
Karpe, Sven 133
Kartousch, Louise 42
Katscher, Robert 66
Kennedy, John F. 172
Kennedy, Robert 172
Kienzl, Wilhelm 63
Kishon, Ephraim 53
Köchl, Fritz 25
Kodály, Zoltán 165, 168
Köller, Rudolf 25
Korngold, Erich Wolfgang 83, 153, 174
Korngold, Luzi geb. Sonnenthal 153
Kowalewski, Alexander 18, 25, 30, 38, 45, 58f, 65–68
Kowalewski, Clementine 67
Kowalewski, Gedalja 67
Kraner, Cissy 26, 32f
Kraus, Leo 13, 38, 49, 52, 69–75, 83, 173
Kraus, Rudolf 122
Krauss, Clemens 20
Krauss, Werner 141
Kreisler, Fritz 45
Krenek, Ernst 140, 174
Krips, Heinrich 13, 77–81, 179
Krips, Henry jun. 11, 13, 77–81
Krips, Josef 77, 179
Krips, Louise geb. Deutsch 78f
Kurz, Selma 89

Lach, Alice 26
LaGuardia, Fiorello H. 170
Lanza, Mario 175
Laszky, Béla 26f
Lawrence, Marjorie 168
LeBlang, Sedge 147, 150
Lehár, Franz 23, 28, 37, 45, 54, 66, 95
Leicht, Mizzerl 79
Leicht, Walter 79
Leinsdorf, Erich 156
Lengsfelder, Hans 78
Leopoldi, Hermann 30, 34, 126
Lieger, Alfred 19
Lindholm, Vally 41
Löhner-Beda, Eva 32
Löhner-Beda, Fritz 20, 23, 25, 28–32, 62
Löhner-Beda, Helene 32
Löhner-Beda, Liselotte 32
Loibner, Eduard 26
London, George 175
Lortzing, Albert 126
Lupescu, Elena 64
Lustig-Prean von Preanfeld und Fella, Karl 26, 38, 45, 49, 54–66, 71, 88, 154
Lustig-Prean, Lotte geb. Silbiger 58, 60

Mader, Raoul 55
Mahler, Gustav 80, 131, 134, 144, 146, 174, 178, 184, 187
Mahler-Werfel, Alma 144, 150
Malmborg, Lars af 135
Marcus, Paul alias Pem 66
Mardayn, Christl 49
Marischka, Hubert 96
Mars, Mela 36
Massenet, Jules 113
May, Karl Michael 27
McFerrin, Bobby 171
McFerrin, Robert 171
Melancon, Louis 149
Melchior, Lauritz 168
Mendelssohn Bartholdy, Felix 62
Menotti, Giancarlo 184

Meth, Stephanie 38
Miksch, Willi 73
Morgan, Paul 78
Mozart, Wolfgang Amadeus 74, 107, 144, 166, 176, 184
Müller, Gustav 35
Müller, Leo 135
Müller-Guttenbrunn, Adolf 17
Mussolini, Benito 84

Nadherny, Ernst 64
Nebenzahl, Kazimiera 166, 169
Nestroy, Johann 53
Neufeld, Harry 13, 20, 41–43
Neufeld, Julius 41
Neumann, Richard 101
Nilsson, Birgit 157, 164
Nowotny, Aurel 26

Oberländer, Helene 62
Offenbach, Jacques 49
Ooghe, Fernand 128f
Ornstein, Hans 140

Pahlen, Kurt 69–76
Pahlen, Richard 72
Pavarotti, Luciano 157
Pechner, Heinrich 19
Pelper, Robert 44
Pflügl, Emmerich von 73
Philippi, Felix 95
Piccaver, Alfred 69
Polzer-Bindermann, Annie 182
Ponnelle, Jean-Pierre 157
Preminger, Otto 48f
Price, Leontyne 157
Prokofjew, Sergej 82
Puccini, Giacomo 56
Puntschart, Georg 19

Rantzau, Käthe 19
Raumann, Paul 72
Ravel, Maurice 84
Reif, Ernst 41
Reinhardt, Max 90
Reutter, Hermann 184
Ricciarelli, Katia 158
Rice, Andrew 136
Rittersheim, Albin 19
Rodgers, W. G. 170
Rosengren, Henrik 131
Rosenzweig, Adalbert 83f
Roth, Helene 159
Rothstein, Gerhart 41
Rubinstein, Anton 62
Ruzicka, Alois 178
Ruzicka, Ernst 182
Rysanek, Leonie 157

Salinger, Hilde 19
Saerchinger, César 143
Schildkraut, Joseph 90
Schmidt, Franz 82, 118, 159
Schönberg, Arnold 12f, 80, 119, 134, 136, 138–142, 146f, 173f
Schostakowitsch, Dmitri 146, 185
Schreder, Kurt 69
Schreiber, Friedrich 14, 88–92
Schreiber, Selma geb. Meider 92
Schubert, Egon 26
Schubert, Franz 140
Schuch, Ernst von 144
Schuschnigg, Kurt von 72, 84
Schwarzkopf, Elisabeth 157
Schwelle, Magda 19
Seidler, Alma 26
Seipel, Ignaz 54
Selim, Josma 36
Shakespeare, William 53
Silbiger, Fritz 58
Silja, Anja 157
Simons, Rainer 17, 71, 90
Sinek, Ida 27
Solti, Georg 156
Sonnenthal, Adolph Ritter von 153
Sonnenthal, Felix 153
Sorer, Heini 41
Stalin, Joseph 146
Staud, Karl 26
Stein, Erwin 136
Stiedry, Fritz 10, 12, 139f, 143–151, 182
Stiedry-Wagner, Erika 147
Still, William Grant 170f
Stolper, Toni 148
Stolz, Robert 24, 34, 45, 48
Stoska, Polyna 170
Stransky, Felix 152
Straus, Oscar 22, 96
Strauß, Johann 175
Strauss, Richard 10, 74, 111, 123, 170, 175
Strawinsky, Igor 70
Strecker, Heinrich 25
Strehn, Eugen 31, 34–41, 48
Strehn, Irma 35, 39
Szell, George 165

Taddei, Giuseppe 157
Tamkin, David 171

Tauber, Richard 53
Taussig, Herta 161
Taussig, Josef 159, 161
Taussig, Lore geb. Elkan 11, 13, 162, 164
Taussig, Lynn 11, 13
Taussig, Walter 10, 12, 159–165, 166, 168, 179, 182
Taussig-Roth, Paula 159, 161
Tautenhayn, Ernst 49, 89
Tennen, Rolf 41
Thomas, Jess 156
Thomson, Virgil 151
Tisch, Siegfried 78
Toch, Ernst 83f
Tolarsky, Victor 25
Torberg, Friedrich 132
Toscanini, Arturo 156, 166
Tschaikowsky, Peter Iljitsch 62
Tscherepnin, Alexander 49

Ullmann, Viktor 107

Van Lint, Frau 128f
Varnay, Astrid 175
Verdi, Giuseppe 62, 98, 144f, 166

Wagner, Richard 143f, 150, 166, 176, 178, 187
Wagner, Wieland 187
Wagner, Wolfgang 187
Walden, Maria 26
Wallis, Alfons 22
Walter, Bruno 145, 166
Webern, Anton 133, 136–140, 142
Wedekind, Frank 48, 50
Weidlich, Fritz 156
Weigel, Hans 52
Weigl, Karl 148, 179, 187
Weiner, Leo 165
Weingartner, Felix von 17, 55–58, 69, 139, 179–181
Weiß, Paul 24
Wellisch, Trojan 27
Wenders, Wim 86
Werbezirk, Gisela 36, 45
Werfel, Franz 144f, 150
Wiener, Gisela 32
Wiener, Hugo 20, 25, 27–33, 40, 141
Wiesenthal, Fritz 27, 45
Wixell, Ingvar 157
Wolf, Hugo 166
Wunderer, Alexander 159

Ysaÿe, Eugène 124

Zemlinsky, Alexander 17, 55, 138
Ziegler, Hans Severus 23
Zuckmayer, Carl 53
Zweig, Stefan 53, 132
Zwonik, Franz 19

An dieser Stelle bedankt sich die Volksoper Wien herzlich
bei folgenden Förderern und ausdrücklich auch bei
all jenen, die nicht genannt werden möchten,
für ihre Unterstützung.

Augarten Porzellan

Czerwenka Privatstiftung

Österreichische Post

Dr. Donatella Ceccarelli

Mag. Gloria Hundsberger

Dr. Martin Schuppich

Weiters bedanken wir uns sehr herzlich für die Spenden
für dieses Buchprojekt zu Ehren von Dr. Marie-Theres Arnbom,
Mag. Christoph Ladstätter und Mag. Christoph Wagner-Trenkwitz.

Mit Unterstützung des Bundeskanzleramtes

Bundeskanzleramt

2018 100 Jahre
Republik Österreich

Dr. Marie-Theres Arnbom wurde unterstützt
vom Zukunftsfonds der Republik Österreich.

ZukunftsFonds
der Republik Österreich